新工科·新形态·计算机类专业系列教材

U1013934

Web 前端开发技术

——基于 IDEA 的 Vue3+PHP7 项目开发

吴志祥 王朝娜 边小勇 阳小兰 姜 宏 编著

電子工業出版社
Publishing House of Electronics Industry
北京·BEIJING

内 容 简 介

本书系统地介绍了 Web 前端开发的基础知识和实际应用。全书共 8 章，内容包括 Web 应用概述及开发环境、使用 HTML5 标签组织页面内容、使用 CSS3 修饰页面元素、元素定位与页面布局、客户端脚本 JavaScript 与 jQuery 库、基于 Node.js 环境的 Vue3 项目开发、Vue3 UI 组件库 Element Plus 和基于 Vue3+PHP7 的项目前后端分离开发。

本书以实际应用为出发点，精心组织内容，每章都设计了典型案例，并配有习题及实验。本书配套的课程网站提供了教学大纲、PPT 课件、项目源代码、学习视频、在线测试和工具软件包，极大地方便了教与学。

本书可以作为高等院校计算机及相关专业本科生教材，也可以作为 Web 开发爱好者的参考书。

图书在版编目（CIP）数据

Web 前端开发技术 ： 基于 IDEA 的 Vue3+PHP7 项目开发 / 吴志祥等编著. -- 北京 ： 电子工业出版社，2025. 9.
ISBN 978-7-121-51178-3

Ⅰ. TP312.8；TP393.092.2

中国国家版本馆 CIP 数据核字第 20256YQ142 号

责任编辑：张小乐
印　　刷：北京天宇星印刷厂
装　　订：北京天宇星印刷厂
出版发行：电子工业出版社
　　　　　北京市海淀区万寿路 173 信箱　　邮编：100036
开　　本：787×1 092　1/16　印张：16.75　字数：429 千字
版　　次：2025 年 9 月第 1 版
印　　次：2025 年 9 月第 1 次印刷
定　　价：59.00 元

凡所购买电子工业出版社图书有缺损问题，请向购买书店调换。若书店售缺，请与本社发行部联系，联系及邮购电话：（010）88254888，88258888。

质量投诉请发邮件至 zlts@phei.com.cn，盗版侵权举报请发邮件至 dbqq@phei.com.cn。

本书咨询联系方式：（010）88254462，zhxl@phei.com.cn。

前　　言

近年来，Web 前端开发技术飞速发展，打破了“Web 前端开发技术”课程教学中只讲 HTML4+CSS2+JavaScript 的传统格局。随着互联网行业的持续发展，企业开发平台开始在界面友好性和操作方便性方面投入更多的精力，Web 前端开发从业人员数量及待遇大幅度上升。

移动互联网的迅速发展为 Web 前端开发带来了新问题：能否只开发一套自动适应 PC 端和移动端的 Web 系统？使用 HTML5 的媒体查询功能可实现响应式布局，能圆满地解决这个问题。此外，HTML5 相对于 HTML4 增加了许多实用的标签，例如，使用<details>和<summary>标签能够创建一个可折叠的内容区域。

通过 CSS3，我们可以在不使用 Flash 动画或 JavaScript 的情况下，在元素从一种样式变换为另一种样式时为其添加动画效果，这比采用传统的引入方式在页面中嵌入动画文件具有更好的用户体验。此外，box-reflect（实现倒影或镜像）和 border-radius（实现边框圆角）等都是非常实用的 CSS3 新增样式。

jQuery 是经典的 JavaScript 库，方便使用 JavaScript 脚本；Bootstrap 是一个关于 HTML、CSS 和 JS 的 Web 前端框架，用于开发响应式布局、移动设备优先的 Web 项目。最引人注目的是 JavaScript 的运行时环境 Node.js 及使用 MVVM 模式真正实现页面与数据逻辑分离的前端渐进式框架 Vue.js。

本书系统地介绍了 Web 前端开发的基础知识和实际应用。全书共 8 章，包括 Web 应用概述及开发环境、使用 HTML5 标签组织页面内容、使用 CSS3 修饰页面元素、元素定位与页面布局、客户端脚本 JavaScript 与 jQuery 库、基于 Node.js 环境的 Vue3 项目开发、Vue3 UI 组件库 Element Plus 和基于 Vue3+PHP7 的项目前后端分离开发。

本书写作特色鲜明。一是结构合理，对内容的设置进行了深思熟虑的推敲，各章之间平滑上升；二是知识点介绍简明，精心设计的案例紧扣理论；三是采用大量的截图，清晰地反映了页面的浏览效果；四是通过使用不同知识点设计的同一综合案例，可帮助读者辨析不同的知识点；五是聚焦最终应用，使用 Element Plus 设计用户界面，并介绍了基于 Vue3+PHP7 的项目前后端分离开发。

本书以实用为出发点，精心设计了许多案例，用来说明相关知识点及其用法。为了便于复习，每章配有习题及实验。本书配套的课程网站提供了教学大纲、PPT 课件、项目源代码、学习视频和在线测试和工具软件包，极大地方便了教与学。

课程网站

本书由吴志祥（珠海科技学院教授）、王朝娜（青岛农业大学海都学院副教授）、边小勇（武汉科技大学博士）、阳小兰（武昌理工学院教授）和姜宏（珠海科技学院博士后）共同编写。感谢武汉科技大学对本书的出版提供了经费支持。

由于编著者水平有限，书中错漏之处在所难免，在此真诚欢迎读者多提宝贵意见（可通过访问本书配套课程网站获取编著者联系方式），以便再版时更正。

编著者

2025 年 8 月于珠海、烟台、武汉

目　录

微课视频

第 1 章　Web 应用概述及开发环境

计算机的应用经历了从传统桌面应用到 Web 应用的转变。Web 应用使人们突破了时间和地理位置的限制，能够更加便捷地进行各种信息处理。本章主要介绍 B/S 架构中的基本概念、PHP 动态网站的运行环境 phpstudy_pro，以及 Web 集成开发环境 IntelliJ IDEA 2023（以下简称 IDEA 2023）的使用方法，学习要点如下：

- 理解 Web 应用与传统桌面应用在使用方式上的不同；
- 掌握使用 phpstudy_pro 搭建 PHP 网站运行环境的方法；
- 掌握 Web 集成开发环境 IDEA 2023 的使用方法；
- 初步掌握浏览器调试的基本方法；
- 掌握 MySQL 服务器及其管理工具 phpMyAdmin 的使用方法。

1.1　B/S 架构与网站技术

1.1.1　网站与网页

提到网站与网页，大家应该并不陌生。如果把网站比作一本书，网页就是书中的一页，网址相当于这本书的编码（如 ISBN 号或图书馆里的图书编号）。

通过浏览器打开网站内的网页，我们可以浏览新闻、查询信息和网上购物等，如图 1.1.1 所示。

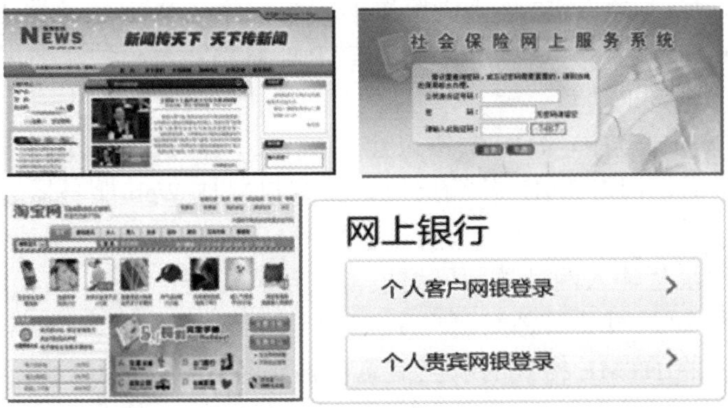

图 1.1.1　网站的几个典型应用

网页主要由文字、图像和超链接等元素构成，还可以包含音频、视频及 Flash 动画等内容。除了首页，一个网站通常还包含多个子页面，这些页面通过超链接相互访问。

网站由许多网页和素材文件构成。网页可以分为静态网页和动态网页两类。静态网页在用户访问时始终显示固定的信息，除非网页源代码被修改并重新上传；而动态网页的内容会根据用户的操作和时间的不同而变化。

1.1.2 B/S 架构

随着互联网技术的发展，Web 应用程序变得越来越普遍和复杂。为了更好地支持这些应用程序的开发和运行，不同的架构应运而生。其中，B/S（Browser/Server）架构是一种常见且广泛使用的架构模型。B/S 架构模型将客户端功能集中到浏览器端，将主要的计算和数据处理任务放在服务器端，从而简化了客户端的维护和升级。

在 B/S 架构中，Web 服务器不仅负责处理客户端的请求，还需要与数据库服务器进行交互，以便存储和检索数据。数据库服务器是整个体系结构的重要组成部分，它负责管理和维护应用程序使用的数据。

一般的 B/S 架构如图 1.1.2 所示。

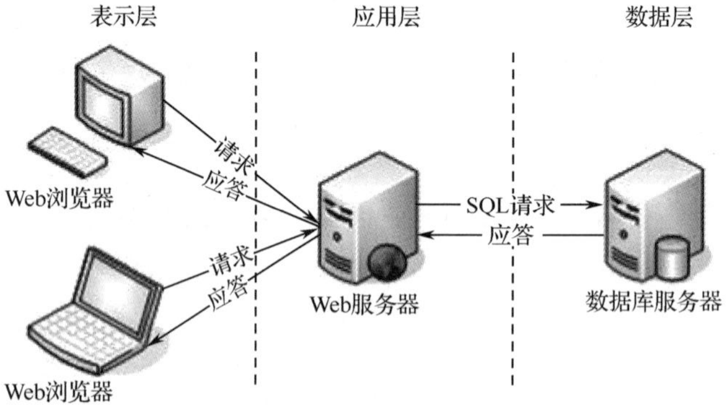

图 1.1.2　B/S 架构

1. 应用层协议 HTTP 与 HTTPS

在 B/S 架构中，客户端使用被称为浏览器的应用程序与 Web 服务器进行通信，并采用超文本传送协议（HyperText Transfer Protocol，HTTP）。HTTP 是一种详细规定了浏览器和 Web 服务器之间互相通信规则的协议。

网络协议是分层的。其中，HTTP 协议建立在 TCP 协议之上作为应用层协议用于封装 HTTP 文本信息，然后使用 TCP/IP 传输层协议将客户端与 Web 服务器之间的通信信息发到网络上。

用户在浏览器地址栏输入网址访问网络资源的过程如下：

（1）在客户端与 Web 服务器之间建立 TCP/IP 连接；

（2）Web 服务器将 HTML 格式的响应信息传输到客户端，并由浏览器解析和呈现页面；

（3）响应信息全部传输到客户端后，Web 服务器立即自动停止 TCP/IP 连接。

HTTP 协议以明文方式发送内容，不提供任何方式的数据加密。如果攻击者截获了浏览器和 Web 服务器之间的传输报文，就可以直接读懂其中的信息。因此，HTTP 协议不适合传输敏感信息，如信用卡号和支付密码等。

为了解决 HTTP 协议的这一缺陷，需要使用另一种协议，即 HTTPS。为了确保数据传输安全，HTTPS 在 HTTP 的基础上加入了安全套接字层（SSL）协议，SSL 协议通过证书验证服务器的身份，并为浏览器和服务器之间的通信加密。

2. 静态网页与动态网页

存放在 Web 服务器中的网页可分为静态网页和动态网页。

静态网页使用 HTML 语言编写，通常以.html 作为扩展名。静态网页只包含 HTML 标签、CSS 样式和客户端脚本。当客户端请求一个静态网页时，Web 服务器直接将该静态网页的代码发送给客户端。

【例 1.1.1】一个简单的静态网页。

一个简单的静态网页 StaticPage.html 的代码如下：

```
<html>
<head>
    <meta charset="UTF-8">
    <title>关于静态网页</title>
</head>
<body>
    <h2>对静态网页的认识</h2><hr/>
    <h3>1. 静态网页以.html 作为扩展名。</h3>
    <h3>2. 浏览器端请求服务器端的静态网页时，Web 服务器<font color="red">直接</font>将静态
                                            网页的代码和图像等文件传输到浏览器端。</h3>
    <h3>3. 浏览器解析服务器端返回的代码，呈现页面效果。</h3><hr/>
    【跳转至动态测试页面<a href="DynamicPage.php">DynamicPage.php</a>】
</body>
</html>
```

动态网页是相对于静态网页而言的，它除了包含静态的 HTML 代码，还可能包含只能在服务器端解析的服务器代码，文件通常以.aspx、.jsp 和.php 等作为扩展名。当客户端请求动态网页时，Web 服务器先运行服务器端程序生成静态 HTML 代码，再将其返回给客户端。

包含动态网页的网站称为动态网站，其主要特征是 Web 服务器能实现与客户端的交互及数据库访问等功能。动态网页包含只能在服务器端执行的程序代码，当用户请求存放在 Web 服务器中的动态网页时，Web 服务器会将其代码转换为 HTML 代码发送给客户端。

【例 1.1.2】一个简单的 PHP 动态网页。

一个简单的 PHP 动态网页 DynamicPage.php 的代码如下：

```
<html>
<head>
    <meta charset="UTF-8">
    <title>关于动态网页</title>
    <style>
        span{
            color: red;
        }
    </style>
```

```
</head>
<body>
    <h2>对动态网页的认识</h2><hr/>
    <h3>1. 动态网页不以.html 作为扩展名，其扩展名与网站类型相关。例如，PHP 动态网页的扩展
                                                                                名为.php</h3>
    <h3>2. 动态网页<span>包含需要在 Web 服务器中运行的脚本程序</span>。</h3>
    <h3>3. 浏览器<span>解析服务器端返回的代码，呈现页面效果</span>。</h3><hr/>
    【跳转至静态测试页面 <a href="StaticPage.html">StaticPage.html</a>】
    <?php
        date_default_timezone_set("PRC");  //设置时区
        echo "<br/>北京时间：".date("Y-m-d H:i:s");  //使用 PHP 内置的日期函数
        echo "<br/><br/>当前 PHP 版本是：".phpversion();
        //使用 PHP7 提供的 mysqli 类创建 MySQL8 数据库连接
        $conn = new mysqli("localhost:3306","root","root","exampledb");
        if($conn->connect_error){
            die("连接失败：".$conn->connect_error);
        }else{
            echo "<br/>MySQL8 服务器连接成功";
            //获取 MySQL 服务器版本信息
            $version = mysqli_get_server_info($conn);
            //输出 MySQL 服务器版本信息
            echo "<br/>当前 MySQL 版本是：".$version;
        }
    ?>
</body>
</html>
```

注意：

（1）通常情况下，信息在客户端浏览器、Web 服务器和数据库服务器之间流动。但对于不需要访问数据库的页面，仅存在客户端与 Web 服务器之间的信息交互。

（2）访问网站中的动态网页时，使用客户端浏览器的“查看”菜单中查看到的是运行完服务器端程序后生成的 HTML 代码，而不是源文件中的动态脚本程序代码。

（3）本地任意位置的静态 HTML 网页文件可以直接用浏览器打开；而动态网页必须部署在 Web 服务器中才能浏览。

（4）动态网页与网页上的动画、滚动字幕等视觉效果无直接关系。动态网页是采用动态网站技术生成的网页，其内容可以是纯文字。

3. 资源引用的相对路径与绝对路径

网页可以引用的资源文件包括图像文件、CSS 样式文件、JavaScript 脚本文件和音频文件等。一个网页文件本身也可能被其他网页所引用。在网站开发中，对这些文件的引用有相对路径和绝对路径两种方式。

相对路径是以引用文件的网页所在位置为参考点的目录路径。因此，保存在不同目录中的网页在引用同一文件时，可能使用不同的相对路径。

使用相对路径时，可能出现的符号及其含义如下：

- “.” 表示当前所在的目录；
- “..” 表示当前目录的上一级目录；
- “/” 既可以表示站点根目录，也可以作为路径分隔符。

绝对路径是以 Web 站点根目录为参考点的目录路径。通常情况下，在引用网络资源时使用绝对路径。绝对路径与当前网页的位置无关。使用绝对路径的示例代码如下：

```
<img src=http://www.wustwzx.com/media/image/wzx.jpg/>
```

注意：

（1）对站内资源的引用，一般使用相对路径。例如，“../” 表示上一级目录。

（2）使用相对路径的优势是，将本地开发完成的网站上传至 Web 服务器时，不会出现路径解析错误。

（3）引用网络资源时，前缀 “http://” 不可省略。

不同类型的 Web 服务器运行的程序所使用的编程语言各不相同。常见的 Web 服务器主要包括以下几种：

- 微软推出的 IIS，用于运行 ASP 或 ASP.NET 网站。
- Apache 推出的 Tomcat，用于运行 JSP 网站。
- 国产的 phpstudy_pro，用于运行 PHP 网站，适合初学者使用。

每种 Web 服务器都有其特定的应用场景和优势，选择合适的 Web 服务器和编程语言对于开发高效、可靠的 Web 应用程序至关重要。例如，PHP 网站使用 PHP 作为服务器端编程语言。PHP 网站系统的典型架构如图 1.1.3 所示。

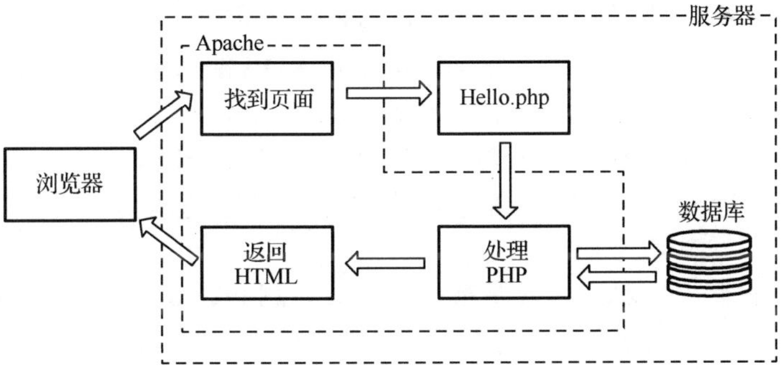

图 1.1.3　PHP 网站系统的典型架构

1.1.3　客户端浏览器

在 B/S 架构中，客户端使用一种被称为浏览器的应用程序，该应用程序用于通过地址栏向 Web 服务器发送 HTTP 请求，也用于对 Web 服务器的响应信息进行解析和渲染，从而呈现页面效果。

HTTP 请求包括有以下几种情形：

（1）在浏览器地址栏中输入网址（含网页路径）；

（2）单击超链接时产生的请求；

（3）表单提交时产生的 GET 或 POST 请求。

注意： HTTP 响应除了包含正文，还包含 Cookie 信息。

1. 浏览器内核

浏览器的核心组件是渲染引擎（Rendering Engine），它负责解释网页语法（如 HTML 和 JavaScript）并渲染（显示）网页。因此，渲染引擎决定了浏览器如何显示网页内容及其格式。由于不同浏览器内核对网页语法的解释方式有所不同，同一网页在使用不同内核的浏览器中的渲染效果可能不同。这就是网页开发者需要在多种浏览器中进行兼容性测试的原因。

常用浏览器的图标如图 1.1.4 所示。

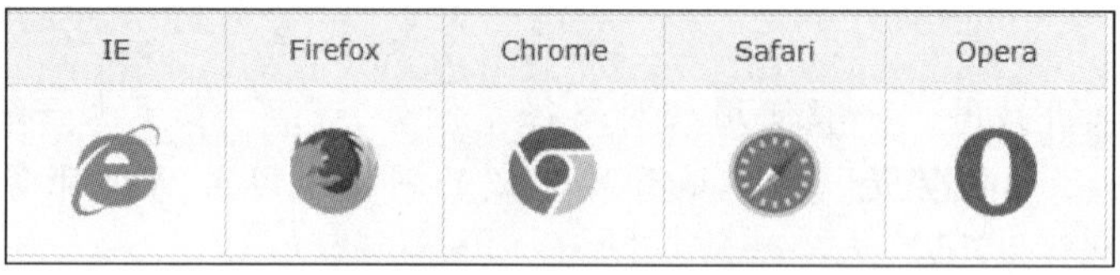

图 1.1.4　常用浏览器的图标

注意：习惯上称渲染引擎为浏览器内核。

Trident 内核首次应用于 1997 年发布的 IE 4 浏览器，它是微软在 Mosaic 代码的基础上修改而来的，并沿用到 IE 11。Trident 是一款开放的内核，其接口设计成熟稳定，因此许多浏览器选择采用 Trident 内核而非 IE 浏览器本身，如 360 安全浏览器和猎豹极轻浏览器等。

Gecko 内核最初在 Netscape 6 中被采用，后来 Mozilla Firefox（火狐浏览器）也采用了该内核。Gecko 的特点是源代码完全公开，具有很高的可开发性，全世界的程序员都可以为其编写代码，增加功能。作为一个开源内核，Gecko 受到广泛欢迎，尽管推出时间相对较晚，但其市场占有率迅速上升。

WebKit 是苹果公司开发的内核，Safari 浏览器使用该内核。WebKit 引擎包含 WebCore 排版引擎和 JavaScriptCore 解析引擎，它们均衍生自 KDE 的 KHTML 和 KJS 引擎，均遵循自由软件许可，在 GPL 协议下授权，同时支持 BSD 系统的开发。因此，WebKit 也是开源内核。在安全性方面，WebKit 不受 IE 和 Firefox 的影响，因此 Safari 浏览器在国内被认为较安全。

Chrome、360 极速浏览器和搜狗高速浏览器的高速模式也采用 WebKit 作为内核。在脚本执行方面，Chrome 使用自主研发的 V8 引擎。

注意：WebKit 内核在手机上的应用也十分广泛。例如，谷歌的 Android 手机 Gphone 和苹果的 iPhone 等所使用的内核都是基于 WebKit 开发的。

2. 浏览器调试程序

为方便开发者分析与调试页面效果，目前主流浏览器都提供调试功能。按 F12 键可进入浏览器的调试模式，在该模式下可以实现以下功能：

（1）查看和分析页面元素；

（2）查看和测试页面元素所应用的 CSS 样式效果；

（3）查看 CSS 样式文件、JavaScript 脚本等资源是否加载成功；

（4）查看 JavaScript 脚本在浏览器控制台（Console）中的输出；

（5）对 JavaScript 脚本进行动态调试；

（6）管理浏览器本地存储（详见第 6 章）。

打开浏览器，访问本书配套的课程网站，按 F12 键即可进入调试模式，其界面如图 1.1.5 所示。

图 1.1.5　使用浏览器调试模式的界面示例

注意：

（1）设置 Windows 默认浏览器为 Google Chrome 的方法是：打开“控制面板”，依次选择“设置”→“应用”→“默认应用”。

（2）浏览器调试窗口的菜单较多，应将调试窗口置于浏览器窗口的下方。

（3）通过元素选择工具（ ）选择不同的页面元素时，将出现该元素的相关属性（如大小等）。

（4）在“Network”标签页中可以查看图像文件、CSS 样式文件（详见第 3 章）和 JavaScript 文件（详见第 5 章）等是否加载成功。

3．Cookie 信息与浏览器缓存

访问网站时，Web 服务器可能会在客户端硬盘上写入一些经过加密处理的小型文本文件，用来记录用户 ID、密码、浏览过的网页、停留时间等信息，这些信息称为 Cookie 信息。

对于网站访问者，Web 服务器会在客户端硬盘上自动创建会话标识，其本质上也是 Cookie 信息。这类会话标识具有一定的存活时间，超过设定的时间后将自动失效。每种 Web 服务器都提供了处理 Cookie 信息的相关 API。

在设计网页时，开发者会频繁地进行修改和测试。如果页面更新后未显示最新内容，则需要考虑清理浏览器缓存。目前主流浏览器均提供清理缓存的功能。例如，Chrome 浏览器清理浏览器缓存数据的路径是：设置→高级→清理浏览器缓存数据。

在实际网页运行时，一个页面可能包含许多图片。当大量用户访问时，若不使用 HTTP 本地缓存策略，而是每次都重新从 Web 服务器加载，将导致服务器负荷过大。HTTP/1.1 304 Not Modified 并非 Web 服务器发出的错误提示，而是服务器为了节省带宽、提升用户体验而

采用的缓存响应状态码。客户端在第一次对 Web 服务器发出 GET 请求后，会缓存该页面。当客户端再次发出相同的 GET 请求时，如果缓存中的 If-Modified-Since 过期，客户端会向 Web 服务器发出 GET 请求，验证 If-Modified-Since 和 If-None-Match 是否与服务器中的信息一致。如果页面未做任何修改，则 Web 服务器返回 HTTP/1.1 304 Not Modified，客户端将直接从本地缓存中读取页面。

在本地开发过程中，如果修改了代码但按 F5 键刷新未成功，可以尝试强制刷新（按组合键 Ctrl+F5）。

注意：当强制刷新操作不成功时，才考虑使用清理上网痕迹的方法。

1.1.4 相关名词解释

1. WWW 与 W3C

WWW（World Wide Web），中文译为“万维网”，它是互联网提供的一种网页浏览服务。

W3C（World Wide Web Consortium），中文译为“万维网联盟”，是国际上最著名的 Web 技术标准化组织。W3C 提供了一个在线验证页面，用于验证 HTML 页面是否符合标准规范。

Web 通常泛指互联网的应用环境。但对网站开发者来说，它是一系列技术和标准的综合体现，通常称为“网页”。

2. HTTP 协议与 URL

HTTP（HyperText Transfer Protocol，超文本传送协议）详细规定了浏览器和 Web 服务器之间互相通信的规则。

URL（Uniform Resource Locator，统一资源定位符）地址即 Web 地址，俗称“网址”。

3. Web 标准

“Web”一词的本义为蜘蛛网或网络。对网站开发者来说，它代表一系列技术的集合，包括网站的前端布局、后端程序、美工、数据库开发等，我们称之为网页。

Web 标准并非单一标准，而是一系列标准的集合，主要包括结构（Structure）、表现（Presentation）和行为（Behavior）三个方面。

结构标准用于对网页元素进行整理和分类，主要包括 XML 和 XHTML 两部分，XHTML 是基于 XML 的标记语言，是在 HTML4 的基础上，按照 XML 的语法规则进行扩展而形成的，实现了从 HTML 向 XML 的过渡。

表现标准用于设置网页元素的版式、颜色、字体大小等外观样式，主要指的是 CSS。

行为标准用于定义网页的模型结构及其交互逻辑，主要包括 DOM 和 ECMAScript 两部分。其中，DOM（Document Object Model）是文档对象模型，ECMAScript 是由 ECMA（European Computer Manufacturers Association，欧洲计算机制造商协会）以 JavaScript 为基础制定的标准脚本语言规范。

注意：

（1）网页元素的 HTML 标签是固定的，详见第 2 章。

（2）CSS 样式的定义与使用方法详见第 3 章。

（3）JavaScript 脚本的定义与使用方法详见第 5 章。

1.2　服务器端集成开发环境 phpstudy_pro

phpstudy_pro 是一款优秀的国产软件，集成了 PHP 网站开发所需要的全部软件组件。安装目录包含 3 个一级目录，分别为 COM、Extensions 和 WWW，如图 1.2.1 所示。

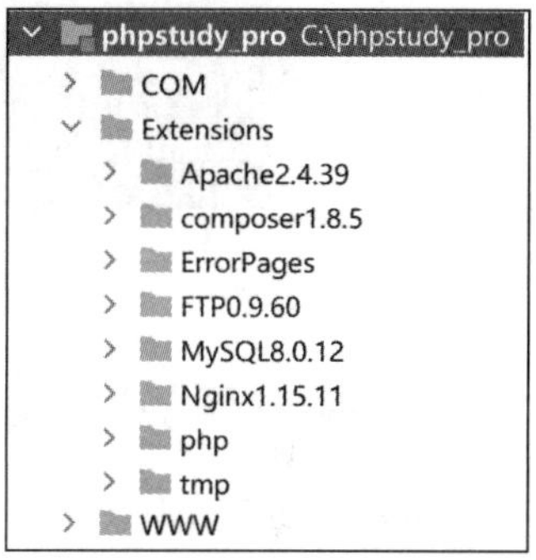

图 1.2.1　phpstudy_pro 的安装目录

COM 目录主要存放一些动态链接库文件（.dll），这些.dll 文件在 phpstudy_pro 运行时被加载，为软件提供必要的功能支持。

Extensions 目录包含多个子目录，每个子目录对应 phpstudy_pro 支持的不同组件和工具。

- Apache2.4.39：为 Web 服务器名称，对应的站点目录是 WWW，包含 Apache2.4.39 版本的相关文件和配置。
- php：是 PHP 解释器的工作目录，包含不同版本的 PHP 及其相关文件和配置。
- MySQL8.0.12：包含数据库服务器 MySQL8.0.12 版本的相关文件和配置。
- Nginx1.15.11：包含 Nginx1.15.11 版本的相关文件和配置。
- composer1.8.5：包含 composer1.8.5 版本的相关文件和配置。

注意：

（1）Nginx 通常作为反向代理服务器使用，能够将请求分发到不同的后端服务。此外，还可以配置防火墙规则、限制访问 IP 等，以提高网站的安全性。对于 PHP 网站开发而言不是必需的。

（2）composer 是一个 PHP 依赖管理工具，用于在项目中添加新的依赖库，并将其记录在 composer.json 文件中。例如，当使用 ThinkPHP 框架或 JWT（JSON Web Tokens）进行 PHP 网站开发时需要用到 composer。

WWW 目录是 Web 服务器文档的默认根目录，也是开发和测试 Web 应用的工作目录，存放在此目录下的任何页面（如.html 和.php 文件）都可以通过 Web 服务器访问。PHP 网站主页文件名默认为 index.html 或 index.php。

总之，phpstudy_pro 使用户可以选择不同的 PHP 版本与 Apache Web 服务器搭配使用，并支持多个不同的 MySQL 版本。这些在 Windows 平台下的开源软件各自独立，但由于常被放在一起使用，发展出了高度的兼容性，共同组成了一个强大的 Web 应用程序开发平台。

1.2.1　关于 phpstudy_pro

启动 phpstudy_pro 后，默认进入“首页”标签页（见图 1.2.2），用户可以管理服务器软件的启动与停止。

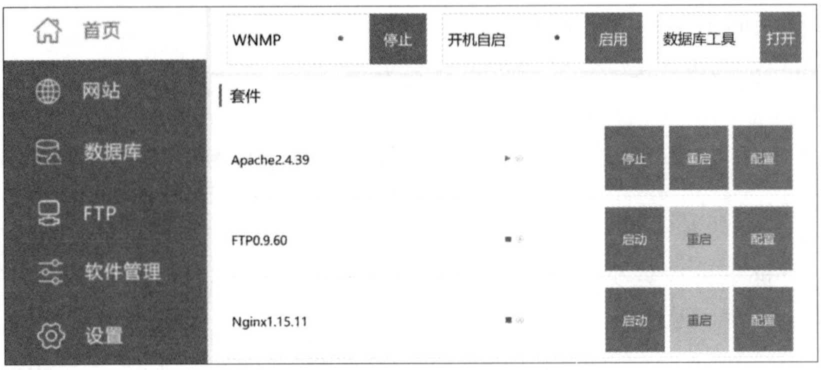

图 1.2.2　phpstudy_pro 的“首页”标签页

1.2.2　Web 服务器 Apache

Internet 网站中存放着许多服务器，最重要的服务器是 Web 服务器，客户端通过被称为浏览器的软件来访问 Web 服务器里的网站。访问网站的最终目的是访问网站中的网页。不管什么 Web 资源，要想被远程计算机访问，都必须有一个与之对应的网络通信程序，当用户访问时，这个网络通信程序读取 Web 资源数据，并把数据发送给来访者。Web 服务器就是这样一个程序，它用于完成底层网络通信、处理 HTTP 协议。

在 phpstudy_pro 中，Apache 站点主页文件名默认为 index.html 或 index.php。启动 Apache Web 服务器后，在浏览器中通过输入 http://localhost 或 http://127.0.0.1 来访问主页。其中，index.php 优先于 index.html。

WWW 目录下还可创建用户站点，并可形成多级站点结构。

1.2.3　数据库服务器 MySQL 及其管理工具 phpMyAdmin

1．关系数据库概述

MySQL 是一种关系数据库服务器软件。可以将关系数据库看作一个包含若干工作表的 Excel 文件，每张工作表都由规则的二维表数据组成。

数据库里的数据表，每列都有固定的类型和约束条件。在创建数据库内表的结构时，通常应设置主键，以保证记录的唯一性。例如，将学生表里的“学号”字段设置成主键后，在输入记录时，如果重复输入了相同的学号，系统则会立刻警告并阻止。此外，数据表之间还可以建立一对多、级联更新和级联删除等关系。

关系数据库的标准语言是 SQL（Structured Query Language，结构化查询语言）。SQL 语句不仅能实现对数据库的信息查询，还能实现对数据表结构和内容两个方面的修改。查询可以分为对数据库没有写入操作的选择查询和有写入操作的操作查询两种方式。通过使用 SQL 语句，可以向数据库服务器查询具体的信息，并得到返回的记录集，还可以实现数据表结构或内容的修改。

2．安装数据服务器软件 MySQL8

phpstudy_pro 默认安装 MySQL5.7.26。通过 phpstudy_pro 的“软件管理”标签页安装目

前广泛使用的 MySQL8（MySQL8.0.12 版本），如图 1.2.3 所示。

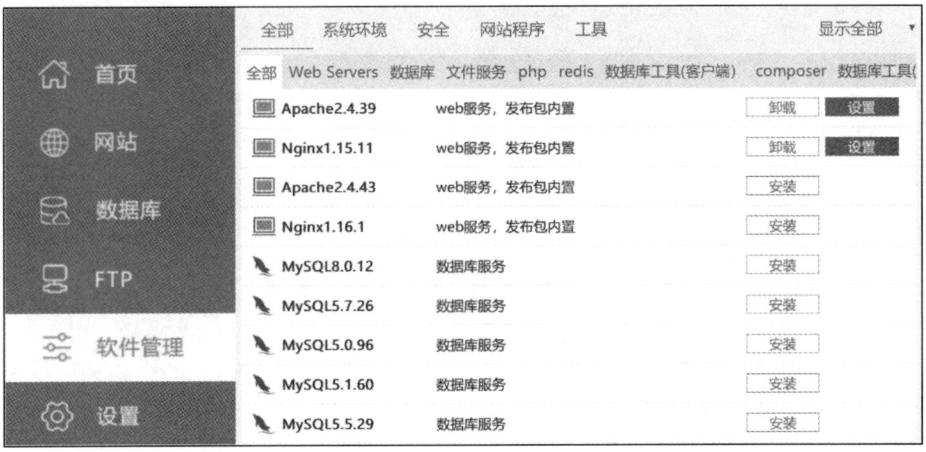

图 1.2.3 “软件管理”标签页（安装 MySQL8.0.12）

安装 MySQL8 后，默认的用户名和密码均为 root。如果在 phpstudy_pro 的“首页”标签页不能正常启动 MySQL8，可能是因为系统已经独立安装了 MySQL 且服务正在运行。解决办法是右击桌面上的“此电脑”，依次选择“管理”→“服务和应用程序”，然后双击“服务”。在打开的服务列表中，选择停止 MySQL 服务。

3．phpMyAdmin 的安装及使用

phpMyAdmin 是一款 MySQL 前端工具软件，可方便地进行数据库的创建与删除、SQL 命令的执行、SQL 脚本的导入与导出等。首次使用 phpMyAdmin 前，需要安装该软件，如图 1.2.4 所示。

图 1.2.4 “软件管理”标签页（安装 phpMyAdmin）

安装完成后，界面将显示对应的“管理”按钮。进入如图 1.2.5 所示的 phpMyAdmin 工作界面之前，需要输入用户名 root 进行登录，密码默认为 root。

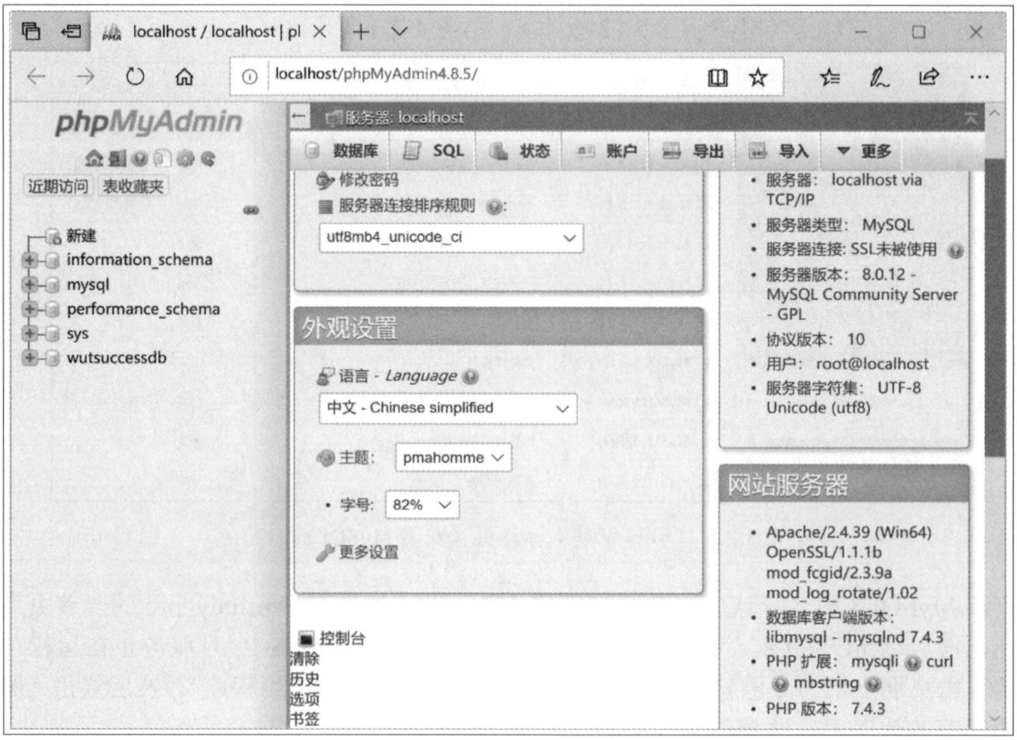

图 1.2.5　phpMyAdmin 工作界面

除了可以通过可视化的操作创建库、表和输入记录，还可以使用“导入”菜单执行 SQL 语句，快速地在数据库服务器中创建一个数据库。

4．PHP 程序访问 MySQL8

如果使用独立安装的 MySQL8，其默认使用 caching_sha2_password 作为认证插件，这会导致在 PHP 程序中使用 mysqli()函数访问 MySQL8 时出现如下认证方法错误的提示：

```
The server requested authentication method unknown to the client
```

这是因为 mysqli()函数不支持这种认证方式。解决该问题的一种方法是将 MySQL 用户的认证插件修改为本地认证方式，具体步骤如下：

```
use mysql;   #打开系统数据库
alter user 'root'@'localhost' identified with mysql_native_password by 'your_password';
flush privileges;   #刷新 MySQL 权限，使之前对用户权限的更改立即生效。
```

注意：

（1）如果使用的是 phpstudy_pro 集成的 MySQL8，则不需要进行上述重新认证操作，因为其默认配置已经兼容 PHP 的 mysqli()函数。

（2）mysqli()函数是 PHP 提供的用于访问 MySQL 数据库的一个增强型 API，其中“i”表示“improved”。

1.2.4　PHP 语言特点、新版本的安装与切换

PHP（Hypertext Preprocessor）是一种广泛使用、功能强大且易于学习的开源服务器端脚本语言，其既支持面向过程的结构化程序设计，也支持面向对象的程序设计，特别适合初学者进行 Web 开发。PHP 具有以下主要特点：

- PHP 页面以.php 作为扩展名；
- 在网页中，使用 <?php 和 ?> 标签插入只能在 Web 服务器中运行的 PHP 脚本代码；
- 使用 echo 语句输出字符串、变量及 HTML 内容；
- 语法类似于 C 语言，提供了大量的库函数，如日期函数 date()等；
- 使用“.”作为字符串连接运算符；
- 代码行以分号“;”结束；
- 提供 mysqli()函数用于支持对 MySQL 等多种数据库系统的访问；
- 使用$_GET[]接收通过 URL 查询字符串传递的参数；
- 使用$_POST[]接收表单提交的参数；
- 提供了 include 语句，便于代码复用；
- 支持关联数组，提供了将数组转换为 JSON 格式的函数 json_encode()；
- 有广泛的社区支持。

注意：本书第 5 章和第 8 章涉及 PHP 编程。

默认安装 phpstudy_pro 时，所集成的 PHP 版本为 7.3.4nts。但在某些情况下，如使用 ThinkPHP6 框架时，要求 PHP 版本不得低于 7.4.0 版。

打开 phpstudy_pro 主界面，依次选择“软件管理”→“php”，在列表中选择并安装新版本。

若需使用新版本，可在 phpstudy_pro 主界面中打开“网站”标签页，然后在“操作”列中依次选择“管理”→“php 版本”进行版本切换，如图 1.2.6 所示。

图 1.2.6　PHP 版本切换

1.3 Web 集成开发环境 IDEA 2023

1.3.1 IDEA 2023 概述

IDEA 是由 JetBrains 公司开发的一款功能强大的集成开发环境（IDE），专为提高开发者的生产力而设计，支持 Java、Kotlin、JavaScript 和 TypeScript 等多种编程语言，并集成了丰富的工具和功能，如智能代码补全、代码分析、调试工具、版本控制系统等。IDEA 旨在提供一站式的开发环境，帮助开发者提高从编写代码到部署应用全流程的效率。

注意：编写页面时，输入 a 或 img 后按 Tab 键，IDEA 将自动提示并补全超链接或图像代码。

IDEA 可从其官网下载。IDEA 有两个版本：一个是免费的社区版本（Community），适用于 Java 桌面开发和 Android 移动开发；另一个是付费的终极版本（Ultimate），提供了额外的支持和特性，适用于企业级 Web 开发。

安装 IDEA 2023 后，首次启动的主界面如图 1.3.1 所示。

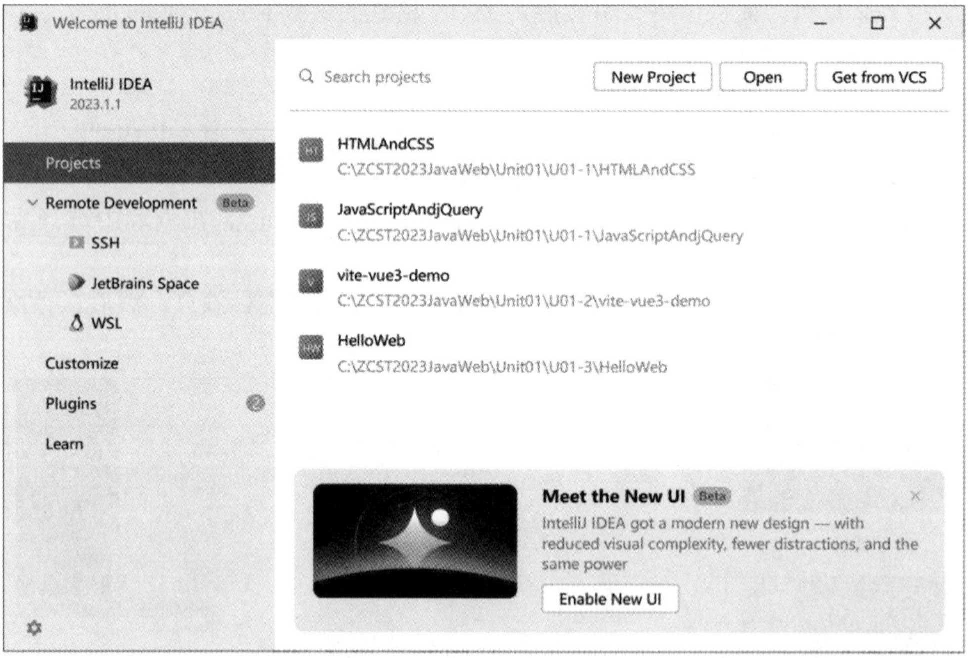

图 1.3.1　IDEA 2023 主界面

在主界面中选择“Projects”标签页后，会出现用于新建项目的“New Project”按钮和用于打开项目的“Open”按钮。此外，还会显示已创建的项目列表，便于快速打开项目。

“Customize”标签页用于定制工作界面，“Plugins”标签页用于插件管理。

使用 IDEA 开发静态网页时，单击文档窗口右上方的浏览器图标，将使用其内置的静态网页服务器进行浏览。该服务器默认使用 63342 端口。当修改代码后，切换到浏览器窗口，将会看到页面自动更新（热部署功能）。

使用 IDEA 开发 PHP 动态页面前，需要先安装 PHP 插件。安装步骤如下：打开 IDEA Settings（设置）对话框，依次选择“Plugins”→“Marketplace”，在弹出的搜索框中输入“PHP”。安装完成后，需要重启 IDEA。在“Installed”标签页下，可以查看已经安装的 PHP 插件，如图 1.3.2 所示。

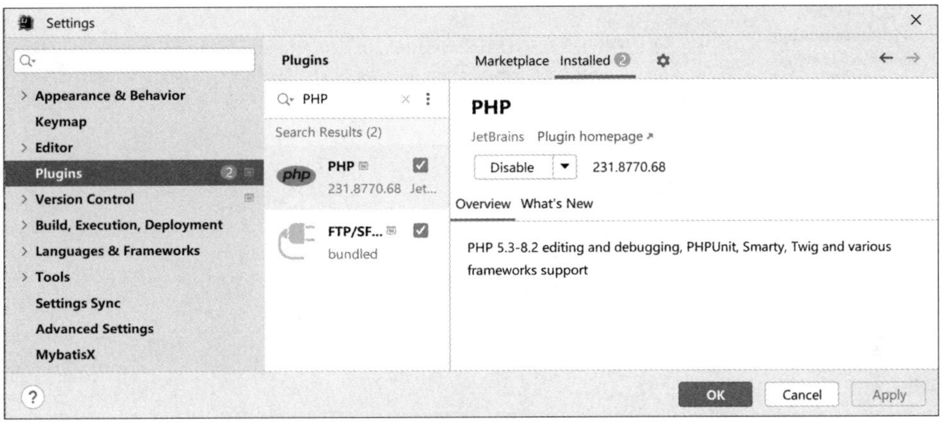

图 1.3.2　在 IDEA 中启用 PHP 插件

启用 PHP 插件后，开发者可以获得全面的开发支持，从代码编写、调试、版本控制到测试和数据库管理，都可以在一个统一的开发环境中完成。这不仅提升了开发效率，还有助于提高代码质量和项目的可维护性。

在 IDEA 中浏览 PHP 动态网页时，如果出现“502 Bad Gateway”错误提示，通常表示 IDEA 内置的 Web 服务器与 PHP 后端之间的通信存在问题。解决办法是：打开 IDEA 设置对话框，依次选择“Languages & Frameworks”→“PHP”，将 CLI Interpreter（CLI 解释器）设置为所安装的 PHP 主程序的完整路径，如图 1.3.3 所示。

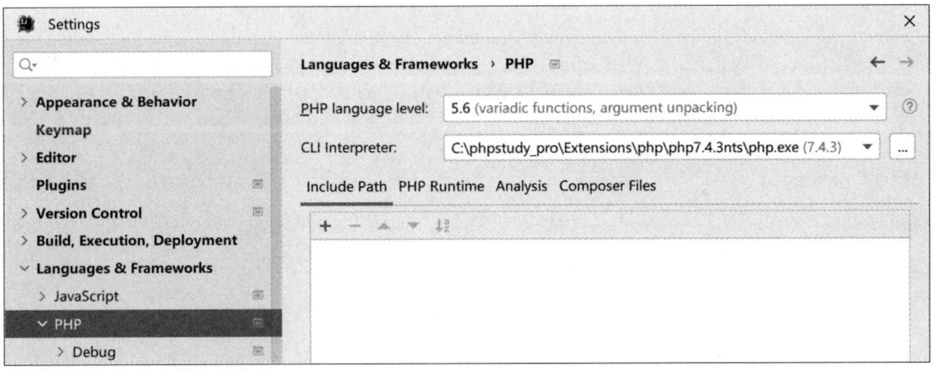

图 1.3.3　在 IDEA 中设置 PHP CLI 解释器

1.3.2　IDEA 2023 的基本使用

IDEA 打开一个项目后的工作界面如图 1.3.4 所示。

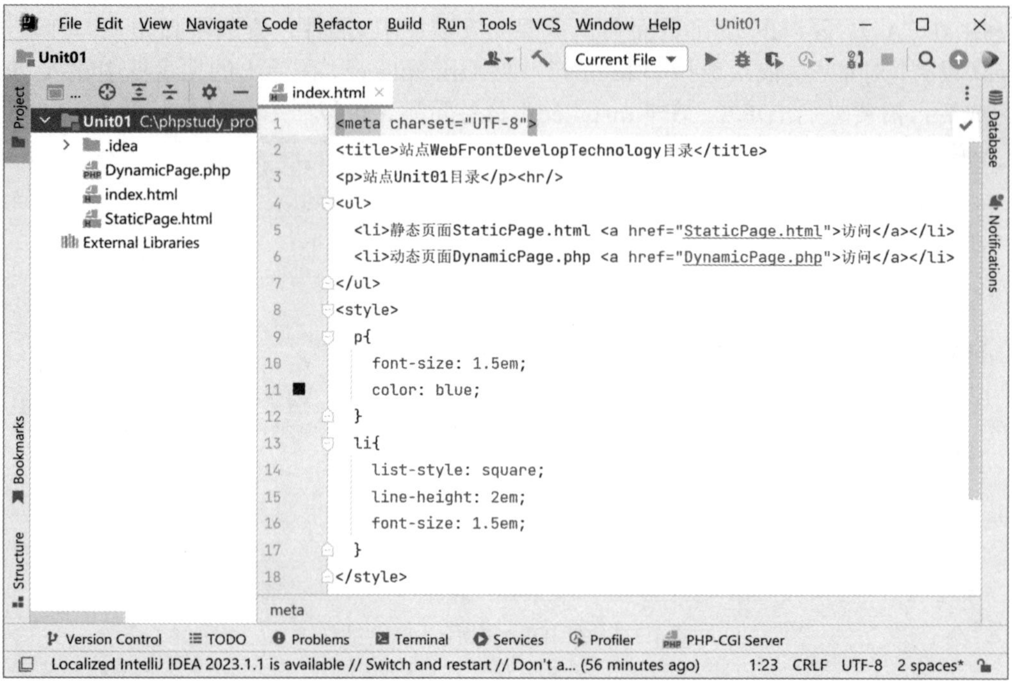

图 1.3.4　打开项目后的 IDEA 工作界面

IDEA 的工作界面主要包括菜单栏、水平工具栏、项目窗口、文档编辑窗口、状态信息窗口和左右侧工具栏。其中，左侧工具栏中的“Structure”标签页用于显示 Java 类或 HTML 文档的结构，便于实现快速导航。

在 IDEA 中开发 Web 项目时，需要使用浏览器（推荐使用 Chrome 浏览器）。进入 IDEA 设置对话框，在搜索框中输入“Browser”，选择 Chrome 浏览器作为默认浏览器，如图 1.3.5 所示。

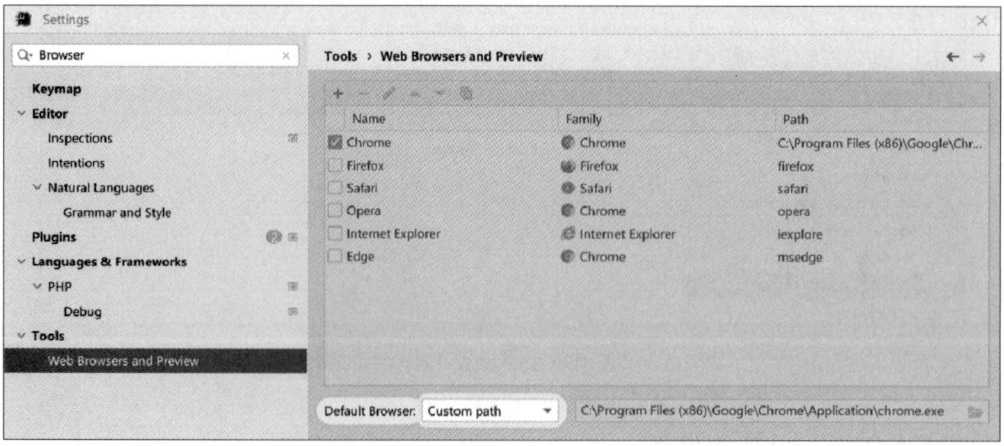

图 1.3.5　设置 IDEA 默认使用 Chrome 浏览器

编辑文档时，IDEA 默认不支持通过鼠标滚轮缩放字体。设置为支持滚轮缩放字体的方法是：在设置对话框中选择“Keymap”，在搜索框中输入“font”，右击“Increase Font Size”

或“Decrease Font Size”，设置后如图 1.3.6 所示。

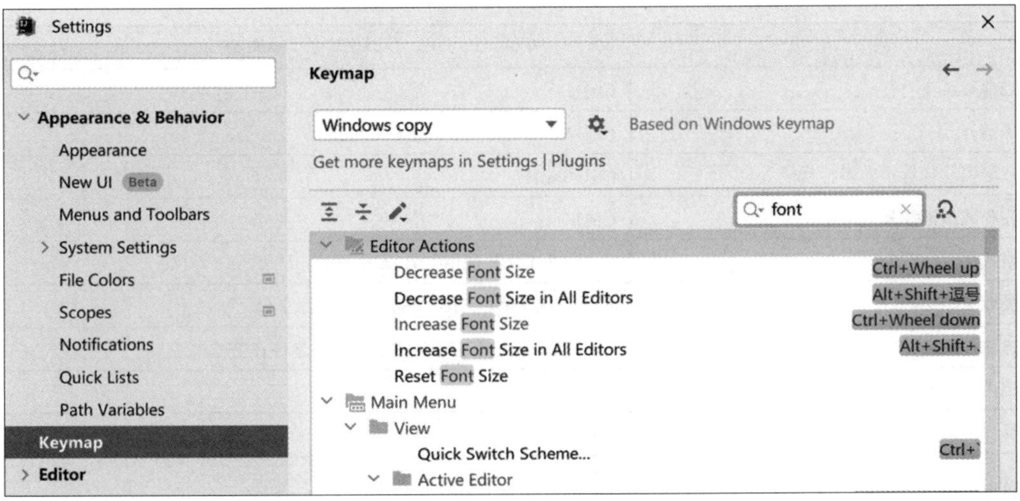

图 1.3.6　设置为支持鼠标滚轮缩放字体

为了方便进行数据库编程，IDEA 提供了通用的数据源管理工具。打开项目后，单击右侧工具栏中的“Database”标签页添加 MySQL 数据源连接，输入 MySQL 用户名和密码，如图 1.3.7 所示。

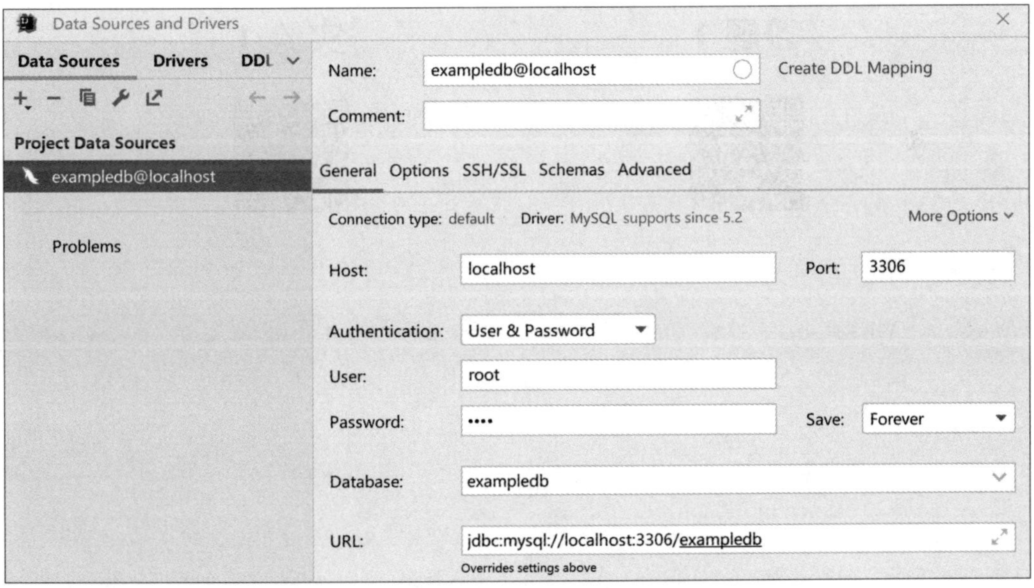

图 1.3.7　添加项目的 MySQL 数据源连接

1.3.3　IDEA 2023 常用快捷操作

为了提高软件编码速度，掌握快捷操作十分有必要。IDEA 除了支持通用的操作，如打开文档（Ctrl+O）、双击选词、全部选中（Ctrl+A）、剪贴板（Ctrl+C、Ctrl+V、Ctrl+X）、撤销（Ctrl+Z）等，还提供了一些快捷操作，如表 1.3.1 所示。

表 1.3.1　IDEA 常用快捷操作

功　能	操作（或快捷键）
复制当前行至下一行	Ctrl+D
删除当前行	Ctrl+Y
注释或取消注释选中的多行代码	Ctrl+Shift+/
单行注释或取消注释	Ctrl+/
代码格式化	Ctrl+Alt+L（先使用 Ctrl+A 全选）
查看类或文档结构	单击左侧工具栏中的“Structure”标签页
查看方法参数	Ctrl+P 或按住 Ctrl 键并将鼠标指针悬停在方法名上
在文档内查找与替换	Ctrl+R
在项目内全局查找与替换	Ctrl+Shift+R

注意：

（1）在系统菜单中，有些菜单项提供了相应的快捷键，需要养成记忆常用快捷键的习惯。

（2）工具栏上的不同图标分别对应不同的菜单项和快捷操作。

（3）有些操作没有对应的图标或快捷键，只能使用菜单操作。例如，配置项目的运行信息只能通过菜单“Run”→“Edit Configurations”进行操作。

习题 1

实验 1

微课视频

第 2 章 使用 HTML5 标签组织页面内容

HTML 是英文 HyperText Markup Language 的缩写，是用来编写网页的超文本标记语言。网页里的文本、列表文本、图像、超链接、表格和表单等，都是使用 HTML 标签制作的。HTML 标签按功能可分为两大类：一类是声明性标签，另一类标签用来呈现页面元素（或对象）。本章学习要点如下：

- 掌握 HTML 文档的一般结构（分为头部与主体）；
- 掌握 HTML 标签与属性的关系；
- 掌握常用 HTML 标签的使用方法，特别是文本、图像和超链接标签的使用；
- 掌握表格的制作方法；
- 掌握表单的制作及其工作原理，特别是文本型表单与文件上传表单的使用区别。

2.1 HTML 语言概述

HTML 是由万维网联盟（W3C）和 Web 超文本应用技术工作小组（WHATWG）共同制定、用于定义和描述现代网页结构和行为的一套规范。HTML 是构建网页的基础技术，通过标签与属性来组织内容和媒体元素，使其能够在浏览器中正确显示和交互。

学习任何一门语言，都要首先掌握它的基本格式，就像写信需要符合书信的格式要求一样。HTML 也不例外，同样需要遵从一定的规范。HTML 文档的基本格式主要包括<!doctype>（文档类型声明标签）、<html>（根标签）、<head>（头部标签）、<body>（主体标签）。

<!doctype>标签位于文档的最前面，它与浏览器的兼容性相关。删除<!doctype>，意味着将如何展示 HTML 页面的决定权交给浏览器。此时，对于不同类型的浏览器，同一页面可能有不同的显示效果。

HTML4 于 1997 年 12 月发布；HTML5 于 2014 年 10 月发布，是目前的最新版本，包含新的 HTML 标签、CSS3 的部分标准及一系列新的 API。

2.1.1 HTML 标签名与属性

在 HTML 文档中，带有“< >”符号的元素称为 HTML 标签，如<html>、<head>和<body>都是 HTML 标签。

在 HTML 文档中，<标签名>表示该标签的作用开始，称为开始标签；而</标签名>表示该标签的作用结束，称为结束标签。<标签名>和</标签名>为一对标签，例如，<html>和</html>为一对标签，为叙述简便，称之为<html>标签。

注意：与开始标签相比，结束标签在标签名前面使用了关闭符“/”。

1．基本标签<html>、<head>和<body>

<html>标签位于<!doctype>标签之后，也称为根标签，用于告知浏览器其自身是一个 HTML 文档。<html>标签表示 HTML 文档的开始，</html>标签表示 HTML 文档的结束，在它们之间的是文档的头部和主体内容。

<head>标签用于定义 HTML 文档的头部信息，也称为头部标签，紧跟在<html>标签之后，其主要作用是封装其他位于文档头部的标签，如<title>、<meta>、<link>和<style>等，用于描述文档的标题、作者及与其他文档的关系等。

一个 HTML 文档只能含有一对<head>标签，绝大多数文档头部所包含的数据不会真正作为内容显示在页面中。

<body>标签用于定义 HTML 文档所要显示的内容，也称为主体标签。浏览器中显示的所有文本、图像、音频和视频等信息都必须位于<body>标签内，<body>标签中的信息才是最终展示给用户看的。

一个 HTML 文档只能含有一对<body>标签，且<body>标签必须位于<html>标签内、<head>标签之后，与<head>标签为并列关系。

使用 HTML 制作网页时，如果想让 HTML 标签提供更多的信息，可以使用 HTML 标签的属性加以设置。其基本语法格式如下：

```
<标签名 属性 1="属性值 1"  属性 2="属性值 2" …> 网页元素 </标签名>
```

在上述语法中，标签可以拥有多个属性，必须写在其开始标签中，位于标签名之后。属性之间不分先后顺序，标签名与属性、属性与属性之间均以空格隔开。任何标签的属性都有默认值，省略该属性则取默认值。例如：

```
<h1 align="center" >标题文本<h1>
```

其中，align 为属性名，center 为属性值，表示标题文本居中对齐。对于标题文本，还可以设置文本左对齐或右对齐，对应的属性值分别为 left 和 right。如果省略 align 属性，标题文本则按默认值左对齐显示，也就是说，<h1></h1>等价于<h1 align="left"></h1>。

还有一些单标签，也称为空标签，是指用一个标签符号即可完整地描述某个功能的标签。其基本语法格式如下：

```
< 标签名/>
```

在 HTML 中，注释标签是一种特殊的标签，用于阅读和理解但又不需要显示在页面中的注释文字，其语法格式如下：

```
<!--  注释内容 -->
```

注意：注释内容不会显示在浏览器窗口中，但是作为 HTML 文档内容的一部分，也会被下载到用户计算机上，查看源代码时可以看到。

书写 HTML 页面时，经常会在一对标签之间再定义其他标签，这种标签间的包含关系称为标签的嵌套。示例代码如下：

```
<p align="center">
    <font color="#979797" size="2">
    更新时间：2018 年 09 月 28 日 14 时 08 分 来源：<font color="blue">教学网站</font>
```

```
    </font>
</p>
```

在嵌套结构中，页面元素的样式总是遵从“就近原则”。如上述代码中的“教学网站”这几个文字的颜色会遵从最近的<font>标签，而 size 属性遵从外层的<font>标签，对齐属性则遵从最外层的<p>标签。

2．页面头部

制作网页时，经常需要设置页面的基本信息，如页面的标题、作者、与其他文档的关系等。为此，HTML 提供了一系列标签，这些标签通常位于<head>标签内，因此被称为头部相关标签。

<title>标签用于定义 HTML 页面的标题，即网页的名称，必须位于<head>标签内。一个 HTML 文档只能含有一对<title>标签，<title>标签内的内容将显示在浏览器窗口的标题栏中。其基本语法格式如下：

```
<title>网页标题名称</title>
```

<meta>标签用于定义页面的元信息，可重复出现在<head>标签中，在 HTML 中为一个单标签。<meta>标签通过“名称/值”的形式定义页面的相关参数，例如，为搜索引擎提供网页的关键字、作者姓名、内容描述，以及定义网页的刷新时间等。使用<meta/>标签为搜索引擎提供信息的基本格式如下：

```
<meta name="名称" content="值" />
```

（1）设置网页关键字，name 属性值为"keywords"，content 属性值用于定义关键字的具体内容，多个关键字之间用逗号“,”分隔。例如：

```
<meta name="keywords" content="Java 桌面开发,Java EE 开发,Android 移动开发" />
```

（2）设置网页描述，name 属性值为"description"，content 属性值用于定义描述的具体内容。例如：

```
<meta name="description" content="写描述网站的内容" />
```

（3）设置网页作者等版权信息，name 属性值为"author"，content 属性值用于定义具体的作者及版权信息。例如：

```
<meta name="author" content="WUST,Wzx" />
```

在<meta>标签中，使用 http-equiv/content 属性可以设置服务器发送给浏览器的 HTTP 头部信息，为浏览器显示该页面提供相关的参数。其中，http-cquiv 属性提供参数类型，content 属性提供对应的参数值。

```
<meta http-equiv="名称" content="值" />
```

注意：默认为<meta http-equiv="Content-Type" content="text/html" />，通知浏览器发送的文件类型是 HTML。

（1）设置页面字符集编码为 UTF-8 的代码如下：

```
<meta http-equiv="Content-Type" content="text/html;charset=utf-8" />
```

（2）设置页面自动刷新与跳转，需要设置 http-equiv 属性值为 refresh，设置 content 属性值为数值（以秒为单位）和 URL 地址，其间使用分号“;”隔开。例如，定义某个页面 10 秒后跳转至本书配套课程网站的代码如下：

```
<meta http-equiv="refresh" content="10;url=http://www.wustwzx.com/webfront/index.html" />
```

3．控制标签

为了使网页更具有语义化，经常会在页面中用到标题标签，HTML 提供了<h1>、<h2>、<h3>、<h4>、<h5>和<h6>共 6 个等级的标题标签，其语法格式如下：

```
<hn align="对齐方式">标题文本</hn>
```

其中，n 的取值为 1～6。align 属性为可选属性，用于指定标题的对齐方式，具体取值如下。

- left：设置标题文字左对齐（默认值）；
- center：设置标题文字居中对齐；
- right：设置标题文字右对齐。

<p>是 HTML 文档中最常见的标签之一，用于定义文本段落。在默认情况下，文本在一个段落中会根据浏览器窗口的宽度自动换行。在网页中要把文字有条理地显示出来，离不开段落标签，就像传统文档需要分段一样，网页内容也需要分为若干段落，而段落标签就是<p>。其语法格式如下：

```
<p align="对齐方式">段落文本</p>
```

在网页中经常看到一些水平线将段落与段落分隔开，使文档结构清晰，层次分明。这些水平线可以通过插入图像实现，也可以简单地通过如下标签实现：

```
<hr />
```

在 HTML 中，段落文本内容会从左到右顺序排列，直至到达浏览器窗口的右边界才自动换行。如果希望强制将某段文本换行，可以使用如下换行标签：

```
<br />
```

注意：HTML 文档中的换行方式，不同于在 Word 文档中通过回车键换行。

2.1.2　实体元素分类

在 HTML 中，实体元素包括块级元素（block element）和内联元素（inline element）两大类。它们的核心区别在于块级元素从新的一行开始排列。内联元素又可分为行内元素和行内块元素。

1．块级元素

每个块级元素都从新的一行开始，其后的元素会自动换行显示；元素的高度、宽度、行高及上下边距等均可设置；若不设置宽度，则块级元素继承父容器 100%的宽度（与父元素的宽度一致）。常用的块级元素的标签有<div>、<p>、<h1>～<h6>、<ol>、<ul>、<table>和<form>等。

<div>标签在 HTML 中表示一个块级元素，它用于将文档内容分隔成独立的部分。该标

签没有固有的宽度（width）属性和高度（height）属性，而是会根据其包含的内容自动调整尺寸。

注意：

（1）div 是 division 的缩写，表示“分区”。

（2）<div>标签具有 id 或 class 属性，用于引用 CSS 样式或进行 JavaScript 操作。

2．行内元素

行内元素与其他元素共处同一行；元素的高度、宽度及上下边距均不可设置；元素的宽度由其包含的文字或图像的宽度决定，不可改变。常用的行内元素的标签有<a>、
、<i>、<strong>和<label>等。

3．行内块元素

行内块元素与其他元素共处同一行；元素的高度、宽度、行高及上下边距均可设置。常用的行内块元素的标签有<img>和<input>等。

注意：当加入了 CSS 样式（详见第 3 章）控制以后，块级元素和内联元素的上述属性差异就消失了。

2.1.3　网页文档编码与<meta>标签

1．文档编码及转换

计算机最初由美国人发明，采用 ASCII 码作为标准字符编码。我国在 ASCII 编码基础上针对中文做了扩充改造，制定了 GB2312 编码标准，共收录 6763 个汉字和 682 个非汉字图形字符。后续为了表示繁体和更多的字符，又对 GB2312 编码进行扩充，产生了 GBK 编码；为了支持多民族语言，又产生了 GB18030 编码。

世界各国都曾制定各自的字符编码标准。为了解决编码不统一的问题，国际标准化组织（ISO）制定了一种名为 Unicode 的编码方案，它可以容纳世界上的所有文字符号。采用 Unicode 编码保存的文件可在任何支持该编码系统的计算机上正确显示。在实际网络传输中，Unicode 主要采用两种实现标准：UTF-8（8 位传输）和 UTF-16（16 位传输）。

注意：相较于 GB2312 和 GBK 编码，UTF-8 占用更多的存储空间，但它更加通用。

Windows 系统内置的文本编辑器支持编码转换功能。其中，ANSI 是美国国家标准协会（American National Standards Institute）制定的一系列标准，通常用于描述 Windows 系统中所使用的本地编码（系统默认编码）。对于简体中文系统，一般使用 GB2312 编码或其扩展编码 GBK。

使用 Windows 记事本程序，将文档编码转换为 UTF-8 的操作方法，如图 2.1.1 所示。

2．使用<meta>标签设定文档编码

在 VS Code 集成开发环境中，当新建 HTML 文档时，其页面头部会自动生成一个<meta>标签，使用 charset 属性来指定文档的编码格式，代码如下：

```
<meta charset="utf-8">
```

浏览器在解析页面时，将根据<meta>标签设定的 UTF-8 字符编码格式来显示汉字，从而避免出现乱码。

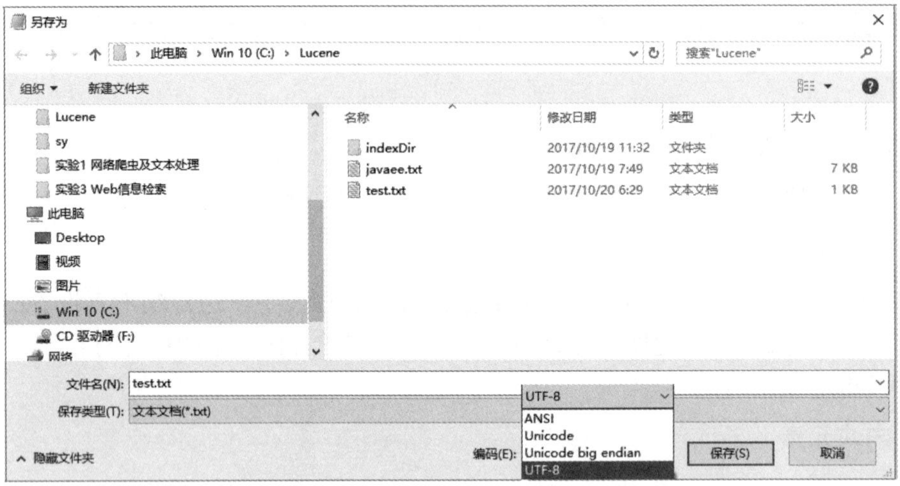

图 2.1.1　使用记事本程序转换文档编码

2.1.4　特殊字符

为了在 HTML 文档中使用某些具有语法含义的字符（如 < 和 > 等）并将其作为普通文本显示，而不被识别为标签，HTML 为这些特殊字符提供了对应的代码，如表 2.1.1 所示。

表 2.1.1　HTML 特殊字符

特殊字符	描述	HTML 代码
空格	空格符	
<	小于	<
>	大于	>
&	和	&
￥	人民币	¥
©	版权	©
®	注册商标	®
°	摄氏度	°
±	正负	±
×	乘	×
÷	除	÷

2.1.5　HTML 色彩与度量单位

1. HTML 色彩

颜色由红色（Red）、绿色（Green）、蓝色（Blue）三种基色混合而成，简称 RGB。每种颜色取值范围从最小值 0（十六进制数表示为#00）到最大值 255（十六进制数表示为#FF）。

在 HTML 中，多个标签支持颜色属性设置。例如，<font>标签使用 color 属性来指定字体颜色，<td>标签使用 bgcolor 属性来指定表格单元格背景颜色，CSS 样式中的 color 属性可指定 HTML 元素的颜色。

大多数浏览器支持颜色名称集合，而 W3C 的 HTML4 标准仅支持 16 种颜色名称，分别是 aqua、black、blue、fuchsia、gray、green、lime、maroon、navy、olive、purple、red、silver、teal、white 和 yellow。

如果需要使用其他颜色，则需要使用以“#”开头的 6 位十六进制数表示颜色值。

RGB 色彩模式是工业界的一种颜色标准，通过红（R）、绿（G）、蓝（B）三个颜色通道的变化及其相互叠加来生成各种颜色。RGB 代表了红、绿、蓝三个颜色通道，几乎涵盖了人类视觉所能感知的所有颜色，是目前应用最广泛的颜色系统之一。RGBA 是对 RGB 的扩展，其中增加了 Alpha（透明度）参数。

Color	Color HEX	Color RGB
	#000000	rgb(0,0,0)
	#FF0000	rgb(255,0,0)
	#00FF00	rgb(0,255,0)
	#0000FF	rgb(0,0,255)
	#FFFF00	rgb(255,255,0)
	#00FFFF	rgb(0,255,255)
	#FF00FF	rgb(255,0,255)
	#C0C0C0	rgb(192,192,192)
	#FFFFFF	rgb(255,255,255)

图 2.1.2　十六进制颜色值及其等效的 rgb()形式

使用 CSS 样式修饰页面元素时，CSS 样式属性值还可以使用与十六进制颜色值等效的 rgb()形式，其中 9 种常用颜色的两种使用形式如图 2.1.2 所示。

注意：

（1）使用 CSS 色彩函数 rgb()或 rgba()可以显示更多的色彩。

（2）函数 rgb()的参数为十进制数，且只能作为 CSS 样式属性值，不能作为标签属性值。

（3）函数 rgba()是 CSS 中用来定义颜色的函数，允许指定颜色的红、绿、蓝（RGB）分量及透明度（Alpha）参数，常用于设置颜色并且控制其透明度。

2. HTML 度量单位

在 HTML 文档中，字体除了有颜色属性，还有大小属性。表格和图像等页面元素同样需要有度量大小的单位。在 HTML 中，度量的主要单位如下。

- px：像素单位，表示计算机屏幕上的一个像素点；
- %：百分比单位，相对于当前屏幕尺寸的百分比；
- em：相对于当前字体尺寸的倍数。

注意：

（1）段落文本通常首字母缩进 2 个字符，可通过在<p>标签中应用 CSS 样式 text-indent: 2em 实现（详见第 3 章）。

（2）页面布局时使用百分比单位，可自动适应屏幕大小。

2.2　简单的 HTML 标签

2.2.1　文本样式标签

网页文本及段落的控制与 Word 不同。通过多种多样的文字效果可以使网页变得更加绚丽。为此，HTML 提供了文本样式标签<font>，采用控制网页中文本的字体、字号和颜色。其基本语法格式如下：

```
<font 属性="属性值">文本内容</font>
```

<font>标签常用的属性如下。

- face：设置文字的字体，如“微软雅黑”“黑体”“宋体”等；
- size：设置文字的大小，可以取 1 到 7 之间的整数值；
- color：设置文字的颜色。

注意：

（1）文本区隔标签<span>是用于包裹普通文本的容器，其内不能嵌套其他标签。使用<span>标签可以组合文档中的行内元素。<span>划分出的不同区域可以应用不同的 CSS 样式（参见第 3 章）。

（2）<label>标签主要用于绑定表单元素，单击<label>标签时，被绑定的表单元素会获得输入焦点。

（3）<label>标签为 input 元素定义标注（标记）。label 元素不会向用户呈现任何特殊效果。但它提高了鼠标用户的可用性。单击 label 元素内的文本即可触发此控件。也就是说，当用户选择该标签时，浏览器就会自动将焦点转到与标签相关的表单控件上。<label>标签的 for 属性应当与相关元素的 id 属性相同。<label>标签支持与其他用户交互式控件进行绑定，并代替被绑定控件触发相应的事件，绑定的方法是，将 for 属性值指定为目的控件（绑定控件）的 ID。一般情况下，在使用单选按钮和复选框时用<label>标签绑定较为常见。

2.2.2 文本格式化标签

在网页中，有时需要为文字设置粗体、斜体或下画线效果，这时就需要使用 HTML 中的文本格式化标签。常用的文本格式化标签如下。

- <h1>至<h6>：用于显示标题，<h1>表示最大标题，<h6>表示最小标题。文本以粗体方式显示。
- <strong>或<b>：文字以粗体方式显示。
- </i>或<em>：文字以斜体方式显示。
- <del>或<s>：文字以加删除线方式显示。
- <u>或<ins>：文字以加下画线方式显示。

HTML5 还提供了<details>和<summary>标签。其中，<details>标签定义了一个可以展开和折叠的内容区域；<summary>标签必须嵌套在<details>标签内，作为该区域的标题，用于控制内容的展开和折叠，</summary>结束标签之后的文本默认是隐藏的。单击标题文本前的控制符号▶，将显示详细文本；单击控制符号▼可隐藏文本，效果如图 2.2.1 所示。

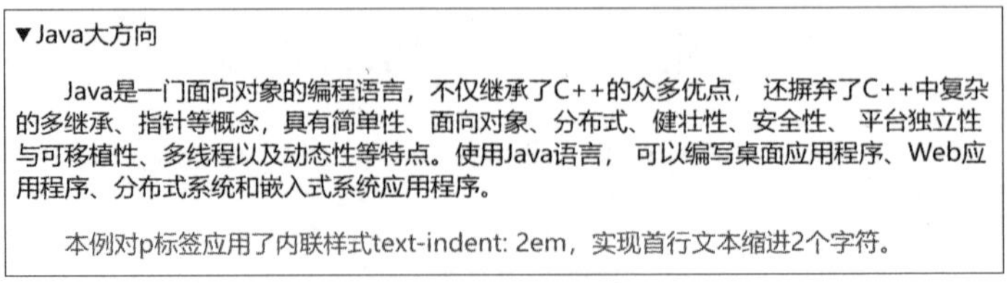

图 2.2.1　<details>和<summary>标签的使用效果

对应的代码如下：

```
<details>
    <summary>Java 大方向</summary>
    <p style="text-indent: 2em">Java 是一门面向对象的编程语言，不仅继承了 C++的众多优点，还摒弃了 C++中复杂的多继承、指针等概念，具有简单性、面向对象、分布式、健壮性、安全性、平台独立性与可移植性、多线程以及动态性等特点。使用 Java 语言，可以编写桌面应用程序、Web 应用程序、分布式系统和嵌入式系统应用程序。</p>
    <p style="text-indent: 2em;color:red">本例对 p 标签应用了内联样式 text-indent: 2em，实现首行文本缩进 2 个字符。</p>
</details>
```

2.2.3　滚动标签

<marquee>标签用于产生滚动对象，基本语法格式如下：

```
<marquee>滚动对象</marquee>
```

<marquee>标签的可选属性如下。

- width 和 height：定义滚动对象的矩形区域的宽度和高度；
- bgcolor 和 align：设置背景颜色和对齐方式；
- direction：定义滚动方向，默认自左向右；
- scrollamount：定义滚动速度。

注意：

（1）滚动对象不仅可以是文字，还可以是一组图像（类似电影胶片的效果）。

（2）如果将<marquee>标签嵌套在表格的单元格标签内，则滚动对象在单元格内滚动。

（3）如果希望鼠标经过时滚动停止，则需要定义滚动对象的相关事件及其处理方法，参见第 5 章客户端脚本。

2.2.4　列表标签

在 HTML 页面中，使用列表可以将相关信息组织在一起，使内容更具条理性，且易于控制外观样式。HTML 的列表包含有无序列表和有序列表两种类型。

1. 无序列表

无序列表的各个列表项之间没有顺序之分，是并列的。其基本语法格式如下：

```
<ul>
  <li>列表项 1</li>
  <li>列表项 2</li>
  <li>列表项 3</li>
  ......
</ul>
```

在上述语法中，<ul>标签用于定义无序列表，<li>标签嵌套在<ul>标签内，用于描述具体的列表项，每对<ul>标签中至少应包含一对<li>标签。

无序列表中 type 属性的常用值有如下 3 种。

- disc：默认值，显示为实心圆“●”；
- circle：空心圆，显示为“○”；

➢ square：实心方块，显示为“■”。

注意：

（1）不推荐使用无序列表的 type 属性，一般使用 CSS 样式属性代替。

（2）<li>与</li>之间相当于一个容器，可以容纳所有元素。

（3）<ul>标签内只能嵌套<li>标签，直接在<ul>标签中输入文本不符合规范。

2．有序列表

有序列表是一种具有排列顺序的列表，各个列表项按照一定的顺序依次排列。其基本语法格式如下：

```
<ol>
    <li>列表项 1</li>
    <li>列表项 2</li>
    <li>列表项 3</li>
......
</ol>
```

在上述语法中，<ol>标签用于定义有序列表，<li>标签表示具体的列表项。与无序列表类似，每对<ol>标签内至少应包含一对<li>标签。

在有序列表中，通常使用 start 属性定义起始值，其默认值为 1。

2.2.5 超链接与锚点链接标签

1．超链接

在 HTML 中创建超链接较为简单，只需使用<a>标签包裹需要被链接的对象即可，其基本语法格式如下：

```
<a href="跳转目标" target="目标窗口的弹出方式">文本或图像</a>
```

在上述语法中，<a>标签是一个行内标签，用于定义超链接，其中，href 和 target 是其常用属性。

href 属性值用于指定链接目标的 URL 地址。当为<a>标签设置 href 属性时，该元素即具有了超链接的功能。

target 用于指定链接页面的打开方式，其取值如下。

➢ _self：默认值，表示在当前窗口中打开页面；

➢ _blank：表示在新窗口中打开页面；

➢ 某个框架名称：表示将链接对象在指定的框架中打开页面。

注意：

（1）设置 href="#"，表示不会产生跳转的空链接。

（2）不仅可以对文本创建超链接，还可以对网页中的其他元素创建超链接。

（3）当 href 属性值不为网页文件（如压缩文件）时，此时可进行文件下载。

（4）对超链接也可定义事件并由客户端脚本来响应。

2. 锚点链接

通过创建锚点链接，用户能够快速定位到目标内容。

创建锚点链接分为以下两步：

（1）使用<a href="页面地址#id 名">链接文本</a>创建链接文本。

（2）使用相应的 id 名称标注跳转目标的位置。

注意：当省略#前的页面地址时，表示为当前页面的锚点链接。

2.2.6　图像标签

要在网页中显示图像，需要使用图像标签<img>，其基本语法格式如下：

```
<img src="图像 URL 地址" />
```

其中，src 属性为必填项，用于指定图像文件的路径和文件名。图像既可以是当前页面的内部资源（站内资源），也可以是来自互联网的外部资源（网络资源）。引用站内资源文件的示例代码如下：

```
<img src="logo.gif" />  或  <img src="./logo.gif" />    <!--图像文件与网页文件位于同一目录-->
<img src="images/logo.gif" />    <!--图像文件位于网页文件所在目录的子目录 images 里-->
<img src="../images/logo.gif" />    <!--图像文件位于网页文件所在目录的上一级子目录 images 里-->
```

注意：

（1）图像文件可以为.png、.gif、.jpg 等格式，但不能为.swf（动画文件）格式。

（2）对站内资源的引用，一般使用相对路径（相对于当前页面的路径）。

（3）网页中使用斜杠“/”表示资源路径，而 Windows 文件系统中的路径使用反斜杠“\”。

（4）表示上一级目录的路径符号“../”可以连用。

2.3　HTML5 音频与视频

HTML5 引入了<audio>和<video>标签，用于在网页中嵌入并播放音视频文件。这两个标签为现代浏览器提供了简单而强大的多媒体功能，无须使用插件或第三方工具。

2.3.1　音频标签<audio>

音频标签<audio>的必填属性是 src，用于指定音频文件的来源（既可以是站内音乐，也可以是网络音乐）。音频标签<audio>的其他任选属性如下。

- controls：显示播放控件，如播放/暂停按钮、进度条等；
- loop：音频播放结束后自动重新播放。

使用音频标签<audio>的示例代码如下：

```
<meta charset="utf-8">
<title>音频播放示例</title>
<ul style="list-style-type: none;line-height: 35px">
    <li>播放站内音乐</li>
    <li><audio src="media/毛阿敏_渴望.mp3" controls loop/></li>
```

```
        <li>播放网络音乐</li>
        <li><audio src="http://www.wustwzx.com/media/audio/white.mp3" controls loop/></li>
    </ul>
```

浏览页面时，音频文件不会自动播放，需要通过控制面板上的按钮来播放，如图 2.3.1 所示。

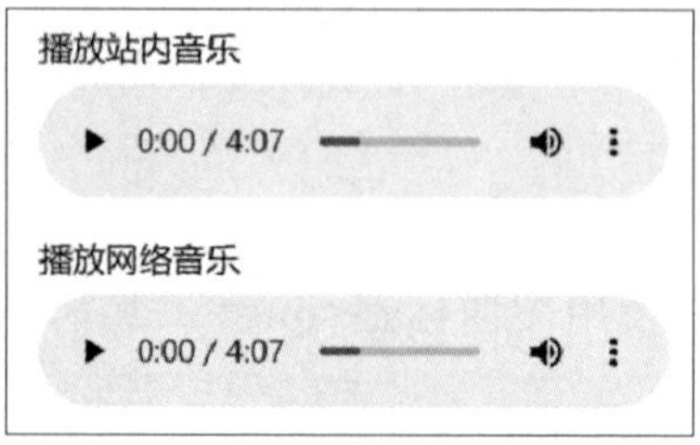

图 2.3.1　页面浏览效果

2.3.2　视频标签<video>

视频标签<video>用于在页面中嵌入及播放视频，其属性与<audio>标签的属性类似，也包含 src、controls 和 loop 属性。

与<audio>标签不同的是，<video>标签还具有 width 和 height 属性，用于指定播放画面的宽度和高度。使用视频标签<video>的示例代码如下：

```
<video src="media/全息投影邓丽君.mp4" controls loop width="50%" height="50%" />
```

2.4　表格

2.4.1　表格定义及属性设置

在 HTML 网页中，创建表格涉及表示表格、行和单元格三个层次的标签，这些标签之间具有嵌套关系。

- <caption>：定义表格标题（可选），表格标题默认居中显示。
- <tr>：定义表格中的一行。
- <th>：内嵌于<tr>标签内，定义表头单元格（列标题），文本默认加粗体且居中对齐。
- <td>：内嵌于<tr>标签内，定义普通单元格，文本默认不加粗体且居左对齐。

创建一个规范的表格的示例代码如下：

```
<table>
    <caption>表格标题</caption>
    <tr>
        <th>列 1</th>
        <th>列 2</th>
        <th>列 3</th>
    </tr>
    <tr>
```

```
            <td>数据 1</td>
            <td>数据 2</td>
            <td>数据 3</td>
        </tr>
</table>
```

表格标签<table>的主要属性如下。

- width 和 height：在默认情况下，表格的宽度和高度由其内容自动决定。若要更改表格尺寸，需要设置宽度（width）属性或高度（height）属性。其单位既可以是像素（px，绝对单位），也可以是百分比（%，相对单位）。
- border：指定边线的宽度。border="0"为默认值，表示无边框。
- cellspacing：设置单元格内容与单元格边框之间的间距，单位为像素（px），默认值为 1px（双线效果）。
- border：指定边线的宽度。border="0"为默认值，表示无边框。

注意： 只有设置了 border 属性，表格才会显示边线；再设置属性 cellspacing="0"，即可以单线代替默认的双线。

2.4.2　表格行属性设置

表格的行标签<tr>的主要属性如下。

- height：设置行高度，单位为像素。
- align：设置一行内容的水平对齐方式，取值为 left、center 或 right。
- valign：设置一行内容的垂直对齐方式，取值为 top、middle 或 bottom。
- bgcolor 或 background：设置行背景颜色或背景图像。

注意： <tr>标签无 width 属性，其宽度取决于表格标签<table>。

2.4.3　表格单元格属性设置

单元格标签<td>的主要属性如下。

- bgcolor：设置单元格的背景颜色，可使用预定义的颜色名称、十六进制颜色值或 rgb(r,g,b)表示。
- background：设置单元格的背景图像。
- align：设置单元格内容的水平对齐方式，取值为 left、center 或 right。
- valign：设置单元格内容的垂直对齐方式，取值为 top、middle 或 bottom。
- width 和 height：定义单元格的宽度和高度，可使用像素单位或百分比。

注意：

（1）在<td>标签的属性中，需要重点掌握 colspan 和 rowspan，其他属性了解即可，不建议使用，因为它们均可用 CSS 样式的属性替代。

（2）表格属性存在层级关系：单元格级别的属性优先于行级别的属性，行级别的属性优先于表格级别的属性。

2.4.4　表格单元格合并

制作规则的矩形表格相对简单。然而，在实际开发中，可能需要对某些连续的单元格进行合并处理。此时，可以通过在<th>或<td>标签上设置 colspan 属性实现横向单元格合并（跨列），或者设置 rowspan 属性实现纵向单元格合并（跨行）。这两种属性既可以单独使用，也可以组合使用。

- colspan：设置单元格横向跨越的列数，取值为正整数。
- rowspan：设置单元格纵向跨越的行数，取值为正整数。

<table>
<caption>学生信息表</caption>
<tr><th colspan="3">学生基本信息</th><th colspan="2">成绩</th></tr>
<tr><th>姓名</th><th>性别</th><th>专业</th><th>课程名</th><th>成绩</th></tr>
<tr><td>刘明</td><td>男</td><td rowspan="2">计算机科学与技术</td><td rowspan="2">Web技术基础</td><td>87</td></tr>
<tr><td>王丽</td><td>女</td><td>79</td></tr>
</table>

图 2.4.1　页面浏览效果

【例 2.4.1】 表格制作示例。

此表格制作示例的页面浏览效果如图 2.4.1 所示。

该表格可以看作对标准的 4 行 5 列表格进行合并处理的结果，表头使用了列合并，表格内容使用了行合并。此外，标签<table>同时设置了 border 及 cellspacing 属性，表格包含双表头。

示例代码如下：

```
<meta charset="UTF-8">
<title>TableDemo</title>
<table border="1" cellspacing="0">
    <caption>学生信息表</caption>
    <tr>
        <th colspan="3">学生基本信息</th>
        <th colspan="2">成绩</th>
    </tr>
    <tr>
        <th>姓名</th><th>性别</th><th>专业</th><th>课程名</th><th>成绩</th>
    </tr>
    <tr>
        <td>刘明</td>
        <td align="center">男</td>
        <td rowspan="2">计算机科学与技术</td>
        <td rowspan="2">Web 技术基础</td>
        <td align="center">87</td>
    </tr>
    <tr>
        <td>王丽</td>
        <td align="center">女</td>
        <td align="center">79</td>
    </tr>
</table>
```

2.5　表单

2.5.1　表单及其工作原理

表单（Form）是 HTML 的重要组成部分，用于采集和提交用户输入的信息，是实现客户端与 Web 服务器之间信息交互的常用方式。一个典型的用户登录界面如图 2.5.1 所示。

当用户在表单中完成输入信息并单击“提交”按钮后，所输入的信息将被发送至 Web 服务器。Web 服务器接收到用户提交的信息后，由服务器端脚本进行处理，通常包含对数据库的操作。最后，Web 服务器将处理结果以 HTML 文档的格式发送给客户端，并由客户端的浏览器解释执行。

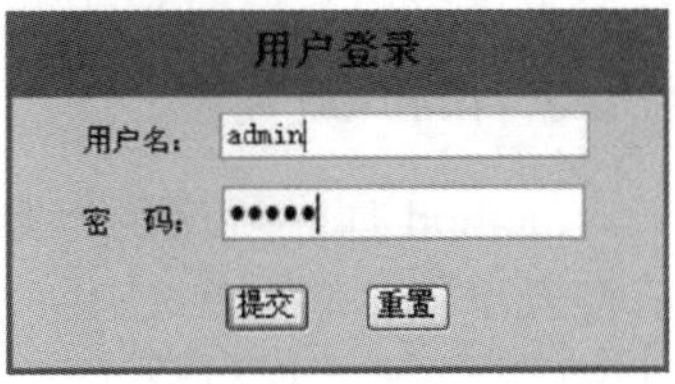

图 2.5.1　用户登录界面

制作表单需要使用表单标签、表单域和按钮控件。常见的表单域包括文本框、密码框、单选按钮、复选框、多行文本框、下拉列表框等。设计表单时，需要使用多种标签，如图 2.5.2 所示。

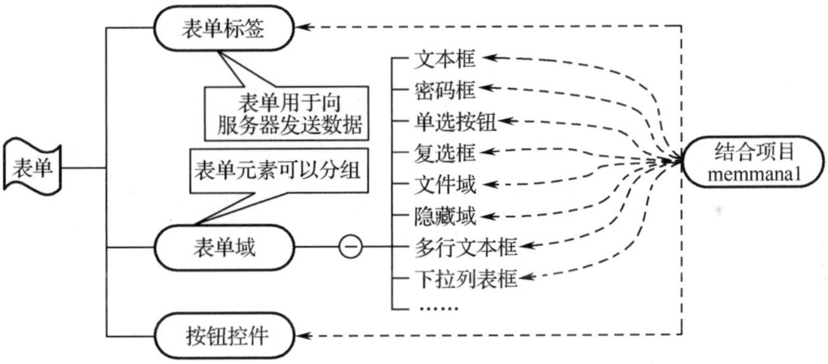

图 2.5.2　表单及其相关标签

在表单域录入数据后，可通过表单的特殊控件进行处理。submit（提交）按钮将数据传递给服务器端程序进行处理；button（命令）按钮将数据交给 JavaScript 客户端程序进行处理；reset（重置）按钮用于清空表单域数据。

2.5.2　表单定义与基本使用

一个表单通常包含以下三部分。

- <form>标签：定义表单；
- 表单域：实现文本输入等功能的表单元素，必须嵌套在<form>标签内；
- submit 按钮：将表单数据提交至 Web 服务器。

表单定义需要使用<form>标签，其中嵌有若干表单元素，最后一个元素为表单提交按钮。其代码结构如下：

```
<form method="post|get " action="#" >
    ……<!--表单域-->
    <input type=" submit " value="提交"/>
```

```
</form>
```

1．action 属性

action 属性用于定义表单提交后的表单处理程序，该程序存放在 Web 服务器中且以.php 和.jsp 等作为扩展名。当用户单击“提交”按钮后，浏览器将从表单页面跳转至 action 指定的服务器页面。

注意：若表单定义出现在某个动态页面中，通常不指定 action 属性或设置 action="#"，表示由该动态页面的程序来处理表单，这种方式称为表单自处理。

2．method 属性

method 属性定义表单数据的提交方式，常见取值为 get 或 post，默认值为 get。GET 方法将表单数据附加在 URL 的末尾，表单提交时，浏览器地址栏中将显示用户输入的数据；而 POST 方法将数据封装在请求体中，表单提交时，浏览器地址栏中不会显示用户输入的数据，适用于传递大量或敏感数据。

注意：如果指定了处理表单的服务器端程序，通常使用 POST 方法，在提交表单后，将跳转至服务器页面。

3．表单提交按钮

提交按钮分为文本型和图像型两种。文本型提交按钮的定义方法如下：

```
<input type="submit" value="提交" />
```

其中，input 是标签名，type 属性值只能为"submit"，value 属性值可以自定义。

图像型提交按钮的定义方法如下：

```
<input type="image" src="图像文件名"/>
```

其中，src 属性值为图像文件名。

4．重置按钮

重置按钮是可选的，用于实现表单控件输入值的复位（也称清零）操作，其基本语法格式如下：

```
<input type="reset" value="重置" />
```

其中，value 属性值可以更改，例如改为“重填”等。

5．命令按钮

命令按钮的两种定义方法如下：

```
<input type="button" value="提交" onClick="客户端脚本方法名()"/>
<button onClick="客户端脚本方法名()">提交</button>
```

其中，onClick 称为单击事件监听器。

<button>和</button>标签之间的所有内容都是按钮的内容，这使得在按钮中同时包含图像和相关的文本成为可能。

注意：

（1）<input type="submit" value="提交" />与<button type="submit">提交</button>等效。

（2）普通的命令按钮可以在表单外使用，而提交按钮和重置按钮必须在表单内使用。

2.5.3　常用表单域

表单域是指表单标签内部包含的 HTML 元素，如用于文本输入的文本框、实现选择输入的下拉列表框等。

1．文本框、密码框和多行文本框

文本框的定义方法如下：

```
<input type="text" size="字符数" required />
```

其中，type="text"是定义文本框的主要属性（值）；size 是可选属性，表示文本框显示的字符宽度；required 也是可选属性，定义该字段是否必须填写。

注意：width 也是<input>标签的宽度属性，但它以像素为单位。在调整文本框的显示宽度时，一般选用 size 属性而不选用 width 属性。

文本框中输入的文本会原样显示在屏幕上，而密码框则不同。密码框的定义方法如下：

```
<input type="password" size="字符数" required />
```

其中，type="password"是定义密码框的主要属性（值）。

注意：密码框可被认为是文本框的变种。

文本框只能输入一行，输入多于一行的信息（如用户留言、用户反馈意见等）则需要使用多行文本框。其定义方法如下：

```
<textarea rows="行数" cols="每行字符数" name="元素名" >初始文本</testarea>
```

注意：

（1）rows 和 cols 属性用于定义可视区域的大小，当用户输入的信息超出该区域时，需要使用滚动条进行操作控制。

（2）可以认为多行文本框是单行文本框的扩展。

2．电子邮件、日期和带数据列表的输入框

HTML5 提供了一种新的输入类型"email"，用于输入电子邮件地址，并通过 required 属性确保用户输入的电子邮件地址格式正确（必须包含@），其定义方法如下：

```
电子邮件：<input type="email" required / >
```

输入类型"date"用于创建一个日期选择器，允许用户通过一个日期选择控件直观地选择日期，其定义方法如下：

```
日期：<input type="date" / >
```

输入类型"list"与<datalist>标签结合使用，提供了一种灵活的自动完成功能，使用户可以方便地从预定义的选项中进行选择，同时允许自定义输入，其定义方法如下：

```
软件：<input list="software">
       <datalist id="software">
             <option value="1">Kingsoft WPS</option>
             <option value="2">MS Office</option>
             <option value="3">Visio</option>
             <option value="4">ToDesk</option>
             <option value="5">腾讯会议</option>
</datalist>
```

3．单选按钮与复选框

单选按钮表示在一组选项中只能选择一项，非此即彼。例如，输入性别、等级等。按钮未被选中时为空心圆圈，选中后变成实心圆点。其定义方法如下：

```
<input type="radio" value="值 1" name="radio" checked>选项标识 1
<input type="radio" value="值 2" name="radio" >选项标识 2
……
<input type="radio" value="值 n" name="radio" >选项标识 n
```

- type="radio"是定义单选按钮的主要属性（值）；
- 通常情况下，单选按钮位于其标签文本的左侧；
- 用于定义单选按钮组的<input>标签必须使用相同的 name 属性值；
- checked 属性是一个特殊的可选属性，用于设置默认选中项，或者判断哪一项被选中；
- value 属性用于指定服务器端的表单处理程序获取的值，即表单提交的值。

复选框表示在一组选项中可以选择一项或多项。例如，输入兴趣爱好、网上考试的多选题等。在页面浏览时，复选框表现为勾选“√”效果（参见图 2.5.5 中的“兴趣爱好”），复选框的定义方法如下：

```
<input type="checkbox" value="值 1" name="checkbox" checked>选项标识 1
<input type=" checkbox " value="值 2" name="checkbox" >选项标识 2
……
<input type="checkbox" value="值 n" name="checkbox">选项标识 n
```

- type="checkbox"是定义复选框的主要属性（值）；
- name 属性值虽然不要求必须相同，但为了便于在脚本中使用数组，通常设置相同的 name 属性值；
- value 及 checked 属性的功能与单选按钮的相同。

4．下拉列表框与列表框

下拉列表框是网页中经常使用的一种表单控制，它在初始状态下只显示一个列表项，用户通过单击才能显示其全部列表项。当列表项较多时，需要配合滚动条的使用，才能选择某个列表项。下拉列表框的设计要点如下：

- 使用<select>标签定义一个下拉列表框；
- 使用<option>标签定义列表项；
- 为某个<option>标签添加 selected 属性后，该项将作为默认选中项。

定义下拉列表框的示例代码如下：

```
所学专业：
<select>
    <option>软件工程</option>
    <option selected>计算机应用</option>
    <option>办公软件</option>
    <option>数据库应用基础</option>
    <option>C 语言</option>
    <option>网页设计</option>
</select>
```

上述代码的浏览效果如图 2.5.3 所示。

注意：*在实际项目开发中，需要对每个<option>标签设置 value 属性值，该值作为提交值。*

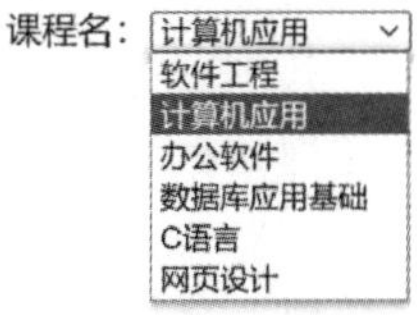

图 2.5.3　下拉列表框浏览效果

列表框是下拉列表框的一种变形形式。相比下拉列表框，列表框增加了 size 属性，可以同时显示多条列表项。通过配合列表框的滚动条，用户可以选择其他未直接显示的列表项。定义列表框的示例代码如下：

```
<select name="select2" size="4">
    <option>计算机应用基础</option>
     <option>办公软件</option>
     <option>数据库应用基础</option>
     <option>C 语言</option>
     <option>网页设计</option>
</select>
```

- 列表框是下拉列表框的一种变形形式，主要区别在于增加了 size 属性；
- 列表框也有可选属性 selected，表示默认选中项；
- 在脚本中访问列表框时，通过使用 selected 属性来判断用户的选择。

5. 隐藏域

隐藏域在页面中对用户是不可见的，在表单中插入隐藏域的目的在于收集或发送信息，以供处理表单的程序使用。当用户单击“提交”按钮发送表单时，隐藏域的信息也被一起发送至 Web 服务器。

例如，用户登录后，可以修改除用户名之外的信息。因为表单处理程序需要根据用户名来识别并进行修改，所以在修改表单时应使用隐藏域来提交用户名信息。

在以表单方式提交客户端信息至 Web 服务器时，有些信息可能不是由用户输入的，而是以隐藏方式发送给服务器的。隐藏域正是实现这一功能的有效手段。定义隐藏域的方法如下：

```
<input type="hidden" value=? name=? >
```

- type="hidden"是定义隐藏域的主要属性（值）；
- 与文本框相比，隐藏域省去了用户可见和可输入的部分。

6. 表单元素分组

当表单中包含较多元素时，可使用<fieldset>标签对元素进行分组。内嵌标签<legend>还可以建立组标题。表单元素分组的示例代码如下：

```
<fieldset>
    <legend>分组标题</legend>
    <!--组内容器控件定义-->
</fieldset>
```

2.5.4 文件域与文件上传

在网页设计中，经常使用文件上传功能。在表单页面中定义文件域的代码如下：

```
<input type="file" name="表单元素名" size="文件选择框宽度"/>
```

其中，type="file"表示文件域；name 属性定义文件选择框的名称，以便表单处理程序根据名称访问该元素；size 属性是可选属性，用于指定文件选择框的宽度（以字符为单位）。

浏览包含文件域的表单页面时，会出现文件选择框。当用户单击“浏览”按钮时，系统将弹出“文件选择”对话框，用户可以在本地计算机中选择所需文件。选择完成后，单击“打开”按钮，所选文件的完整路径将显示在文件选择框中。文件域的浏览效果如图 2.5.4 所示。

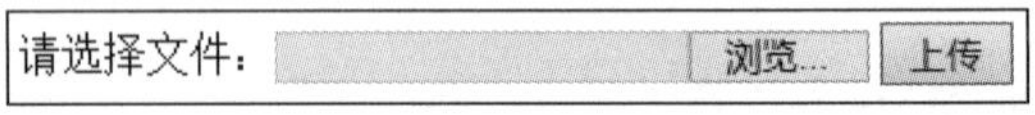

图 2.5.4　文件域的浏览效果

对包含文件域的表单页面，需要在<form>标签中设置 enctype 属性，用于指定表单数据的编码类型。文件上传表单的示例代码如下：

```
<meta charset="utf-8"/>
<title>文件上传表单</title>
<form action="" method="post" enctype="multipart/form-data">
    请选择文件：<input type="file" name="wjy"/>
    <input type="submit" value="上传"/>
</form>
```

注意：当表单包含文件域时，需要在<form>标签中设置 enctype="multipart/form-data"，以实现文件上传功能。默认属性 enctype="application/x-www-form-urlencoded"适用于不包含文件域的表单数据提交。

【例 2.5.1】表单制作。

一个较为综合的表单页面的浏览效果如图 2.5.5 所示。

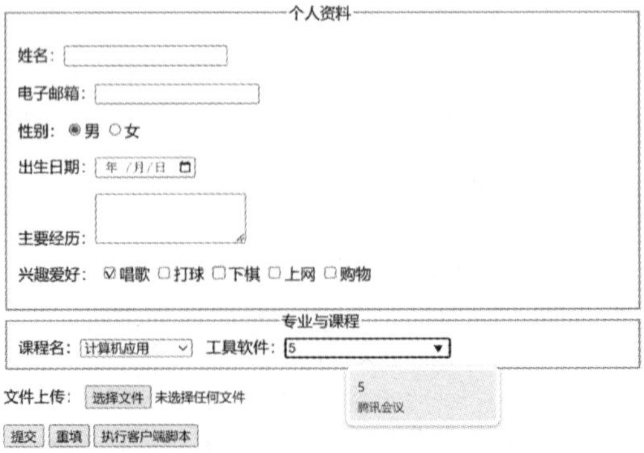

图 2.5.5　综合表单页面浏览效果

在图 2.5.5 所示表单中，除普通文本外，依次包括文本框、电子邮箱输入框、单选按钮、出生日期输入框、多行文本框、复选框、下拉列表框、带数据列表的输入框、文件域、提交按钮、重置按钮和普通按钮。此外，该表单对表单元素进行了分组，即分为“个人资料”组和“专业与课程组”。完整的页面代码如下：

```
<meta charset="UTF-8"/>
<title>form 表单的使用</title>
<form action="#" method="post" enctype="multipart/form-data">
    <fieldset>
        <legend align="center">个人资料</legend>
        <p>姓名：<input type="text" name="username"/></p>
        <p>电子邮箱：<input type="email" id="email" required/></p>
        <p>性别：<input type="radio" name="sex" value="男" checked/>男
                <input type="radio" name="sex" value="女"/>女
        </p>
        <p>出生日期：<input type="date" name="birth"/></p>
        <p>主要经历：<textarea name="experience" rows="3" cols="20"></textarea></p>
        <p>兴趣爱好：
            <input type="checkbox" name="fans" value="01"/>唱歌
            <input type="checkbox" name="fans" value="02"/>打球
            <input type="checkbox" name="fans" value="03"/>下棋
            <input type="checkbox" name="fans" value="04"/>上网
            <input type="checkbox" name="fans" value="05"/>购物
        </p>
    </fieldset>
    <fieldset>
        <legend align="center">专业与课程</legend>
        课程名：<select name="course">
            <option>软件工程</option>
            <option selected>计算机应用</option>
            <option>办公软件</option>
            <option>数据库应用基础</option>
            <option>C 语言</option>
            <option>网页设计</option>
        </select>
          工具软件：<input list="software">
        <datalist id="software">
            <option value="1">Kingsoft WPS</option>
            <option valuc="2">MS Officc</option>
            <option value="3">Visio</option>
            <option value="4">ToDesk</option>
            <option value="5">腾讯会议</option>
        </datalist>
    </fieldset>
    <p>文件上传：
        <input type="file" name="fileUpload" id="fileUpload"/>
    </p>
```

```
        <p>
            <input type="submit" value="提交"/> <!--<button type="submit">提交</button>-->
            <input type="reset" value="重填"/>
            <button onclick=alert("用于执行客户端脚本。")>执行客户端脚本</button>
        </p>
    </form>
```

习题 2

实验 2

微课视频

第 3 章 使用 CSS3 修饰页面元素

由第 2 章的内容可知，页面元素都有默认的外观样式，使用 HTML 标签的属性可以改变外观样式。在实际项目开发中，为了实现快速开发、统一网站风格，通常使用 CSS 技术。CSS 用于设置页面元素的外观样式，本章学习要点如下：

- 掌握 CSS 的概念及作用；
- 掌握 CSS 选择器的作用及使用方法；
- 掌握常用 CSS 样式的属性（如字体、宽高、背景、对齐、边框、显示和填充等）；
- 掌握块级元素（如表单）与行内元素（如图像）的区别及转换方法；
- 掌握通过上下文样式来精确控制页面元素外观的方法；
- 掌握 CSS3 常用样式的使用方法；
- 掌握 CSS3 网页特效的制作方法，特别是动画的制作。

3.1　CSS 概述

CSS（Cascading Style Sheets，层叠样式表）是由 W3C 定义和维护的一种用于为结构化文档（如 HTML 文档）添加样式的计算机语言。CSS 并不从属于 HTML。

在 CSS 出现之前，调整字间距、行间距和取消超链接默认下画线等效果是 HTML 本身无法实现的功能。CSS 的出现极大地改善了 HTML 在页面显示方面的不足，将页面内容与样式彻底分离。

通过 CSS 可以精确控制 HTML 标签的显示样式，如页面的布局、字体、颜色、背景和图文混排等效果。CSS 不仅可以静态地修饰网页，还可以配合各种脚本语言动态地格式化网页元素（详见第 5 章）。

在统一网站风格方面，一个 CSS 样式文件可以被多个页面引用，当用户修改 CSS 样式文件时，所有引用该样式文件的页面外观都将同步更新。

1. CSS 发展简史

CSS 自出现以来，W3C 已发布了 3 个版本。

（1）CSS1：于 1996 年发布，定义了基础的样式规则，包括字体、颜色、边框、间距、对齐方式等。

（2）CSS2：于 1998 年发布，扩展了许多新特性，包括定位、*Z* 轴排序、媒体查询、表格布局、以及对样式表导入的支持。

（3）CSS3：于 2005 年发布，将原有的 CSS 标准拆分成多个独立模块，并引入了许多新特性。CSS3 包含选择器、盒模型、背景和边框、文本效果、2D/3D 变换、动画等模块，这种模块化设计允许各模块独立发展和更新，加速了新特性的引入。CSS3 新增了媒体查询、响应式设计、渐变、阴影、圆角、弹性盒布局和网格布局等新特性。

CSS 的发展大大提升了 Web 开发的效率和网页的表现力。通过将内容和样式分离，使 Web 开发者能够更容易地维护和更新网页，同时提供了丰富的视觉效果和良好用户体验。

2. CSS 规则

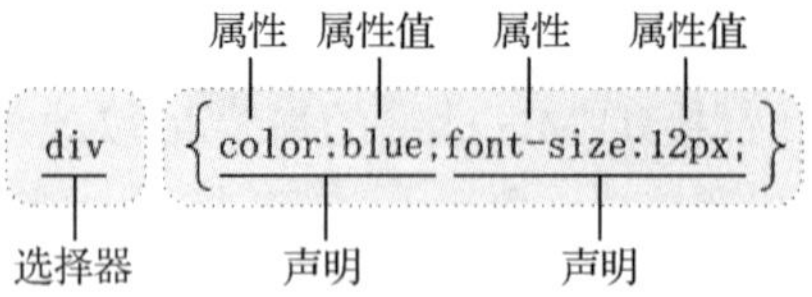

图 3.1.1　CSS 规则定义

CSS 规则由选择器和声明块组成。选择器用于指定需要应用样式的 HTML 元素；声明块定义了需要应用到这些元素上的样式。一个 CSS 规则定义示例如图 3.1.1 所示。

其中，声明块由一对花括号“{}”包裹，包含了一个或多个声明。每个声明由属性和属性值组成，并以分号结尾。最后一个声明后的分号可以省略，但为了便于增加新声明，建议保留。

选择器名称严格区分大小写，而属性和属性值不区分大小写。在 IDEA 中编写代码时，联机出现的属性和属性值均采用小写。在编写 CSS 代码时，为了提高代码的可读性，通常会使用“/*”和“*/”添加 CSS 注释。

在.html 文档中定义 CSS 规则时，需要将 CSS 规则写在<style>标签内。为了方便修改，通常将每个声明单独书写成一行，示例代码如下：

```
<style>
    div{  /* 标签选择器 */
        color: blue;   /* 字体颜色 */
        font-size: 12px;   /* 字体大小 */
    }
    /* 其他 CSS 规则 */
</style>
```

3.2　基本选择器与组合选择器

CSS 规则中定义的选择器，按照是否存在多个选择器的组合，可以分为基本选择器和组合选择器。

3.2.1　基本选择器

基本选择器是指单个选择器，未与其他选择器组合。常见的基本选择器有通用选择器、标签选择器、类选择器、id 选择器和属性选择器等。

1. 通用选择器

通用选择器使用通配符“*”表示，作用范围最广，能匹配页面中的所有元素。其语法格式如下：

```
*{属性 1:属性值 1; 属性 2:属性值 2; …; 属性 n:属性值 n;}
```

例如，以下 CSS 规则使用通用选择器清除了所有 HTML 标签的默认边距：

```
* {
    margin: 0;     /*定义外边距*/
    padding: 0;    /*定义内边距*/
}
```

注意：在网页设计中，如果不对 margin 和 padding 进行清零，则会出现水平或垂直方向上的定位错误，具体可参见例 3.4.1。

2. 标签选择器

标签选择器使用 HTML 标签名作为选择器，按标签名分类，为页面中某一类标签指定统一的 CSS 样式。其语法格式如下：

```
标签名{属性 1:属性值 1; 属性 2:属性值 2; …; 属性 n:属性值 n;}
```

标签选择器的最大优点是可以快速为页面中相同类型的标签统一样式，但这也是它的缺点，即不能设计具有差异化的样式。标签选择器自动应用于 HTML 标签。

注意：标签选择器是根据元素的标签名进行查找的。

3. 类选择器

类选择器使用点号“.”进行标识，后接类名。其语法格式如下：

```
.类名{属性 1:属性值 1; 属性 2:属性值 2; …; 属性 n:属性值 n;}
```

类选择器的最大优势是既可以为不同元素定义相同的样式，也可以为同一类型元素定义不同的样式。类选择器对 HTML 实体元素通过 class 属性应用类样式（也称点样式）。

注意：类选择器是根据 class 属性值来查找元素的。

4. id 选择器

id 选择器使用“#”进行标识，后面紧接 id 名，其语法格式如下：

```
#id 名{属性 1:属性值 1; 属性 2:属性值 2; …; 属性 n:属性值 n;}
```

其中，id 名即为 HTML 元素的 id 属性值。大多数 HTML 元素都可以定义 id 属性，且每个 id 属性值是唯一的，只能对应文档中唯一的元素。id 选择器对 HTML 实体元素通过 id 属性应用#样式（也称唯一样式）。

注意：id 选择器是根据 id 属性值来查找元素的。

5. 属性选择器

属性选择器根据元素的属性和属性值进行选择，示例代码如下：

```
/* 选择所有 href 属性值为 "https://www.example.com" 的 <a> 元素 */
a[href="https://www.example.com"] {
    color: red;
}
```

3.2.2 组合选择器

组合选择器是由两个或多个基本选择器通过不同的方式组合而成的选择器，通过上下文来实现对元素的精确控制。

1. 后代选择器

后代选择器用于选择某个元素内的所有后代元素，且不限于直接子元素。不同级别的选择器之间使用空格分隔。例如：

```
#menu ul li {
        width:120px;
        line-height:35px;
        text-align:center;
        float:left;   /* 主菜单列表项水平放置 */
}
```

2. 子选择器

子选择器用于选择某个元素的直接后代，父子选择器之间用大于号“>”分隔。子选择器是特殊的后代选择器，只能出现在后代选择器之后；否则，子选择器的样式会被后代选择器覆盖。后代选择器与子选择器的用法对比示例代码如下：

```
#links a {
    color: red;   /* 元素 links 中的所有超链接文字颜色设置为红色 */
}
#links>a {
    color: blue;   /* 元素 links 直接后代的超链接文字颜色修改为蓝色 */
}
```

3. 交集选择器

交集选择器将各种类型的选择器按照特定的顺序组合在一起，只有当元素同时满足所有选择器的条件时，才会被选中。例如，由标签选择器与类选择器或 id 选择器组成的交集，其代码如下：

```
h3.special 或 p#one
```

4. 并集选择器

并集选择器由多个选择器通过逗号“,”连接而成，任何形式的选择器都可以作为并集选择器的一部分。如果某些选择器定义的样式完全相同，或部分相同，即可利用并集选择器为它们定义相同的 CSS 样式。示例代码如下：

```
p, .box, span {font-size: 12px;}
```

5. 伪类选择器

伪类选择器是 CSS 中的一种特殊选择器，用于选择元素的特定状态或特定位置，而不是根据 DOM 树中的明确位置来选择。伪类选择器以冒号“:”开头，用于增强元素样式的灵活性和动态性。示例代码如下：

```
/* 选择元素在用户交互时的状态 */
#menu ul li a:hover{   /* 选择用户鼠标指针悬停在菜单列表项时的超链接 */
    color:#FFF;    /* #FFF 等效#FFFFFF，白色*/
    background:url(./images/navhover.png) no-repeat;
}
/* 选择文档树中特定位置的元素 */
ul li:last-child{   /*选择项目列表的最后一个列表项*/
    margin-bottom: -1px;   /*下边框向上收缩 1px*/
}
```

注意：伪类选择器提供了与类选择器类似的功能，但它不是通过元素的 class 属性静态地选择元素，而是通过元素的状态或位置动态地选择元素，这就是“伪”的含义。

3.3　CSS 样式的使用

CSS 规则包含选择器和声明块，对 CSS 样式的使用有多种方式。

3.3.1　行内式（内联样式）

行内式通过标签的 style 属性来设置元素的样式，其基本语法格式如下：

```
<标签名 style="属性 1:属性值 1;属性 2:属性值 2;…;属性 n:属性值 n;">内容</标签名>
```

其中，属性和属性值的书写规范与 CSS 规则相同，行内式仅对其所在的标签及嵌套在其内的子标签起作用。

注意：

（1）绝大多数 HTML 实体元素都具有 style 属性，可用于设置行内式。

（2）行内式没有相应的选择器名称。

3.3.2　内嵌式（内部样式）

内嵌式就是将 CSS 代码集中写在<style>标签内，其语法格式如下：

```
<style>
    选择器{
        属性名 1:属性值 1;
        属性名 2:属性值 2;
        /*其他样式属性*/
    }
</style>
```

其中，<style>标签一般位于页面头部的<title>标签之后，但也可以放在文档的其他位置。

注意：

（1）为了增强可读性，CSS 样式使用“/*”“*/”加以注释。

（2）CSS 注释方式与 HTML 注释方式不同。

（3）关键字 style 在页面的不同位置，其含义不同，分别代表标签或标签属性。

3.3.3 链入式（使用外部样式文件）

当网站规模较大时，开发者需要一种能够在多个页面之间共享和重用样式的方法。将 HTML 内容与 CSS 样式分离是 Web 开发的最佳实践之一。

HTML 提供了加载外部.css 文件的<link>标签，其语法格式如下：

```
<link href="含路径的.css 文件" type="text/css" />
```

- href 定义所链接外部样式表文件的 URL 路径，既可以是相对路径，也可以是绝对路径；
- type="text/css"定义所链接文档的类型为外部.css 文件。

此外，CSS 还提供了通过@import 语句使用外部样式文件的功能，该指令只能出现在成对的<style>标签中，示例代码如下：

```
<style>
        @import url(sheet1.css)
        @import url("sheet2.css")
</style>
```

注意：使用<link>标签时，浏览器会同时下载.css 文件，并在页面加载时立即应用；而使用@import 时，CSS 会在页面全部加载完毕后才开始加载和渲染，可能导致页面渲染不流畅。因此，推荐使用<link>标签来加载外部.css 文件。

3.3.4 样式冲突与样式优先级

样式冲突是指在多种 CSS 样式叠加时，出现属性相同而属性值不同的现象。例如，当使用内嵌式 CSS 定义<p>标签的颜色为红色，而通过链入式定义<p>标签的颜色为绿色时，段落文本只会显示其中一种颜色。

不同优先级的样式定义的不同属性都会作用在元素上，相同属性的只有优先级最高的会对元素起作用。相同优先级样式中元素定位越准确的样式制作用，相同优先级样式中元素定位一样的后边会覆盖前边的样式。

不同来源的样式优先级（由高到低）排序如下：

- 元素标签通过 style 属性引入的内联样式；
- 页面中<style>标签应用中的内部样式；
- 使用<link>标签加载的外部样式；
- 使用@import 导入的外部样式。

相同来源的样式优先级（由高到低）排序如下：

- 样式规则越具体，优先级越高，例如，具体的选择器会覆盖通用选择器的样式；
- 当作用在同一元素上的多条 CSS 规则的选择器相同时，后定义的规则将覆盖先前定义的规则，即 CSS 遵循后定义优先原则。

注意：

（1）通用选择器无优先级，因为它不会与其他选择器产生冲突。

（2）当标签中未应用优先级更高的样式时，通用选择器(*)定义的样式会覆盖标签的默认样式。例如，当通用选择器(*)定义了 font-size 样式时，<h1>等标题标签的默认字体大小样式将被覆盖。

（3）使用属性值后缀“!important”可以调整某条样式的优先级，使其具有最高优先级。

3.3.5　CSS 高级特性

在一个 Web 网页中，如果 CSS 的引入有多种方式或有多处定义，可能会产生 CSS 样式的层叠性和继承性问题。

1．层叠性

样式层叠是指多种 CSS 样式的叠加。例如，如果使用内嵌式 CSS 样式定义<p>标签的字号大小为 12px，链入式定义<p>标签的颜色为红色，那么段落文本将显示为红色、字号为 12px，即这两种样式产生了叠加。

2．继承性

样式继承是指子元素会继承父元素的某些样式。想要设置一个可继承的属性，只需将其应用于父元素即可。适当地使用继承可以简化代码，降低 CSS 样式的复杂性。然而，如果网页中的所有元素都大量依赖继承样式，可能会导致样式的来源变得难以追踪。因此，对于字体、文本属性等通用样式，可以使用继承。例如，可以在 body 选择器中统一设置字体、字号、颜色和行距等 CSS 属性，这些属性将通过继承影响文档中的所有文本。

注意：并不是所有的 CSS 属性都可以继承，例如，以下属性就不具有继承性：边框、外边距、内边距、背景、定位、元素的宽度和高度。

3.4　常用 CSS 属性

3.4.1　CSS 盒子模型

在构建和设计网页时，理解和掌握 CSS 盒子模型是至关重要的。CSS 盒子模型定义了元素在网页布局中的尺寸和间距，它们是网页布局的基础。每个 HTML 元素都被视为一个矩形的盒子，盒子模型描述了这些盒子的内容区（Content）、边框（Border）、内边距（Padding）和外边距（Margin）之间的关系，如图 3.4.1 所示。

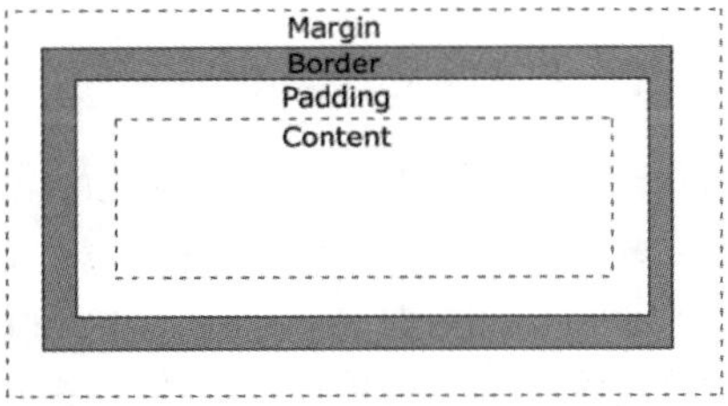

图 3.4.1　CSS 盒子模型

1．内容区

盒子的内容区存放文本和图像等，具有 width、height 和 overflow 三个属性。当内容区的信息过多、超出内容区范围时，通过使用 overflow 属性来指定溢出内容的处理方式。overflow 属性的取值如下。

- visible：设置溢出的内容不会被修剪，会显示在元素框之外（默认值）；
- hidden：设置溢出的内容不可见，以避免破坏整体布局；
- scroll：设置溢出的内容会被修剪，但可以通过滚动条查看隐藏部分；
- auto：设置由浏览器决定如何处理溢出部分。

2．边框

盒子的边框是指围绕元素的内容和内边距的一条或多条线，通过 border-top-style、border-right-style、border-bottom-style 和 border-left-style 四个属性分别设置上、右、下、左四边的边框样式。

每条边框还具有宽度、颜色、圆角和阴影等特征，可通过 border-width、border-color 和 border-radius（CSS3 新增）等属性进行统一设置。

此外，还可以通过 border-top-width、border-top-style 和 border-top-color 等属性对某一条边进行单边设置。

box-shadow 是 CSS3 新增的样式，用于向边框添加一个或多个阴影。

3．内边距

内边距是指内容区与边框之间的距离。通过 padding 属性可以在一个样式声明中设置该元素的所有内边距，也可以通过 padding-top、padding-right、padding-bottom 和 padding-left 属性对元素的上、右、下、左四边的内边距进行设置。

4．外边距

外边距是指元素与元素之间的距离，即围绕在元素边框之外的空白区域。通过外边距可以为元素创建额外的"空间"。在使用上，外边距与内边距相似，可以对四边分别进行设定，也可以统一设定。

要实现某个 div 元素在父容器中水平居中，可以对该 div 元素应用如下样式：

```
margin-left:auto; margin-right:auto;
```

注意： 当一个元素出现在另一个元素上面时，第一个元素的下外边距与第二个元素的上外边距将发生合并。合并后的外边距高度等于合并前两个外边距中的较大者。

3.4.2 文本外观

1．文本颜色（color）

color 属性用于定义文本的颜色，其取值方式有以下 3 种：

- 预定义的颜色值名称，如 red、green、blue 等；
- 十六进制色彩码，如#FF0000、#FF6600、#29D794 等；
- RGB 三基色代码，如红色可以表示为 rgb(255,0,0)或 rgb(100%,0%,0%)。

注意：

（1）在实际开发中，十六进制色彩码是最常用的颜色定义方式。

（2）使用 RGB 百分比形式时，即使取值为 0 时也不能省略百分号，必须写为 0%。

2．行间距（line-height）

line-height 属性用于设置行间距，即字符的垂直间距，一般称为行高。line-height 常用的属性值单位有 3 种：像素（px）、相对值（em）和百分比（%）。在实际开发中，使用最多的是像素（px）。

3．文本装饰（text-decoration）

text-decoration 属性用于设置文本的装饰效果，如下画线、上画线和删除线等。其可用属性值如下：

- none 表示没有修饰（默认值）；
- underline 表示下画线；
- overline 表示上画线；
- line-through 表示删除线。

注意：text-decoration 后可以赋多个值，用于给文本添加多种显示效果。例如，希望文字同时有下画线和删除线效果，可以将 underline 和 line-through 同时赋给 text-decoration。

4．水平对齐方式（text-align）

text-align 属性用于设置文本内容的水平对齐，其可用属性值如下：

- left 表示左对齐（默认值）；
- right 表示右对齐；
- center 表示居中对齐。

5．首行缩进（text-indent）

首行缩进是指段落的第一行相对于其他行向右缩进一定的距离。在中文排版中，首行缩进通常用于段落的开头，使文章的结构更加清晰，视觉上更具层次感。

使用 text-indent 属性可实现首行缩进。例如，设置段落首行缩进两个字体宽度，应使用 CSS 样式“text-indent:2em”。

3.4.3　方框样式属性

1．宽度（width）

width 属性用于定义元素的宽度，其取值单位为像素或百分比。

2．高度（height）

height 属性用于定义元素的高度，其取值单位为像素或百分比。

3．背景（background）

background 是一个简写属性，用于同时设置多个背景相关的属性，如背景颜色、背景图像、背景重复方式和背景位置等。示例代码如下：

```
/* 同时设置红色背景为和背景图像，且图像不重复，居中显示 */
background: #ff0000 url('yourImage.jpg') no-repeat center center
```

在实际开发中，通常将背景颜色和背景图像分开设置。

- background-color：仅设置元素的背景颜色；
- background-image：仅设置元素的背景图像。

4．浮动（float）

float 属性用于设置块级元素的浮动，其可用属性值如下：

- left 表示元素向左浮动；
- right 表示元素向右浮动；
- none 表示元素不浮动（默认值）；
- inherit 表示从父元素继承 float 属性值。

注意：在使用 CSS+Div 进行网页布局时，通常需要进行同级 div 元素的并排，这就需要设置 div 元素的 float 属性值为 left 或 right，详见第 4 章。

5．清除浮动（clear）

clear 属性用于清除元素浮动对后续元素的影响，取值通常为 both。

3.4.4 元素可见与显示特性

元素的可见性由 CSS 属性 visibility 控制，其取值如下。

- visible：默认值，元素可见；
- hidden：元素不被显示，但仍然占用布局空间；
- inherit：从父元素继承 visibility 属性值。

元素的显示特性由 CSS 属性 display 控制，其取值如下。

- inline：默认值，元素被显示为行内元素，前后没有换行符；
- block：显示为块级元素，前后带有换行符；
- none：元素不被显示，也不占用布局空间；
- flex：定义弹性布局容器，子元素成为弹性项目；
- grid：定义网格布局，子元素按网格排列。

注意：设置 visibility: hidden 和 display: none 都可以实现元素的不可见效果。

3.4.5 设置按钮是否可用

HTML 标签属性 disabled 常用于禁用按钮。被禁用的按钮呈现浅灰色，且单击无反应。禁用按钮的示例代码如下：

```
<input type="button" value="我被禁用了" disabled/>
```

注意：

（1）按钮等元素没有表示禁用状态的 CSS 属性。

（2）其他 HTML 元素（如文本框）也可应用 disabled 属性。

3.4.6 阴影效果与不透明度

1．阴影效果 box-shadow

CSS 属性 box-shadow 用于为元素添加阴影效果。其语法格式如下：

```
filter:shadow(color=cv,direction=dv)
```

其中，滤镜参数 color 表示阴影的颜色，cv 值可以是代表颜色的英文单词（如 red、blue、green 等），也可以是十六进制色彩代码；参数 direction 表示阴影的方向，dv 取值范围为 0～360。

对于图像，可以使用 alpha 滤镜实现透明效果。其语法格式如下：

```
filter: alpha(opacity=ov,style=sv);
```

其中，参数 opacity 表示元素的不透明度，ov 取值范围为 0～100。

2．不透明度 opacity

CSS 属性 opacity 用于设置元素的不透明度，其取值如下。

- 0：表示完全透明，此时完全看不清图像，只能看到背景。
- 100：表示完全不透明，此时只能看到原图像，看不到背景。
- 大于 0 且小于 100：表示部分透明，即图像与背景的叠加效果。

3．带不透明度的背景颜色 rgba()

rgba()是用于指定颜色的 CSS 函数，它扩展了常见的 RGB 颜色模型。通过增加一个不透明度通道来使背景颜色（或背景图像）具有透明效果。其中，不透明度的取值范围为 0（表示完全透明）至 1（表示完全不透明）。制作一个具有半透明红色背景的 div 元素，其代码如下：

```
<div style=" width: 200px;height: 80px; background-color: rgba(255, 0, 0, 0.5) ">内容</div>
```

3.4.7　重新定义 HTML 元素外观

HTML 实体元素都有默认的外观，在特定情况下需要重新设置外观。

1．超链接外观

超链接在页面中使用频繁，默认显示为带有下画线的文本。为了页面美观，通常需要取消默认的下画线，实现方法如下：

```
text-decoration:none;        /*取消超链接默认的下画线*/
```

2．列表外观

列表在页面中使用也频繁，其列表项默认上下排列，并带有项目符号。当使用列表设计水平菜单时，通常按如下方法重新定义其外观：

```
.menu ul{
    list-style:none;   /*项目列表无项目符号*/
}
.menu ul li {
    float:left;       /*主菜单列表项水平放置*/
}
```

3．将块级元素转换为行内元素

块级元素默认会在新行开始。在某些特定的场景下，需要将块级元素转换为行内元素，实现方法如下：

```
display:inline;
```

一个典型的例子是导航条设计中对实现任意跳转的表单应用行内样式，如图 3.4.2 所示。

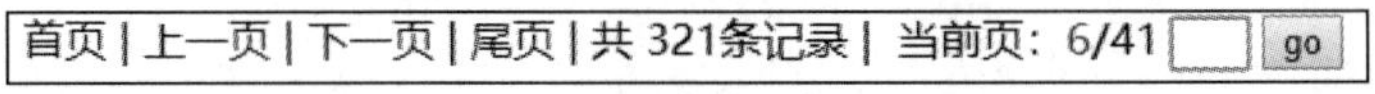

图 3.4.2　包含不换行表单的导航条

注意： 使用 display: inline-block 设置的行内块可以定义宽度和高度，而行内元素不可以设置宽度与高度。

【例 3.4.1】 教学网站头部设计。

本章配套项目 Unit03 中的 wustwzx1.html 页面显示的是教学网站的头部，其中包含了一幅背景图像和位于背景图像下方的一维水平菜单。当鼠标指针悬停于菜单项“Java Web 开发”上时，该菜单项的超链接文本与“首页”菜单项的超链接文本的样式相同，如图 3.4.3 所示。

图 3.4.3　教学网站头部效果

该页面的设计要点如下：

- 使用<ul>标签并内嵌若干<li>标签来制作一维菜单；
- 对<li>标签应用浮动样式 float 以实现菜单水平排列；
- 使用 padding-top 属性将水平菜单置于背景图像的下方。

wustwzx1.html 页面的代码如下：

```
<meta charset="utf-8"/>
<title>wustwzx1</title>
<meta name="keywords" content="吴志祥,教学网站,网页设计,网页制作  网站开发">
<div id="top">   <!--网页头部-->
    <div id="menu">   <!--菜单-->
        <ul>
            <li><a href="#" id="first">首页</a></li>
            <li><a href="http://www.wustwzx.com/webFront">Web 前端开发</a></li>
            <li><a href="http://www.wustwzx.com/aspNET">.NET Web 开发</a></li>
            <li><a href="http://www.wustwzx.com/javaEE">Java Web 开发</a></li>
            <li><a href="http://www.wustwzx.com/phpWeb">PHP 网站开发</a></li>
            <li><a href="#">Web 信息检索</a></li>
            <li><a href="#">其他相关课程</a></li>
        </ul>
    </div>
</div>
<style>
    *{
        margin:0px;padding:0px;font-size:13px;
    }
    #top{
        width:1000px; height:190px;   /*与背景图像大小相同*/
        margin:0 auto;   /* 水平居中 */
        background:url(images/top.jpg) center top no-repeat;
    }
```

```
    #menu{
        padding-top:155px;   /* 内填充 */
        width:1000px; height:35px;
    }
    #menu ul{
        list-style:none;   /* 项目列表无项目符号 */
    }
    #menu ul li {
        width:120px;line-height:35px;text-align:center;
        float:left; /* 主菜单列表项水平放置 */
    }
    #menu ul li a{
        display:block;    /* 显示为块级元素，超链接自动扩展其宽度以填满其父容器的宽度 */
        color:#333;
        text-decoration:none;   /* 取消超链接默认的下画线 */
    }
    #menu ul li a:hover{   /* 伪类选择器 */
        color:#fff;    /* #FFF 等效#FFFFFF，白色 */
        background:url(images/navhover.png) no-repeat;
    }
    #menu ul li a#first{   /* 交集选择器 */
        color:#fff;
        background:url(./images/navhover.png) no-repeat;
    }
</style>
```

注意：要实现当鼠标指针悬停于菜单项上时显示完整的背景图像，需要将作为行内元素的超链接转换为块级元素，以便超链接自动扩展其宽度以填满其父容器的宽度。

为了分析页面中各元素应用的 CSS 样式，建议使用 Google 浏览器。按 F12 键进入浏览器调试窗口后，选择 Elements 即可查看元素应用的 CSS 样式，如图 3.4.4 所示。

图 3.4.4　使用 Google 浏览器分析页面元素应用的 CSS 样式

3.5 CSS 高级技术演进

CSS2 因其单一模块过于庞大且复杂，在实际应用中逐渐显现出局限性。作为最新的 CSS 标准，CSS3 不仅对原有的 CSS 样式进行了重组，并将其划分为多个模块，而且增加了许多实现特定功能的样式。其中，重要的 CSS3 模块包括选择器、框模型、背景、边框、文本效果、2D/3D 转换、动画和多列布局等。

例如，在 CSS3 之前，背景图像的尺寸由图像的实际尺寸决定；而在 CSS3 中，可以规定背景图像的尺寸，还可以对背景图像进行拉伸。

3.5.1 CSS3 新特性

1. 盒子尺寸计算属性 box-sizing

在 CSS3 之前，当一个盒子的总宽度确定后，要想给盒子添加边框或内边距，往往需要更改 width 属性值，以保证盒子总宽度不变，这种操作既烦琐又容易出错。

CSS3 引入的 box-sizing 属性可以很好地解决上述问题。box-sizing 属性用于定义盒子的宽度值和高度值是否包含元素的内边距和边框，其语法格式如下：

```
box-sizing: content-box/border-box;
```

- content-box：浏览器按照 W3C 标准解释盒模型，定义的 width 和 height 参数值不包括 border 和 padding。border-box 计算方式：content + padding + border = 元素大小，即缩小了 content 大小。
- border-box：定义 width 和 height 时，border 和 padding 的参数值已包含在 width 和 height 内。

2. 属性选择器

属性选择器是 CSS3 新增的一种选择器，使用一对方括号[]，根据元素的属性名称或属性值来选择元素。使用属性选择器的一个示例代码如下：

```
<style>
    [title] {   /*属性选择器*/
        border-radius:30px;
    }
    img[title="第 3 幅"] {   /*本例中，属性选择器前的 img 标签可以省略*/
        border-radius:60px;
    }
</style>
<img src="images/女人.png" width="100" height="130" />
<img src="images/女人.png" width="100" height="130" title="第 2 幅"/>
<img src="images/女人.png" width="100" height="130" title="第 3 幅"/>
```

其中，第 1 幅图像为矩形，第 2 幅和第 3 幅图像具有不同的圆角效果。

使用属性选择器的另一个示例代码如下：

```
<style>
    ul[type]{
        color: red;
    }
</style>
<input type="button" value="确定" />
<ul type="disc">
    <li>北京</li>
    <li>武汉</li>
</ul>
```

页面中列表和按钮都具有 type 属性，但只有列表应用选择器。

3．兄弟选择器

兄弟选择器分为普通兄弟选择器和相邻兄弟选择器两种类型。

普通兄弟选择器用于选择具有相同父元素的任意兄弟元素，不要求它们紧邻，选择器之间使用波浪号“~”来分隔。

相邻兄弟选择器用于选择紧接在另一元素后的兄弟元素，二者必须具有相同的父元素。相邻兄弟元素之间使用加号“+”分隔。

使用兄弟选择器的示例代码如下：

```
<h3>兄弟选择器</h3>
<p>使用~表示普通兄弟选择器</p>
<div>请将 h3~p 改为 h3+p 试试</div>      <!--将仅作用第 1 个段落-->
<p>使用+表示相邻兄弟选择器</p>
<style>
    h3~p {    /* 作用于 2 个段落 */
        margin-top: 30px;
        color: blueviolet;
    }
    div{
        color: red;
    }
</style>
```

4．最后一个子元素选择器

伪类选择器 last-child 用于选择父元素中的最后一个子元素。

【例 3.5.1】制作灵活的新闻列表。

在使用<ul>标签设计带有下画线和边框的新闻列表时，如果不对最后一个列表项进行特别处理，则其下边框与列表项的下画线会重叠。通过使用选择器 li: last-child 配合负边距可以解决这一问题。前后效果对照如图 3.5.1 所示。

图 3.5.1 新闻列表效果对照

本章配套项目 Unit03 中的 AdvancedProgression.html 页面包含了新闻列表的制作。该列表只需指定宽度而无须指定高度；当增加或删除列表项时，无须修改 CSS 样式代码。其代码如下：

```
<meta charset="UTF-8">
<title>Advanced Progression</title>
<h2 style="margin-top: 20px">CSS 高级进阶（Advanced Progression）</h2><hr/>
<details>
    <summary>使用伪类选择器（last-child，最后一个子元素）制作灵活的新闻列表</summary>
    <ul>
        <li>新闻列表新闻列表新闻列表 1</li>
        <li>新闻列表新闻列表新闻列表 2</li>
        <li>新闻列表新闻列表新闻列表 3</li>
        <li>新闻列表新闻列表新闻列表 4</li>
        <li>新闻列表新闻列表新闻列表 5</li>
    </ul>
</details>
<style>
    *{
        margin: 5px;padding: 0px;
    }
    details{
        margin-top: 15px;
    }
    summary{
        font-size: 20px;font-weight:bold;line-height: 25px;
    }

    ul{  /* 制作新闻列表使用的块级元素*/
        margin: 0 auto;
        width: 260px;   /* 固定宽度、不固定高度 */
        border: 2px solid #1FC195;   /* 整个列表边框 */
        list-style: none;
    }
    ul li{
        font-size: 14px;line-height: 30px;
        border-bottom: 1px dashed #1FC195;   /* 列表项下边框为宽度为 1px 的点画线 */
```

```
        padding-left: 5px;
    }
    ul li:last-child{   /* 选择列表项的最后一项 */
        margin-bottom: -1px;   /* 下边框向上收缩 1px */
    }
</style>
```

3.5.2　CSS3 阴影效果

CSS3 引入了多个新的文本样式属性，可为文字或矩形元素添加阴影效果。

text-shadow 属性用于为文本添加阴影效果，其基本属性值依次为水平偏移值、垂直偏移值和阴影颜色。可以通过设置多层阴影（中间使用逗号分隔）来实现浮雕效果，示例代码如下：

```
<h1>文字阴影</h1>
<p>HTML5+CSS3</p>
<style>
    h1{
        font-family: "微软雅黑";
        text-shadow: 3px 3px yellow;
    }
  p{   /* 浮雕效果 */
        font: 50px arial,helvetica,sans-serif;    /* 设置字号及字体（后面两种字体可去掉） */
        color: #d1d1d1;   /* 设置文字颜色为浅灰色 */
        background: #CCC;   /* 设置背景颜色为中灰色 */
        text-shadow: -1px -1px white,   /* 第一层阴影，位置左上，颜色白色 */
            2px 2px red;   /* 第二层阴影，位置右下，颜色红色 */
    }
</style>
```

浏览效果如图 3.5.2 所示。

图 3.5.2　文字阴影浏览效果

box-shadow 属性用于为矩形元素（如图像）添加阴影效果，其基本属性值依次为 X 轴偏移、Y 轴偏移、阴影大小和阴影颜色。示例代码如下：

```
<img src="images/女人.png" width="205" height="170" />
<style>
    img{
        box-shadow: 5px 5px 20px #06c;   /* 右偏移 5px、下偏移 5px、阴影大小 20px、阴影颜色#06c */
    }
</style>
```

浏览效果如图 3.5.3 所示。

图 3.5.3　图像阴影浏览效果

3.5.3　CSS3 动画效果

1．使用 transition 和 transform 属性实现转换动画

通过 CSS3 可以在不使用 Flash 动画或 JavaScript 的前提下，为元素从一种样式变换为另一种样式时添加效果。transition 属性表示过渡，用于定义元素属性值变化时的动画设置，包括持续时间、速度曲线和延迟时间；transform 属性表示变换方式。这两个属性通常配合使用。

为了实现对页面元素的旋转、缩放、倾斜和移动等效果，可以使用以下变换函数作为 transform 属性的值。

- translate()：函数参数为目标坐标，移动元素到目标坐标；
- scale()：缩放元素，取值可为正数、负数和小数；
- rotate()：旋转元素，取值单位为度；
- skew()：倾斜元素，取值单位为度。

【例 3.5.2】汽车动画。

本章配套项目 Unit03 中的 AdvancedProgression.html 页面实现了汽车动画效果。汽车初始位于起始点静止，当鼠标指针悬停于汽车上时，汽车开始前行，到达终点后停止；移开鼠标指针后，汽车将回退至起始点，如图 3.5.4 所示。

图 3.5.4　汽车运动动画浏览效果

页面代码如下：

```
<meta charset="utf-8"/>
<title>汽车运动动画</title>
<div id="bj">
```

```
        <img src="images/car.png" width="343" height="121" />
    </div>
    <style>
        #bj {
            background-image: url(../images/road.png);
            background-repeat: no-repeat;
            height: 560px;
        }
        img {
            position: absolute;   /* 绝对定位 */
            top: 185px;   /* 定义起始位置 */
            transition: 5s linear;   /* 过渡动画效果：5 秒、线性转换 */
        }
        img:hover {
            transform: translate(385px, -75px);   /* 移动元素至目标位置 */
    }
    </style>
```

2．使用关键帧创建动画

CSS3 提供了@keyframes 规则，用于创建动画。在@keyframes 中规定某项 CSS 样式的变化过程，即可创建由当前样式逐渐过渡为新样式的动画效果。

例如，对于一个 400×300 像素的矩形块，希望当鼠标指针悬停于该矩形块上方时，在 5s 内颜色从红色变为灰色。使用@keyframes 定义名为 myFirst 的动画，将第 1 关键帧的颜色设置为 red，将第 2 关键帧的颜色设置为 rgb(224, 224, 210)，实现代码如下：

```
<meta charset="UTF-8"/>
    <div id="rectangleAnimation">关键帧动画</div>
    <style>
        #rectangleAnimation {
            width: 100px;height: 100px;
            background: red;
        }
        #rectangleAnimation:hover {
            animation: myFirst 5s;   /* 定义动画的名称及时长 */
        }
        @keyframes myFirst {   /* 定义关键帧 */
            from {
                background: red;
            }
            to {
                background: rgb(224, 224, 210);
            }
        }
    </style>
```

【例 3.5.3】制作跳动的气球动画。

本章配套项目 Unit03 中的 AdvancedProgression.html 页面实现了跳动的气球动画效果。

该动画定义了 3 个关键帧，使气球（图像）从静止向下移动后再向上移动，通过使用 infinite 属性实现无限循环播放，效果如图 3.5.5 所示。

图 3.5.5　跳动的气球动画效果

页面代码如下：

```
<meta charset="utf-8" />
<title>跳动的气球</title>
<div class="goods">
    <img src="images/balloons.png" width="200" height="220">
    <div class="circular"></div>
</div>
<style >
    .goods {
        width: 50%;
        margin: 50px auto;
        text-align: center;
    }
    .goods img {
        animation: jump 2s infinite;   /* infinite 表示无限循环 */
    }
    @keyframes jump {   /* 关键帧动画设计 */
        0% {
            transform: translate(0px, 0px);
        }
        50% {
            transform: translate(0px, -50px);   /* 在 Y 轴方向向下跳动 */
        }
        100% {
            transform: translate(0px, 0px);     /* 在 Y 轴方向向上跳动 */
        }
    }
    .circular {
        width: 200px; height: 50px;
        margin: 0 auto;
        position: relative;
```

```
            margin-top: -10px;
            border-radius: 50%;   /* 添加圆角 */
            box-shadow: 0px 9px 0px rgba(144, 144, 144, 1), 0px 9px 25px rgba(0, 0, 0, .7);   /* 阴影 */
        }
    </style>
```

3．倒影与线性渐变

box-reflect 是 CSS3 中的一个属性，目前只在支持 WebKit 内核的浏览器（如 Chrome 和 Safari）中有效，其主要作用是为元素创建倒影效果，并支持设置方向、间距和遮罩效果。linear-gradient 是实现线性渐变效果的属性。

【例 3.5.4】 带线性变换的倒影效果。

使用倒影样式 box-reflect 属性和线性渐变（linear-gradient）实现的页面效果如图 3.5.6 所示。

图 3.5.6　带线性渐变的倒影效果

页面代码如下：

```
    <meta charset="utf-8" />
    <title>倒影（镜像）与线性渐变</title>
    <img src="images/山水.png"/>
    <style>
        img{
            width:500px;height:200px;
            border:1px solid #9CC;
            /* 定义倒影 */
            -webkit-box-reflect: below 5px linear-gradient(to bottom, transparent 10%, rgba(250, 250, 250, 0.5));
        }
    </style>
```

3.5.4　CSS3 媒体查询功能

媒体查询（Media Queries）是 CSS3 提供的一项重要功能，用于根据设备的不同特性（如屏幕宽度、高度、分辨率等）动态地应用不同的样式，从而实现响应式设计。

响应式设计（Responsive Design）是一种适配不同设备和屏幕尺寸的网页设计方法，其核心理念是让网页在不同设备上都能提供一致的、良好的用户体验。

【例 3.5.5】媒体查询功能使用示例。

本章配套项目 Unit03 中的 MediaQuery.html.html 页面，实现了根据屏幕宽度的四种取值范围呈现不同的背景颜色，其代码如下：

```
<meta charset="UTF-8">
<title>MediaQuery</title>
```

测试方法：按 F12 键进入浏览器调试窗口，连续改变浏览器窗口的宽度，观察屏幕分辨率及背景颜色的变化。其代码如下：

```
<!--屏幕像素小于或等于 767 时——超小屏-->
<style media="screen and (max-width:767px)">
    body {
        background:red;
    }
</style>
<!--屏幕像素位于区间[768,991]时——小屏-->
<style media="screen and (min-width:768px) and (max-width:991px)">
    body {
        background:yellow;
    }
</style>
<!--屏幕像素位于区间[992,1199]时——中屏-->
<style media="screen and (min-width:992px) and (max-width:1199px)">
    body {
        background:blue;
    }
</style>
<!--屏幕像素位大于或等于 1200 时——大屏-->
<style media="screen and (min-width:1200px)">
    body {
        background:#f234f6;
    }
</style>
```

习题 3

实验 3

微课视频

第 4 章 元素定位与页面布局

页面布局是指对网页元素进行合理编排，是呈现页面内容的基础环节。合理的布局能够有效增强页面的可读性，提升用户体验。本章主要介绍基于 CSS 盒子模型的 CSS+Div 布局相关知识，学习要点如下：

- 掌握元素定位的几种方式；
- 掌握 CSS 盒子模型及 CSS+Div 布局页面的方法；
- 掌握弹性容器和 flexbox 布局的使用方法；
- 掌握使用<iframe>标签作为页内框架加载公共子页面的方法；
- 掌握 HTML5 布局标签的使用方法。

4.1　页面布局概述

页面布局的核心目标是实现页面结构与外观的分离，常见的布局方式有三种：表格布局、框架布局和 CSS+Div 布局。其中，框架布局又分为页内框架和框架集两种。

1．表格布局

表格布局主要用于显示二维数据，也用于局部布局，如排列表单控件。

当页面布局需要调整时，往往需要重新制作表格，特别是对于嵌套层次过深的多重表格，不利于搜索引擎对页面内容的抓取。因此，表格布局不适合于页面的整体布局。

2．框架布局

框架布局涉及一个页面依赖多个页面的情况，不便于管理。搜索引擎检索框架中的内容时可能存在困难，有些搜索引擎只能检索框架集页面，导致页面检索不完整。框架布局对打印的支持效果不够好，只能实现分框架页面的打印。

注意：HTML5 不再支持框架集标签<frameset>和<frame>，但支持页内框架标签<iframe>。

3．CSS+Div 布局

CSS+Div 布局可以减少页面的代码量，从而提高页面的加载速度，其结构清晰，嵌套层次少，便于搜索引擎抓取。该布局可实现页面结构与表现的分离，便于维护与扩展。CSS 样式可被重组并划分为多个模块，并增加了许多实现特定功能的样式。

注意：CSS+Div 布局是目前被广泛采用的布局技术之一，可用于页面的整体布局和局部布局。

4. 弹性布局

弹性（flexbox）布局也是目前较为流行的一种布局，它专为在容器中分配空间及对齐其内容而设计，能够较好地处理不同屏幕尺寸和分辨率下的布局问题，简化了复杂布局的设计过程。相比 CSS+Div 布局，弹性布局所需的代码量更少。

4.2 元素定位

元素的定位主要包括定位模式和边偏移两部分。CSS 的 position 属性用于页面元素的定位，其基本语法格式如下：

```
选择器{position:属性值;}
```

其中，position 属性的常用值有 static、relative、absolute 和 fixed，分别表示不同的定位模式。

边偏移的 top、bottom、left 和 right 属性用于精确定义定位元素的位置，其取值为不同单位的数值或百分比。

- top：顶端偏移量，定义元素相对其父元素上边线的距离。
- bottom：底部偏移量，定义元素相对其父元素下边线的距离。
- left：左侧偏移量，定义元素相对其父元素左边线的距离。
- right：右侧偏移量，定义元素相对其父元素右边线的距离。

4.2.1 静态定位

静态定位（Static Positioning）是按照元素在 HTML 文档流中的默认位置进行定位的一种方式，它是元素的默认定位模式。通过应用 CSS 样式 position:static，可以将元素设置为静态定位。

注意：使用静态定位时，无法通过 CSS 边偏移属性（如 top 和 left 等）来改变元素的位置。

4.2.2 相对定位

相对定位（Relative Positioning）是指按照元素在原文档流中的位置进行定位。通过应用 CSS 样式 position:relative 并设置边偏移属性（如 top 和 left 等），可以改变元素的默认位置并定位于相对位置。

元素设置相对定位后，它在文档流中的原始位置仍然保留。尽管元素的位置发生了变化，但它在文档流中的原始空间仍被保留，这意味着它对周围元素的布局不会产生影响。

4.2.3 绝对定位

绝对定位（Absolute Positioning）是一种 CSS 布局方式，通过应用 CSS 样式 position: absolute，并利用 top、right、bottom 和 left 等边偏移属性，可以指定元素相对于最近已定位的祖先元素进行定位，该元素将不再占据标准文档流中的空间。

使用绝对定位的元素，如果没有已定位的祖先元素（所有祖先元素的 position 属性为 static），则将相对于文档的根元素进行定位。

【例 4.2.1】相对定位与绝对定位混合的复杂布局。

包含 5 个板块背景图像的复杂布局如图 4.2.1 所示。

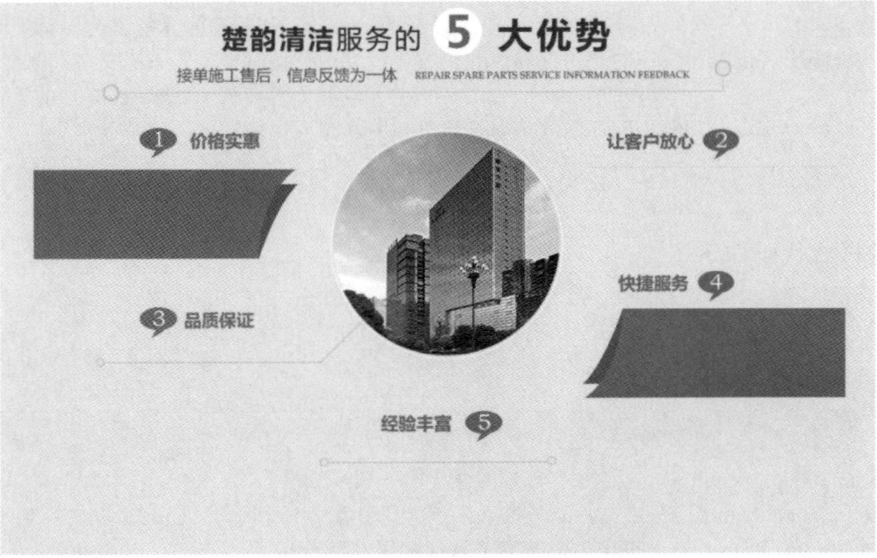

图 4.2.1　包含 5 个板块背景图像的复杂布局

对于不规则的 Div 布局，应在大 div 容器中应用相对定位，在 5 个用于写文字的小 div 容器中应用绝对定位，以确保各部分保持正确的相对位置。页面浏览效果如图 4.2.2 所示。

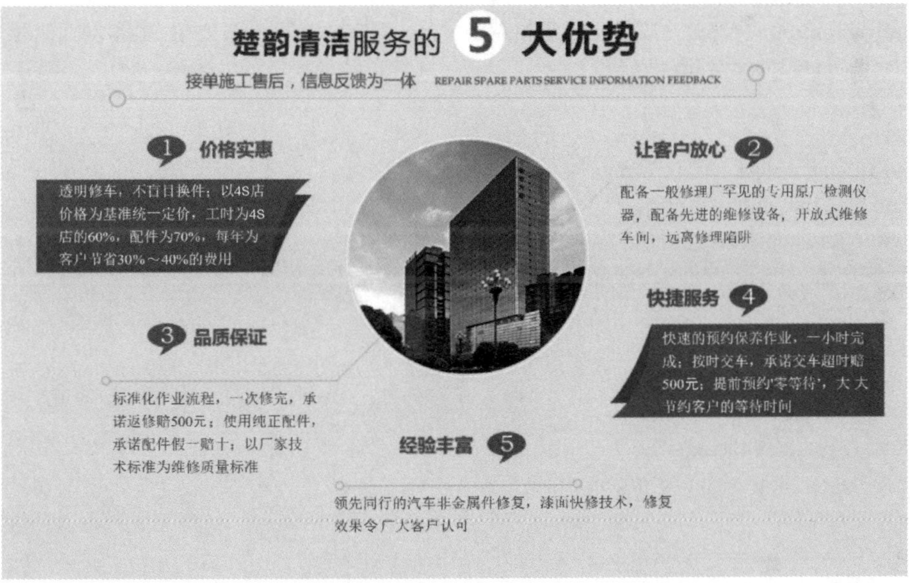

图 4.2.2　页面浏览效果

页面<body>部分的 HTML 代码如下：

```
<div class="big">
    <div class="small1">透明修车，不盲目换件；以 4S 店价格为基准统一定价，工时为 4S 店的 60%，
                                              配件为 70%，每年为客户节省 30%～40%的费用</div>
```

```
    <div class="small2">配备一般修理厂罕见的专用原厂检测仪器，配备先进的维修设备，开放式维
                                                        修车间，远离修理陷阱</div>
    <div class="small3">标准化作业流程，一次修完，承诺返修赔 500 元；使用纯正配件，承诺配件
                                          假一赔十；以厂家技术标准为维修质量标准</div>
    <div class="small4">快速的预约保养作业，一小时完成；按时交车，承诺交车超时赔 500 元；提
                                          前预约‘零等待’，大大节约客户的等待时间</div>
    <div class="small5">领先同行的汽车非金属件修复，漆面快修技术，修复效果令广大客户认可
                                                                              </div>
</div>
```

页面的样式代码如下：

```
body{
    margin: 0px;
    padding: 0px;
}
.big{
    width:1000px;height:634px;   /*与背景图像大小一致*/
    background:url(images/c02.jpg) no-repeat;   /*背景图像*/
    margin:0px auto;   /*水平居中，改变了默认的居左显示*/
    position:relative; /*大 div 相对定位是小 div 绝对定位的前提*/
}
.small1{
    position: absolute;
    height: 81px;width:227px;
    left: 63px;top: 192px; /*顶点坐标是相对于父 div 而言的，不会因父 div 的移动而错位*/
    line-height: 25px; color: #FFFFFF;   /*白字，在绿色背景中显示*/
}
.small2{
    position: absolute;
    height: 81px;width: 283px;
    left: 675px;top: 195px;
    line-height: 25px;   color: #666;   /*黑字，在灰色背景中显示*/
}
.small3{
    position: absolute;
    height: 81px;width: 227px;
    left: 121px;top: 420px;
    line-height: 25px;   color: #666;
}
.small4{
    position: absolute;
    height: 81px;width:227px;
    left: 720px;top: 356px;
    line-height: 25px; color: #FFFFFF;
}
.small5{
    position: absolute;
```

```
        height: 64px;width:378px;
        left: 363px;top: 535px;
        line-height: 25px; color: #666;
}
```

注意：本例中，如果取消大 div 容器的水平居中设置（恢复默认的左对齐），则不需要对它使用相对定位，请读者自行验证。

4.2.4　固定定位

固定定位（Fixed Positioning）是 CSS 定位的一种特殊形式，它以浏览器窗口（视口）作为参照物来定义网页元素的位置。通过应用 CSS 样式 position:fixed，可使元素相对于浏览器窗口定位于固定位置，即使页面滚动，元素仍保持在同一位置。

当对元素设置固定定位后，它将脱离标准文档流的控制，始终依据浏览器窗口来确定其显示位置。无论浏览器滚动条如何滚动，或浏览器窗口的大小如何变化，该元素始终显示在浏览器窗口的固定位置。使用固定定位的样式定义示例代码如下：

```
#ico {  /* 客服图标绝对定位 */
        position: fixed;
        right: 0px;
        bottom: 100px;
        width: 46px;
}
```

4.2.5　堆叠顺序

当对多个元素同时设置定位时，定位元素之间可能会发生重叠。CSS 提供了 z-index 属性来调整这些元素的堆叠顺序，其取值可为正整数、负整数或 0。z-index 属性的默认值为 0，具有较大 z-index 值的元素将覆盖具有较小 z-index 值的元素。

采用相对定位时，通过设置 top 和 left 属性值为负值，可以实现页面元素的重叠（覆盖）效果。

4.3　CSS+Div 布局

设计页面时，通常先将页面按功能划分为若干小区域，每个小区域使用<div>标签来表示。一个<div>标签表示的区域可以进一步划分，从而形成<div>标签的嵌套结构。

每个<div>表示的区域可以通过 class、id 或 style 属性来应用 CSS 样式，以实现对区域外观和位置关系等的设置。设置<div>区域外观的示例代码如下：

```
<div class="yangshi">演示</div>
```

对于 div 元素，其显示属性 display 的默认值为 block，使用该值将在元素之后自动插入换行；取值为 none 时将隐藏元素（不保留其物理空间）。可见属性 visibility 的默认值为 visible（表示可见）；取值为 hidden 时表示不可见，但保留其占用的物理空间。

注意：

（1）id 或 class 属性指定的 CSS 样式可以不存在，此时，称为虚拟样式，常用于 jQuery 获取页面元素（详见第 5 章）。

（2）样式定义的内容主要包括宽度、高度、对齐方式、背景和可见性等。

div 元素是块级元素，在默认情况下，两个同级的 div 元素之间是上下排列的关系。如果要并排同级的 div 元素，则需要对它们应用 float 属性。

注意：例 3.4.1 中制作的水平菜单即对 li 列表应用了 CSS 样式 float:left。

【例 4.3.1】CSS+Div 布局典型架构。

页面代码如下：

```
<meta charset="UTF-8">
<title>CSS+Div 布局典型架构</title>
<style>
    *{
        margin: 0;padding: 0;
        box-sizing: border-box;
        overflow: hidden;
    }
    #containerDiv{
        margin-top: 20px;
        margin-left: auto;margin-right: auto;
        width: 500px;height: 600px;
        border: solid #E0E0E0 1px ;
        text-align: center;
    }   #bannerDiv{
        width: 500px;height: 100px;
        border: solid #E0E0E0 2px ;
        line-height: 100px;
    }
    #navigationDiv{
        width: 500px;height: 30px;
        border: solid #E0E0E0 2px ;
        line-height: 30px;
    }
    #foucsDiv{
        width: 500px;height: 150px;
        border: solid #E0E0E0 2px ;
        line-height: 150px;
        background-color: burlywood;
    }
    #foucsDiv_left{
        width: 366px;height: 150px;
        border-right: yellow solid 1px;
        float: left;
    }
    #foucsDiv_right{
```

```
            width:130px;height: 150px;
            float: left;
        }
        .clearBoth{
            clear: both;
        }
        #contentDiv{
            width: 500px;height: 250px;
            border: solid #E0E0E0 2px ;
            background-color:#F2F2F2;
        }
        #content1{
            width: 165px;height: 250px;
            border-right: red solid 1px;
            float: left;line-height: 250px;
        }
        #content2{
            width: 165px;height: 250px;
            border-right: red solid 1px;
            float: left;line-height: 250px;
        }
        #content3{
            width: 166px;height: 250px;
            float: left;line-height: 250px;
        }
        #footerDiv{
            width: 500px;height: 70px;
            line-height: 70px;
        }
</style>
 <div id="containerDiv">
     <div id="bannerDiv">网站头部（公司 Logo 等）bannerDiv</div>
     <div id="navigationDiv">导航（NavigationDiv）</div>
     <div id="foucsDiv">
            <div id="foucsDiv_left">焦点内容（左）foucsDiv_left</div>
            <div id="foucsDiv_right">foucsDiv_right</div> </div>
     <div class="clearBoth"></div><!-- 浮动清除-->
     <div id="contentDiv">
            <div id="content1">主体内容 1</div>
            <div id="content2">主体内容 2</div>
            <div id="content3">主体内容 3</div></div>
     <div class="clearBoth"></div><!-- 浮动清除-->
     <div id="footerDiv">网站底部（版权等信息）footerDiv</div>
 </div>
```

页面浏览效果如图 4.3.1 所示。

【例 4.3.2】使用 CSS+Div 布局设计鲜花列表。

本章配套项目 Unit04 中的 flowerList.html 为鲜花列表页面，每种鲜花商品之间保持了一定的间距，通常还需要有导航条设计。使用 CSS+Div 布局进行分层设计，完成后的效果如图 4.3.2 所示。

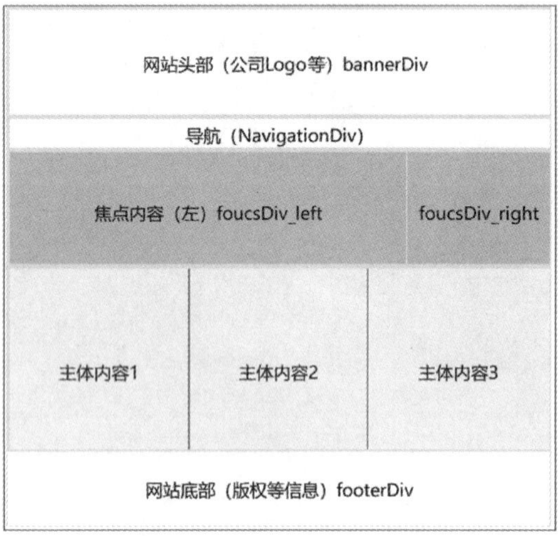

图 4.3.1　页面浏览效果

图 4.3.2　鲜花列表页面效果

页面代码如下：

```
<meta charset="UTF-8" />
<title>使用 CSS+Div 实现鲜花列表</title>
<div id="big">
  <div class="flowerDiv">
    <img src="images/10001.jpg" />
    <div class="flowerNote">生日祝福---166 元</div>
  </div>
  <div class="flowerDiv">
    <img src="images/10002.jpg" />
    <div class="flowerNote">99 爱恋---608 元</div>
  </div>
  <div class="flowerDiv">
    <img src="images/10003.jpg" />
    <div class="flowerNote">初恋---167 元</div>
  </div>
  <div class="flowerDiv">
    <img src="images/10004.jpg" />
    <div class="flowerNote">彩虹---218 元</div>
  </div>
  <div class="flowerDiv">
    <img src="images/10005.jpg" />
    <div class="flowerNote">花容月貌---328 元</div>
  </div>
  <div style="clear: both"/>  <!-- 清除前面元素的浮动效果。否则，影响导航条区域的显示效果  -->
```

```
  <div id="nav">导航条区域（显示上一页和下一页链接等导航信息）</div>
</div>
<style>
  #big {
    width: 450px;     /* 450=3*150*/
    height: 385px;   /* 385=2*180+25*/
    border: 1px solid lightgray;
  }
  .flowerDiv {
    width: 150px;
    height: 180px;
    float: left;   /* 元素向左浮动 */
  }
  .flowerDiv img{     /* 标签 img 选择器 */
    width: 150px; height: 150px;
  }
  .flowerDiv .flowerNote{     /* 鲜花文字注释 */
    width:150px;
    height: 30px;   /* 30=180-150*/
    text-align: center;line-height: 30px;
  }
  #nav {    /*导航条*/
    width: 450px;height: 25px;
    background-color: lightseagreen;
    text-align: center;
  }
</style>
```

4.4　页内框架

<iframe>标签用于创建包含另一个文档的内联框架，该框架支持通过超链接的 target 属性进行引用，能实现在当前页面中加载并显示另一个文档，而无须在新窗口中打开。

<iframe>标签的主要属性如下。

- width 和 height：分别设置框架的宽度和高度，单位为像素或百分比，默认值分别为 300px 和 150px；
- frameborder：控制是否显示框架的边框，取值为 0（无边框）或 1（有边框）；
- scrolling：控制是否产生滚动条，取值为 yes（显示）、no（不显示）或 auto（自动显示）；
- name：框架名称，作为标签的 target 属性值；
- src：预载入页面，为可选属性。

注意：

（1）iframe 是“inline frame”的缩写。其中，inline 表示“行内联的”。

（2）超链接引用页内框架时，目标页面的内容将在框架内显示，而不是在新窗口中显示。

【例 4.4.1】使用页内框架设计教学网站主页。

页面 wustwzx2.html 在第 3 章中的页面 wustwzx1.html 的基础上，增加了子菜单和页内框架。当鼠标悬停于菜单“Java 大方向”的子菜单项“Java EE 开发”时，页面效果如图 4.4.1 所示。

图 4.4.1　页内框架布局示例效果

页面的主要设计步骤如下。

（1）将原菜单项“Java Web”修改为“Java 大方向”，并增加一个项目列表作为对应的子菜单。

（2）将“Java 大方向”的子菜单设置为默认隐藏，当鼠标悬停于子菜单上时显示该子菜单。

（3）设置主菜单项为相对定位，设置子菜单项为绝对定位。

（4）新增一个 id 为 main 的 div 元素，并设置其宽度与背景图像相同（1000px）。

（5）在通用选择器*中添加 CSS 属性 box-sizing:border-box。

（6）在 id 为 main 的 div 元素中，放置两个 id 分别为 left 和 right 的并排 div 元素。

（7）在 id 为 right 的 div 元素中，放置一对<iframe>标签，并使用 name 属性命名页内框架，以便超链接引用，使用 src 属性预加载页面 wustwzx2_attach.html。

（8）在 id 为 left 的 div 元素中，放置若干超链接，并通过 target 属性引用页内框架。

页面 wustwzx2.html 的代码如下：

```
<meta charset="utf-8"/>
<title>wustwzx</title>
<meta name="keywords" content="吴志祥,教学网站,网页设计,网页制作 网站开发">
<div id="top">  <!--网页头部-->
    <div id="menu">  <!--菜单-->
        <ul>
            <li><a href="#" id="first">首页</a></li>
            <li><a href="#">Web 前端开发</a></li>
            <li><a href=" http://www.wustwzx.com/asp_net/index.html">.NET Web 开发</a></li>
            <li><a href="#">Java 大方向</a>
                <ul><!-- 列表默认是块级元素 -->
```

```
                    <li><a href="#">Java 程序设计</a></li>
                    <li><a href="#">软件设计模式</a></li>
                    <li><a href="#">Java EE 开发</a></li>
                    <li><a href="#">Android  移动开发</a></li>
                </ul>
            </li>
            <li><a href="#">PHP 网站开发</a></li>
            <li><a href="#">Web 信息检索</a></li>
            <li><a href="#">其他相关课程</a></li>
        </ul>
    </div>
</div>
<div id="main">
    <div id="left">
        <div style="text-align:center;font-size:16px;font-family: 黑体;margin: 5px auto;">
            主要课程网站
        </div>
        <ul>
            <li><a href="#">Web 前端开发技术</a></li>
            <li><a href="#">ASP.NET 网站开发</a></li>
            <li><a href="#">PHP 网站开发</a></li>
            <li><a href=" http://www.wustwzx.com/asp_net/index.html" target="kj">
                                                                    Java EE 开发</a></li>
            <li><a href="#" target="kj">Android 开发</a></li>
        </ul>
    </div>
    <div id="right">
        <iframe src="wustwzx2_attach.html" width="850" height="300" name="kj"></iframe>
    </div>
</div>
<style>
    *{
        margin:0px;
        padding:0px;
        font-size:13px;
        box-sizing: border-box;    /* 元素的宽度和高度包括内边距和边框 */
    }
    #top{
        width:1000px; height:190px;    /*与背景图像大小相同*/
        margin:4px auto;    /* 水平居中 */
        background:url(./images/top.jpg) center top no-repeat;
    }
    #menu{
        padding-top:155px;    /*内填充*/
        width:1000px; height:35px;
    }
    #menu ul{
```

```
        list-style:none;   /*项目列表无项目符号*/
}
#menu ul li {
        width:120px;
        line-height:35px;
        text-align:center;
        float:left; /*主菜单列表项水平放置*/
        position: relative;   /* 增加子菜单时，主菜单需要使用相对定位 */
}
#menu ul li a{
        display:block; /*显示为块级元素。此时，超链接自动扩展其宽度以填满其父容器的宽度*/
        color:#333;
        text-decoration:none;   /*取消超链接默认的下画线*/
}
#menu ul li a:hover{   /*伪类选择器*/
        color:#fff;     /*#FFF 等效#FFFFFF，白色*/
        background:url(./images/navhover.png) no-repeat;
}
#menu ul li a#first{   /*交集选择器*/
        color:#fff;
        background:url(./images/navhover.png) no-repeat;
}
#main{
        margin: 2px auto;
        width: 1000px;
        height: 300px;
}
#left{
        width: 150px;
        height: 300px;
        float: left;
        border-left: 1px solid lightgray;
        border-bottom: 2px solid lightgray;
}
#left ul{
        list-style: none;
        margin-left: 15px;
}
#left ul li{
        line-height: 50px;
}
#left ul a{
        text-decoration: none;
}
#right{
        width: 850px;
        height:300px;
```

```
        float: left;
    }
    /* 处理二级菜单 */
    #menu ul li ul{
        visibility: hidden;
        position: absolute;    /* 增加子菜单时，主菜单使用相对定位，子菜单使用绝对定位 */
    }
    #menu ul li:hover ul li a{   /* 使用伪类选择器，当鼠标悬停于主菜单项时显示对应的子菜单*/
        visibility: visible;
        display: block;
        background-color: #ddd;
    }
</style>
```

4.5 弹性布局

弹性容器是指包含一个或多个弹性项目的父元素。弹性布局涉及的 CSS 样式如表 4.5.1 所示。

表 4.5.1　弹性布局涉及的 CSS 样式

名　称	说　明
display	取值为 flex 或 inline-flex 时，定义该元素为弹性容器
flex-direction	设置弹性布局的主轴方向，取值为 row（默认值，从左至右排列）、column（从上至下排列）、row-reverse（从右至左排列）或 column-reverse（从下至上排列）
justify-content	设置子元素在主轴上的对齐方式，取值为 flex-start（默认值，起点对齐）、space-around（均匀分布）等
align-items	设置内容的垂直对齐方式，取值为 stretch（默认值，延伸）或 center（垂直居中）
flex	定义项目如何分配空间，通常取值为 1（项目均分父容器中剩余的可用空间）

【例 4.5.1】 在弹性布局中使用 HTML5 标签。

本章配套项目 Unit04 中的页面 flexLayout.html 使用了弹性布局。修改第一行的字体大小，或者在第二行添加菜单项，无须修改其他 CSS 样式代码。页面浏览效果如图 4.5.1 所示。

图 4.5.1　在弹性布局中使用 HTML5 标签的页面浏览效果

页面 flexLayout.html 的代码如下：

```
<meta charset="UTF-8">
<title>弹性布局示例</title>
<div id="header">
        <div id="row1">
            <div>date and time</div>
            <div id="row12">MIS Name</div>
```

```
            <div>state</div>
    </div>
    <div id="row2">
            <div><a href="#">站点主页</a></div>
            <div><a href="#">会员登陆</a></div>
            <div><a href="#">会员注册</a></div>
            <div><a href="#">会员登出</a></div>
        </div>
</div>
<style>
    *{
        margin: 0;
        padding: 0;
    }
    #header{
        width: 80%;
        margin: 0 auto;
    }
    #row1{
        display: flex;     /* 弹性容器 */
        justify-content: space-around;     /* 水平居中且项目之间的间距相等 */
        align-items: center;     /* 垂直居中 */
        background-color: burlywood;
    }
    #row12{
        font-size: 30px;
        line-height: 2em;
    }
    #row2{
        display: flex;
        justify-content: space-around;
        line-height: 2em;
        background-color: darkgrey;
    }
    #row2 a{
        text-decoration: none;
    }
    #row2 a:hover{
        color:red;
    }
</style>
```

4.6 HTML5 布局标签

使用 CSS+Div 布局时，需要创建类样式或 id 样式，其名称由开发者自行定义。为了增强代码的可读性和命名的规范化，HTML5 提供了若干用于布局的标签，这些语义元素能更清晰地构建页面内容结构，并提升可访问性。HTML5 中主要的布局标签及其作用如下。

（1）<hcadcr>标签：表示引导内容，通常包含标题、Logo、导航和用户状态等。

（2）<aside>标签：通常用于设置侧边栏，定义元素之外的内容（前提是这些内容与 article 元素内的内容相关）；也可作为 article 内部元素使用，作为主要内容的附属信息（如参考资料、名词解释）。

（3）<main>标签：通常包含页面的核心内容，与页面的主题密切相关。

（4）<footer>标签：通常用于设置一个页面的底部区域，包含友情链接、版权声明和联系方式等。

可选的 HTML5 布局标签及其作用如下。

（1）<section>标签：用于定义文章中的章节（文档中特定的区块），可视为一个区域分组元素，用于对页面中的内容进行分块。

（2）<article>标签：用于定义一段独立且自成一体的内容，可以在不同的环境中重复使用，如 RSS（Really Simple Syndication，简单信息同步）订阅、社交媒体分享等。article 元素内可以嵌套其他元素，它可以有自己的头部、尾部和主题内容。一般对于独立完整的内容才使用 article 元素，若仅为一个内容块，则应使用 section 元素。

（3）<nav>标签：用于定义导航栏、目录和超链接，并非所有超链接都放在 nav 元素中，通常只将一个文档中的主导航栏放在其中。

（4）<hgroup>标签：通常位于 header 元素内，用于为标题应用样式，以减少使用 id 的次数。

（5）<address>标签：用于提供作者或拥有者的联系方式。

（6）<figure>、<figcaption>标签：<figure>标签用于组织独立的媒体内容，如图表等；<figcaption>标签用于对 figure 元素定义标题。

使用 HTML5 布局标签设计的较为完整的主页布局示例如图 4.6.1 所示。

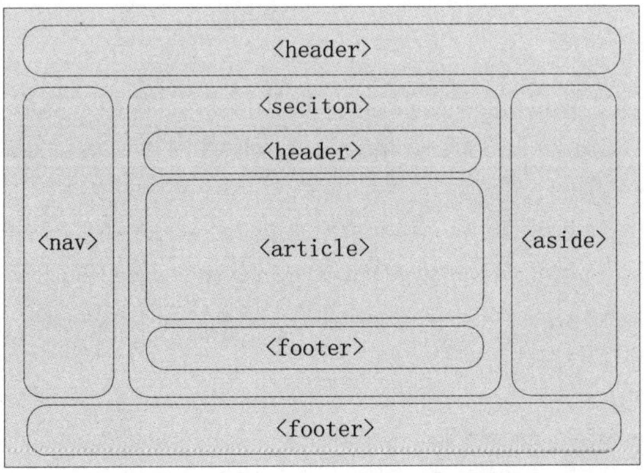

图 4.6.1　使用 HTML5 布局标签设计的主页布局示例

注意：

（1）与 CSS+Div 布局相比，HTML5 布局不再使用 div 标签自定义样式名，而是重新定义 HTML5 布局标签的样式。

（2）与 CSS+Div 相比，HTML5 的布局标签更有利于搜索引擎的检索，并减少了属性的使用。

【例 4.6.1】在弹性布局中使用 HTML5 标签。

本章配套项目 Unit04 中的页面 flexboxLayoutWithHTML5.html 整体上采用弹性布局，并使用了 HTML5 的布局标签。页面浏览效果如图 4.6.2 所示。

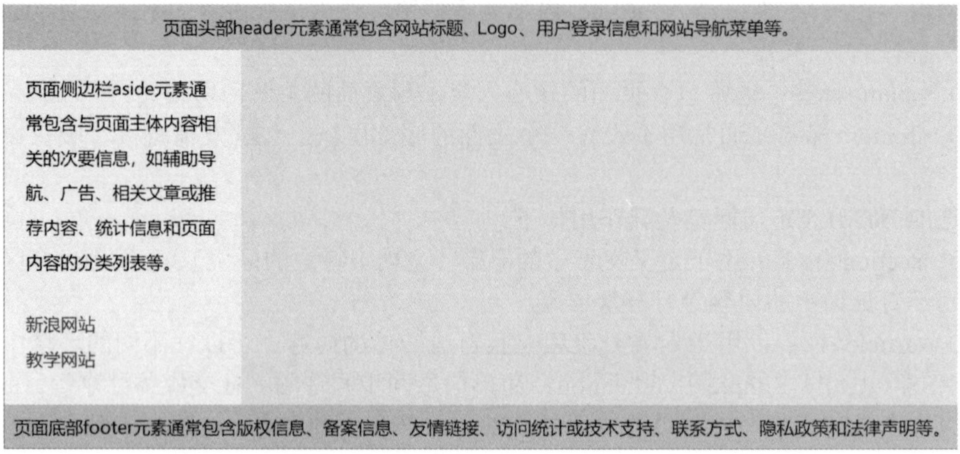

图 4.6.2　在弹性布局中使用 HTML5 标签的页面浏览效果

页面 flexboxLayoutWithHTML5.html 的代码如下：

```
<meta charset="UTF-8">
<title>在弹性布局中使用 HTML5 标签</title>
<div id="container">
        <header>
            页面头部 header 元素通常包含网站标题、Logo、用户登录信息和网站导航菜单等。
            <nav></nav>
        </header>
<div id="content">
            <aside>
                页面侧边栏 aside 元素通常包含与页面主体内容相关的次要信息，如辅助导航、广告、
                                        相关文章或推荐内容、统计信息和页面内容的分类列表等。
                <ul>
                    <li><a href="http://www.sina.com.cn" target="kj">新浪网站</a></li>
                    <li><a href="http://www.wustwzx.com" target="kj">教学网站</a></li>
                </ul>
            </aside>
            <main>
                <iframe src="" name="kj"></iframe>
            </main>
</div>
<footer>页面底部 footer 元素通常包含版权信息、备案信息、友情链接、访问统计或技术支持、
                                        联系方式、隐私政策和法律声明等。</footer>
</div>
<style>
      *{
            margin: 0;padding: 0;
```

```
        box-sizing: border-box;
    }
    #container{
        width: 100%;   /* 占满父元素的宽度 */
        height: 100vh;   /* vh 即 viewport height；让容器占满视口高度的 100% */
        display: flex;
        flex-direction: column; /* 垂直布局。主轴方向的默认值是 row */
    }
    header, footer{
        height: 10%;
        background-color: #F1B0B7;
        display: flex;
        justify-content: center;
        align-items: center;
    }
    #content{   /* 定义弹性容器，实现元素 aside 和 main 并排 */
        display: flex;
        flex: 1;    /* 占据剩余的 80%高度。其中，header 和 footer 共占据 20%高度 */
    }
    aside{
        width: 25%;
        background-color: #F2F2F2;
        padding: 20px;
        line-height: 2em;
    }
    aside ul{
        list-style: none;
        margin-top: 25px;
    }
    aside a{
        text-decoration: none;
    }
    main{
        flex: 1;   /* 主内容区域填满剩余空间。其中，aside 占据 20%宽度 */
        background-color: #F5E79E;
        padding: 10px 0 0 10px;
    }
    iframe{
        width: 100%;height: 100%;
        border: none;
    }
</style>
```

4.7　使用 Bootstrap 实现响应式布局

Bootstrap 是最初由 Twitter 的开发者 Mark Otto 和 Jacob Thornton 于 2011 年开发的前端开

源框架，它提供了一套完整的工具集，用于构建响应式、移动优先的网页和 Web 应用程序。

1．响应式设计

Bootstrap 采用了响应式设计理念，通过其内置的栅格系统（Grid System）和媒体查询功能，可以确保页面在各种设备和不同尺寸屏幕上都能获得良好的显示效果。

2．栅格系统

栅格系统是 Bootstrap 的核心组件之一，允许开发者使用行（row）和列（col）来布局页面。栅格系统基于 12 列布局，通过类名来控制列的宽度和对齐方式。

3．CSS 组件

Bootstrap 包含大量预定义的 CSS 类，可以直接应用于 HTML 元素。这些类涵盖了排版、表格、表单、按钮、图标和导航栏等。

4．JavaScript 插件

Bootstrap 提供了一组 JavaScript 插件，使页面具备交互性和动态效果。这些插件包括模态框（Modal）、轮播图（Carousel）、标签页（Tabs）、折叠面板（Collapse）等。

使用 Bootstrap 设计响应式菜单时，无须编写任何媒体查询代码或 JavaScript 脚本代码，只需要应用 Bootstrap 的特定 CSS 样式。

要控制响应式菜单中的汉堡按钮，需要建立折叠菜单所在 div 的 id 值与自定义属性 data-target 之间的关联；而 data-toggle="collapse"表示在菜单折叠时触发。

Bootstrap 提供了一组预定义的 CSS 和 JavaScript 组件。在网页使用 Bootstrap 之前，需要在<script>标签中引入一个 CSS 样式文件和两个 JavaScript 脚本文件，代码如下：

```
<script>
    <link rel="stylesheet" href="https://maxcdn.bootstrapcdn.com/bootstrap/3.3.7/css/bootstrap.min.css">
    <script src="https://ajax.googleapis.com/ajax/libs/jquery/2.1.1/jquery.min.js"></script>
    <script src="https://maxcdn.bootstrapcdn.com/bootstrap/3.3.7/js/bootstrap.min.js"></script>
</script>
```

响应式布局（Responsive Layout）是一种设计和开发方法，旨在使 Web 页面在不同设备和不同尺寸屏幕上都具有良好的用户体验。响应式布局通过 CSS 媒体查询和灵活的网格系统实现，其主要技术如下。

（1）媒体查询：根据设备的特性（如宽度、高度、分辨率）应用不同的 CSS 样式。

```
@media (max-width: 600px) {
  .container {
    flex-direction: column;
  }
}
```

（2）百分比和相对单位：使用百分比（%）、视口单位（vw、vh）等相对单位来定义尺寸，而非固定的像素（px）。

（3）流体网格系统：使用 CSS 框架（如 Bootstrap）或自定义网格系统来实现灵活的布局。

（4）图像和媒体的响应式处理：使用“max-width: 100%;”和“height: auto;”来确保图

片在容器内保持比例缩放。

data 属性是 HTML5 的新属性，允许开发者自由地为其标签添加属性，从而使 HTML 标签可以隐式地附带一些数据。这种自定义属性一般用“data-”开头。

在特定的事件中，Javascript 可以对这些属性数据进行读/写操作。

【例 4.7.1】使用 Bootstrap 实现的响应式菜单设计。

当窗口较宽时，菜单项全部展示且呈水平样式。当窗口宽度缩小到一定程度时，菜单项被隐藏，并显示汉堡按钮。单击该按钮后，菜单项将纵向展开，如图 4.7.1 所示。

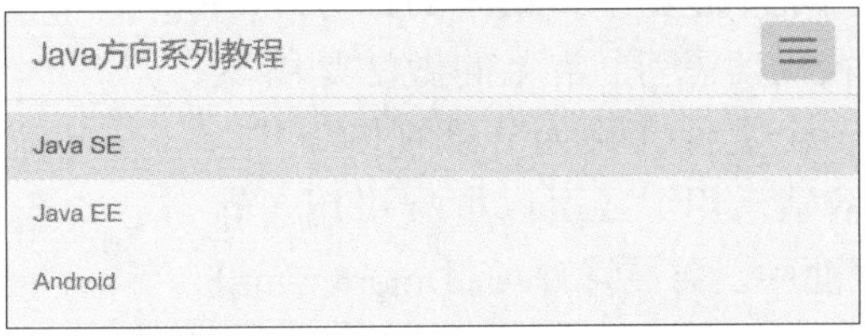

图 4.7.1　Bootstrap 响应式菜单

完整的设计代码如下：

```
<meta charset="utf-8"/>
<title>Bootstrap</title>
<link rel="stylesheet" href="https://maxcdn.bootstrapcdn.com/bootstrap/3.3.7/css/bootstrap.min.css">
<script src="https://ajax.googleapis.com/ajax/libs/jquery/2.1.1/jquery.min.js"></script>
<script src="https://maxcdn.bootstrapcdn.com/bootstrap/3.3.7/js/bootstrap.min.js"></script>
<nav class="navbar navbar-default" role="navigation">
    <div class="container-fluid">
        <div class="navbar-header">
            <button type="button" class="navbar-toggle" data-toggle="collapse"
                                                  data-target="#navbar-collapse">
                <span class="sr-only">切换导航</span>
                <span class="icon-bar"></span>
                <span class="icon-bar"></span>
                <span class="icon-bar"></span>
            </button>
            <a class="navbar-brand" href="#">Java 方向系列教程</a>
        </div>
        <div class="collapse navbar-collapse" id="navbar-collapse">
            <ul class="nav navbar-nav">
                <li class="active"><a href="#">Java SE</a></li>  <!-- 默认激活第一个菜单项 -->
                <li><a href="#">Java EE</a></li>
                <li><a href="#">Android</a></li>
            </ul>
        </div>
    </div>
</nav>
```

注意：

（1）HTML5 允许开发者自由为其标签添加属性，这类自定义的属性一般以“data-”开头。

（2）data-toggle 设置触发事件的方式，data-target 设置事件的目标。

（3）Bootstrap 框架实现的响应式水平菜单设计，本质上是媒体查询。

4.8　综合项目：会员管理项目 memmana1

1．总体设计

一个 Web 项目中的不同页面会存在相同的部分，如头部的导航信息和底部的版权信息等。常见的做法是将这些页面的公共部分保存在一个文件（称为分部视图）中，然后通过文件包含（动态网站常用）或页内框架引用（静态页面常用）来整合到各页面中。会员管理项目 memmana1 的文件系统如图 4.8.1 所示。

作为公共视图的头部分部页 header.html 的浏览效果如图 4.8.2 所示。

图 4.8.1　memmana1 的文件系统

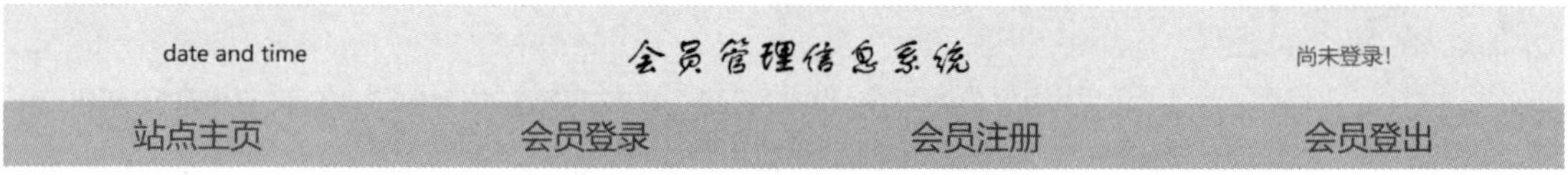

图 4.8.2　头部分部页 header.html

头部分部页 header.html 包含两行。第一行依次包含日期与时间、系统名称和登录状态三个区域；第二行为系统功能菜单，每个菜单项对应一个超链接。由于分部页被其他功能页面以页内框架的形式调用，因此需要设置超链接属性 target="_blank"。header.html 代码如下：

```
<link rel="stylesheet" href="../css/header.css">
<meta charset="utf-8"/>
<div id="top"><!-- 页面头部 -->
    <div id="row1"><!-- 第一行 -->
        <div id="row11">date and time</div>
        <div id="row12">会员管理信息系统</div>
        <div id="row13">尚未登录！</div>
    </div>
    <div id="row2"><!-- 第二行 -->
        <ul>
            <li><a href="../index.html" target="_blank">站点主页</a></li>
            <li><a href="../mLogin.html" target="_blank">会员登录</a></li>
            <li><a href="../mRegister.html" target="_blank">会员注册</a></li>
            <li><a href="../index.html" target="_blank">会员登出</a></li>
        </ul>
    </div>
</div>
```

头部分部页 header.html 引用的外部样式文件 header.css 采用弹性布局和相对单位，仅需设置很小的宽度值和高度值，即可自动适应内容的变化和浏览器大小的变化，其代码如下：

```
*{
    box-sizing: border-box;    /* 消除由于使用 padding 属性而引起的默认膨胀效果 */
    overflow: hidden;          /* 隐藏超出容器的内容 */
    padding:0;margin:0;        /* 内外填充属性值清零 */
text-decoration: none;    /* 取消超链接默认的下画线 */
}
#top{   /* 网站头部 */
    margin: 0 auto; border: none;
    background-color: #CC6;
    display: flex;
    flex-direction: column;
    align-items:stretch;   /* 默认值，表示自动拉伸 */
    width: 60%;   /* 不必设置高度，弹性容器的高度由它包含的项目决定 */
}
#top #row1{
    background-color:rgb(234, 243, 226);
    display: flex;
    justify-content: space-around;
    align-items: center;
}
#row1 #row12{
    font-size: 2em;
    line-height: 2.2em;    /* 使字体上下留有一定的空白 */
    font-family: "方正舒体";
}
#row1 #row13{
    color: #FF0000;
}
#top #row2{     /* 菜单 */
    font-size: 1.5em;
    line-height: 2em;
}
#row2 ul{
    display: flex;
    flex-direction: row;
    justify-content: space-around;
    list-style: none;   /* 取消项目列表默认的符号 */
}
#row2 ul li a:hover{   /*伪类样式*/
    color: #FF0000;
}
```

2．主页设计

项目主页 index.html 的浏览效果如图 4.8.3 所示。

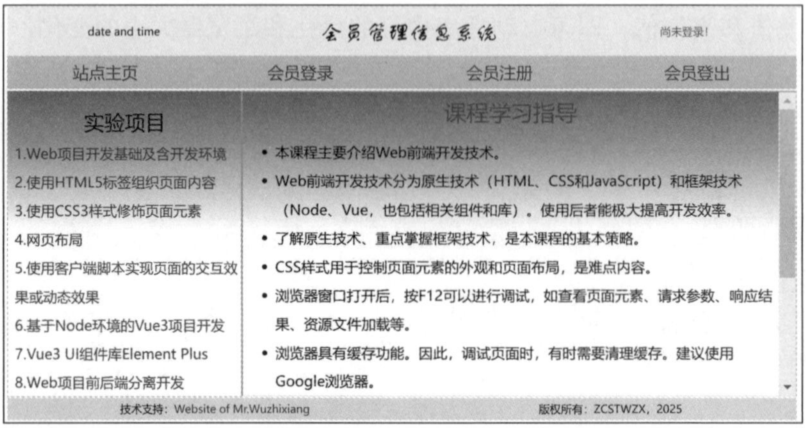

图 4.8.3　项目主页 index.html 的浏览效果

项目主页 index.html 的完整代码如下：

```
<meta charset='utf-8' />
<title>会员管理信息系统</title>
<iframe id="headFrame" src="publicView/header.html"></iframe>
<div id="main">    <!-- 主页主体内容 -->
    <div id="left">  <!--实验项目列表-->
        <div id="sy">实验项目</div>
        <ul>
            <li><a href="document/sy1.html" target="kj">1.Web 项目开发基础及含开发环境
                                                                        </a></li>
            <li><a href="document/sy2.html" target="kj">2.使用 HTML5 标签组织页面内容</a></li>
            <li><a href="document/sy3.html" target="kj">3.使用 CSS3 样式修饰页面元素</a></li>
            <li><a href="document/sy4.html" target="kj">4.网页布局</a></li>
            <li><a href="document/sy5.html" target="kj">5.使用客户端脚本实现页面的交互效果或
                                                                   动态效果</a></li>
            <li><a href="document/sy6.html" target="kj">6.基于 Node 环境的 Vue3 项目开发</a></li>
            <li><a href="document/sy7.html" target="kj">7.Vue3 UI 组件库 Element Plus</a></li>
            <li><a href="document/sy8.html" target="kj">8.Web 项目前后端分离开发</a></li>
        </ul>
    </div>
    <div id="right"> <!-- 显示详细内容 -->
        <iframe id="mainFrame" name="kj" src="index0.html"></iframe>
    </div>
</div>
<iframe id="footFrame" src="publicView/footer.html"></iframe>
<style>
    *{
        box-sizing: border-box;
        padding:0;margin:0;
        overflow: hidden;
        text-decoration: none;
    }
    #headFrame{   /* 使用<iframe>标签引入页面 header.html */
```

```
            width: 100%;    /* 关键样式：默认情况下，iframe 元素具有固有宽度（300px） */
            border: none;   /* 关键样式：移除边框 */
            height: 120px;   /* iframe 元素默认高度为 150px，避免出现空白 */
        }
        #main{
            margin: 1px auto;
            width: 60%;
            display: flex;
            background: url(../images/bg.jpg) repeat-x;
        }
        #main #left{
            width:30%;
            border: 1px solid darkgrey;
        }
        #left #sy{
            text-align: center;
            margin:20px 0 20px 0;
            font-size: 1.5em;
            text-align: center;
        }
        #left li{
            font-size: 1.3em;
            line-height: 2em;
            margin-left: 10px;
        }
        #main #right{
            width:70%;
        }
        #right #mainFrame{
            width:100%;
    height: 100%;
            overflow: hidden;
        }
        #footFrame{    /* 使用<iframe>标签引入页面 footer.html */
            width: 100%;
            border: none;
        }
    </style>
```

主要设计要点如下：

（1）主页通过<iframe>标签分别引入公共的头部和底部视图，需要设定 CSS 属性 width 为“100%”，border 为“none”，height 为“height: 12%”，这使 iframe 元素默认宽度为 300px、高度为 150px，且带有边框。

（2）公共的头部和底部视图分别建立了外部.css 文件，以便主页、登录页和注册页复用，从而简化了这些功能页的 CSS 样式设计，减少了样式代码冗余。

（3）元素#main 采用弹性布局，无须指定高度，由包含的子元素#left 和#right 自动拉伸，子元素#left 和#right 的宽度之和等于元素#main 的宽度。

注意：本项目只是 HTML 标签、CSS 样式和弹性布局的综合训练示例，并未使用客户端脚本实现时间的实时显示和登录状态的实时变更，这些问题将在第 5 章的项目 memmana2a 和 memmana2b 中得到解决。

3．会员登录页面设计

会员登录页面 mLogin.html 与主页 index.html 相比，区别仅在于#main 元素中包含的登录表单，其代码如下：

```
<meta charset="UTF-8">
<title>会员登录</title>
<iframe src="publicView/header.html" id="headFrame"></iframe>
<div id="main">  <!-- 页面主体内容 -->
    <form action="#" method="post">  <!--自处理表单-->
        <table>
            <caption>会员登录</caption>
            <tr>
                <td>会员名称：</td>
                <td><input type="text"></td>
            </tr>
            <tr>
                <td>会员密码：</td>
                <td><input type="password"></td>
            </tr>
            <tr>
                <td><input type="button" value="确定"/></td>
                <td><input type="button" value="取消"/></td>
            </tr>
        </table>
    </form>
</div>
<iframe src="publicView/footer.html" id="footFrame"></iframe>
<style>
    #headFrame{  /* 使用<iframe>标签引入页面 header.html */
        width: 100%;
        border: none;
        height: 12%;
    }
    #main{
        width:60%;
        margin: 0px auto;
        display: flex;  /* 弹性容器 */
        justify-content: center; /* 水平居中 */
        border: #999999 1px solid;
    }
    table caption{
        margin-top: 20px;
        font-size: 2em;
        color: red
    }
    table tr{
```

```
        font-size: 1.3em;
        line-height: 2em;
    }
    input,select{       /* 文本框等输入控件和下拉列表字体 */
        font-size: 0.9em;
    }

    #footFrame{   /* 使用<iframe>标签引入页面 footer.html */
        width: 100%;
        border: none;
    }
</style>
```

会员登录页面的浏览效果如图 4.8.4 所示。

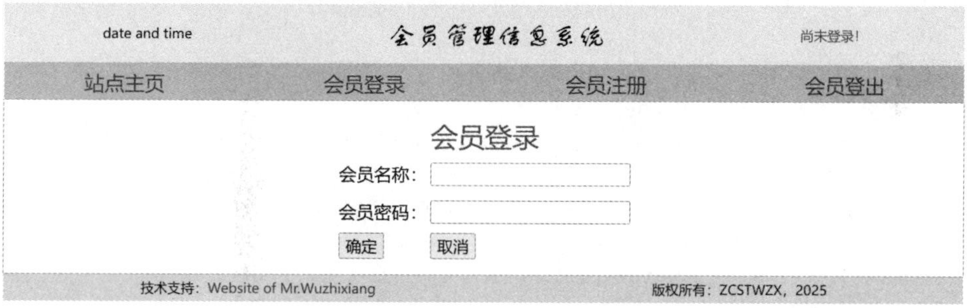

图 4.8.4　会员登录页面的浏览效果

注意：因为不涉及表单数据的提交处理，所以表单元素没有包含 id 和 name 属性。

4．注册页面设计

会员注册页面 mRegister.html 与会员登录页面 mLogin.html 相比，只有#main 元素是包含较多元素的表单，代码如下：

```
<meta charset="UTF-8">
<title>会员注册</title>
<iframe src="publicView/header.html" id="headFrame"></iframe>
<div id="main">
    <form>
        <table>
            <caption>会员注册</caption>
            <tr>
                <td>会员名称：</td>
                <td><input type="text" size="30"></td>
            </tr>
            <tr>
                <td>会员密码：</td>
                <td><input type="password" size="30"></td>
            </tr>
            <tr>
                <td>性别：</td>
                <td><input type="radio" checked name="sex">男  
```

```
                    <input type="radio" name="sex">女</td>
            </tr>
            <tr>
                <td>兴趣爱好：</td>
                <td>
                    <input type="checkbox">文艺 
                    <input type="checkbox">体育 
                    <input type="checkbox">游戏
                </td>
            </tr>
            <tr>
                <td>所在城市：</td>
                <td>
                    <select>
                        <option selected>北京</option>
                        <option>上海</option>
                        <option>武汉</option>
                    </select>
                </td>
            </tr>
            <tr>
                <td>上传照片：</td>
                <td><input type="file"></td>
            </tr>
            <tr>
                <td>个人简历：</td>
                <td><textarea id="jl">这是一个使用<textarea>标签制作的多行文本框，用于写个
                                                人简历等。</textarea></td>
            </tr>
            <tr>
                <td>
                    <input type="button" value="确定"/>
                    <input type="button" value="取消" style="margin-left: 5px"/>
                </td>
            </tr>
        </table>
    </form>
</div>
<iframe src="publicView/footer.html" id="footFrame"></iframe>
<style>
    #headFrame{  /* 使用<iframe>标签引入页面 header.html */
        width: 100%; border: none; height: 12%;
    }
    #main{            /* 页面主体内容 */
        width:60%;
        margin: 0px auto;
        display: flex;   /* 弹性容器 */
        justify-content: center; /* 水平居中 */
        border: #999999 1px solid;
    }
    table caption{
```

```
            margin-top: 20px;
            font-size:2em;
            color:red
        }
        table tr{
            font-size: 1.3em;
            line-height: 2em;
        }
        input,select{       /* 文本框等输入控件和下拉列表字体 */
            font-size: 0.9em;
        }
        #jl{     /* 简历字段 */
            font-size: 0.9em;
            width:80%;
            text-indent:1em;    /* 首行缩进 2 个字符 */
            resize: both;    /* 可以调节大小 */
        }
        #footFrame{    /* 使用<iframe>标签引入页面 footer.html */
            width: 100%;border: none;
        }
</style>
```

会员注册页面的浏览效果如图 4.8.5 所示。

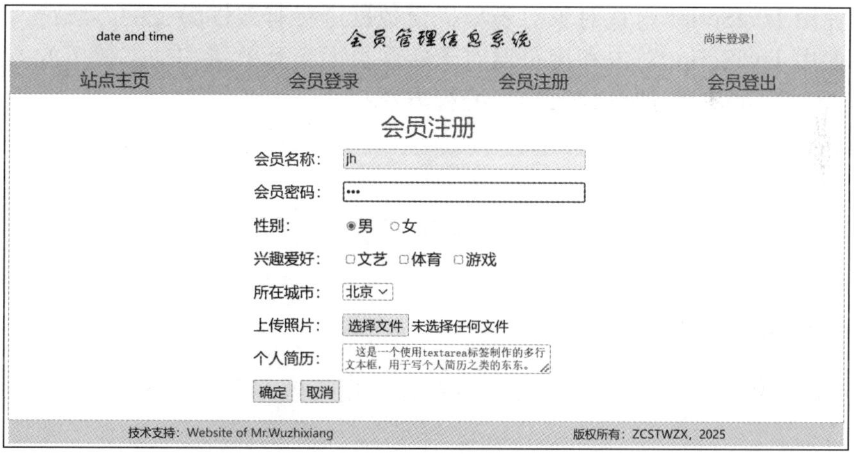

图 4.8.5　会员注册页面的浏览效果

习题 4

实验 4

微课视频

第 5 章 客户端脚本 JavaScript 与 jQuery 库

JavaScript 是一种解释型脚本语言，使用它编写的程序无须编译，主要用于编写页面脚本，以实现对网页客户端行为的交互控制。现代浏览器几乎都内置了 JavaScript 引擎，可直接执行客户端脚本代码。开发者还可以使用功能强大的 JavaScript 库（如 jQuery）或第三方脚本扩展网页功能。本章学习要点如下：

- 理解 JavaScript 作为客户端脚本语言的弱类型特点；
- 掌握在 HTML 页面中使用 JavaScript 脚本的方法；
- 掌握 DOM 与 BOM 的关系及其 API 的使用；
- 掌握使用 JavaScript 内置对象对表单提交数据进行有效性验证的方法；
- 掌握使用 JavaScript 对象和浏览器对象实现页面交互效果和动态效果的方法；
- 掌握 JavaScript 的数据格式及异步编程方法；
- 掌握 jQuery 库的基本使用方法。

5.1 JavaScript 基础

5.1.1 JavaScript 概述

现代浏览器一般都内置了 JavaScript 解释器，用于解释和执行嵌入网页中的 JavaScript 脚本代码。

JavaScript 是一种 Web 脚本语言，诞生于 1995 年。当 JavaScript 脚本被嵌入 HTML 页面后，可直接由浏览器脚本引擎运行，从而使网页不再是一成不变的静态页面（可增加用户交互、动态效果和动态创建内容等功能）。更重要的是，JavaScrip 使表单数据的合法性验证可以在客户端完成，从而减轻了 Web 服务器的负担。

JavaScript 主要由三部分组成，如图 5.1.1 所示。

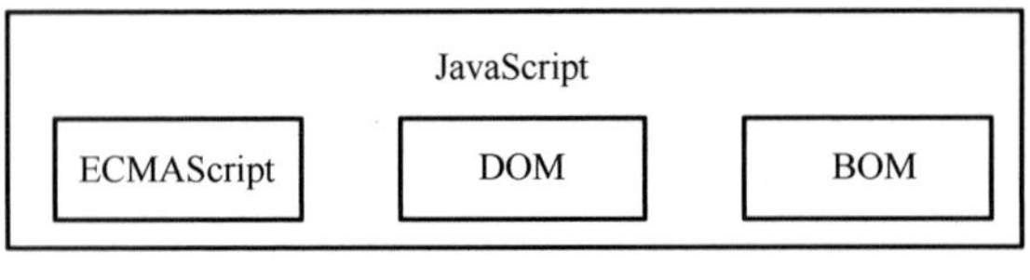

图 5.1.1 JavaScript 组成

其中，ECMAScript 是 JavaScript 语法的核心部分；文档对象模型（Document Object Model，DOM）提供了访问和操作网页内容的方法与接口；浏览器对象模型（Browser Object Model，BOM）提供了与浏览器交互的方法与接口。

JavaScript 的执行原理如下：当客户端向服务器端请求某个页面时，服务器端将包含 JavaScript 脚本代码的完整页面作为响应内容发送给客户端，浏览器根据接收到的网页文件，从上至下逐行解析 HTML 文本并处理脚本代码，如图 5.1.2 所示。

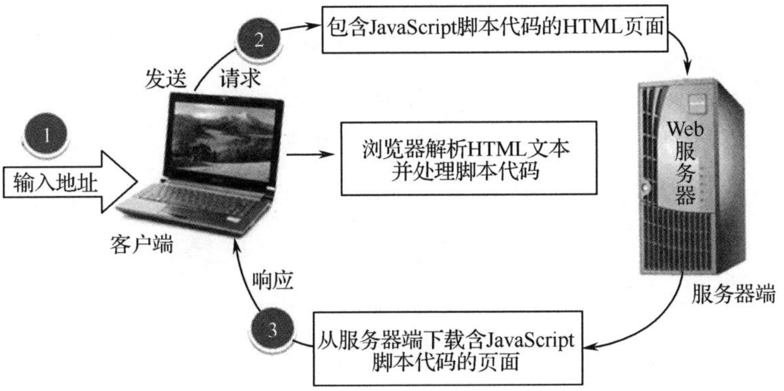

图 5.1.2　JavaScript 执行原理

JavaScript 脚本代码是在客户端下载并执行的，它不占用服务器端的 CPU 资源。因此，通过在客户端执行脚本代码，可以分担服务器端的处理任务，从而间接地提升 Web 服务器的性能。

浏览器在渲染页面之前，会先构建 HTML 文档的 DOM 树。在解析 DOM 树的过程中，如果遇到 JavaScript 脚本，浏览器会暂停解析并转去执行脚本代码，执行完毕后再继续解析。如果遇到引用外部资源的 JavaScript 脚本，则必须暂停解析并等待该脚本资源下载完成，这可能会导致页面首次渲染时间的延迟。

浏览器作为 JavaScript 的运行环境，提供了一系列 API 和对象。例如，浏览器提供了 window 对象、document 对象、XMLHttpRequest 对象等，分别用于操作浏览器窗口、文档内容和实现异步请求等功能。同时，浏览器还提供了一系列事件和事件处理函数，用于响应用户的交互行为，如单击、滚动、输入等。

5.1.2　JavaScript 脚本的定义与使用

定义 JavaScript 脚本时，其存放位置可以位于 HTML 文档的头部或主体部分，也可以作为外部文件独立存放在项目目录中。

注意：为便于阅读文档，在许多情况下，允许将 JavaScript 脚本放置在</html>标签之后。

1. 内联式脚本

作为特殊的内部脚本，内联式脚本不需要使用<script>标签，而是直接将 JavaScript 代码作为事件的响应代码。

注意：在内联式脚本中，响应代码的前导符“javascript:”通常可以省略。

使用内联式脚本的示例代码如下：

```
<!--以 JavaScript 代码作为对单击超链接事件的响应-->
<a href="javascript:alert('欢迎进入 JavaScript 世界');">请单击我呀</a>
<!--下面的 JavaScript 代码省略了前导符“javascript:”-->
<a href="index.html" onclick="return confirm('确实要退出会员登录吗？')">会员登出</a>
```

【例 5.1.1】内联式脚本的使用。

本章配套项目 Unit05 中的“内联式脚本的使用.html”展示了内联式脚本的典型应用，其页面代码如下：

```
<meta charset="UTF-8">
<title>内联式脚本的使用</title>
<img src="images/xingwen.jpg" onmouseover="this.src='images/xingwen_p.jpg'"
      onmouseout="this.src='images/xingwen.jpg'"/>
<style>
    img{
        width: 102px;
        height: 58px
    }
</style>
```

当鼠标指针悬停于图像上时，切换为另一幅图像；当鼠标指针移出时，还原为原来的图像。

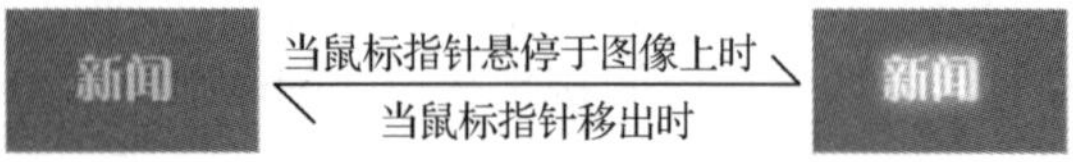

图 5.1.3　页面模拟图像切换效果

该页面模拟了图像切换效果，如图 5.1.3 所示。

注意：

（1）本事件处理代码只有一条设置图像数据源的指令。其中，this 关键字表示当前图像对象。

（2）当事件处理代码包含多条指令时，需要使用分号进行分隔。

2. 内部脚本

内部脚本是指在 HTML 页面中使用<script>标签来存放 JavaScript 脚本代码。

在内部脚本中，根据变量的作用域，变量可分为全局变量和局部变量。全局变量是指定义在函数之外的变量，或者未定义而直接使用的变量；局部变量是指在函数内部声明的变量，仅在当前函数体内有效。

内部脚本支持使用 function 关键字定义函数。注意，自定义函数不会自动执行，只能通过事件触发或脚本函数之间的调用才能执行。

【例 5.1.2】内部脚本的使用。

本章配套项目 Unit05 中的“内部脚本的使用.html”展示了内部脚本的典型应用，模拟了开关的两种状态，其页面代码如下：

```
<meta charset="UTF-8">
<title>内部脚本的使用</title>
<img src="images/switch_off.png" id="switchImg"/>
<script>
    let switchState=0      //标识开关状态为 off
    document.getElementById("switchImg").onclick=function(){     //使用匿名函数
        if(switchState==0){
            switchState=1
            switchImg.src="images/switch_on.png"
        }else{
```

```
                switchState=0
                switchImg.src="images/switch_off.png"
            }
        }
</script>
```

该页面模拟了开关效果，如图 5.1.4 所示。

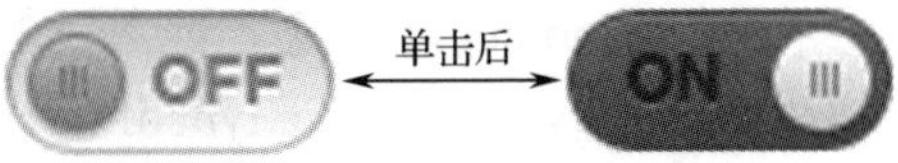

图 5.1.4　页面模拟开关效果

注意：在开发动态网页时，经常需要将一段简单的内部脚本作为特殊的字符串输出，以执行客户端的相关操作。例如，实现登录成功后跳转至主页的功能，就需要使用 2 条 JavaScript 脚本指令。

3．外部脚本

外部脚本是指通过<script src="JavaScriptFile.js">和</script>标签引入存放在独立.js 文件中的 JavaScript 脚本代码。其中，"JavaScriptFile.js"包含完整的文件路径。示例代码如下：

```
<script src="js/jquery-1.10.2.min.js"></script>  <!--使用相对路径-->
```

注意：带有 src 属性的<script>标签，标签内的 JavaScript 代码将被浏览器忽略，应保持标签为空。

5.1.3　JavaScript 数据类型

计算机中用于存储数据的内存主要有栈内存和堆内存。其中，栈内存具有访问速度快、存储数据大小固定（预定义了在内存中占用的存储空间）等特点；堆内存具有存储空间大、可以动态扩展数据（根据需要为存储在堆内存中的数据动态分配或释放内存空间）等特点。

根据数据存储位置，JavaScript 数据类型分为原始（Primitive）数据类型和引用（Reference）数据类型两大类。其中，原始数据类型也称基本数据类型。

JavaScript 的原始数据类型共有 7 种，如表 5.1.1 所示。

表 5.1.1　JavaScript 的 7 种原始数据类型

名　称	说明及示例
number	表示整数和浮点数，包括特殊值 NaN（非数字）和 Infinity（无穷大）
string	表示文本数据，使用单引号“'”、双引号“"”或模板字符串（反引号“`”）创建
boolean	表示逻辑真或假，仅有 true 和 false 两个值
undefined	表示一个变量已经声明但未赋值。 例如：let a; console.log(a)　//输出：undefined
null	空值常量（既是值，也是数据类型）。 例如：当页面没有 id 为 noId 的元素时， console.log(document.getElementById('noId'))　//输出：null
bigint	用于表示任意精度的大整数（ES2020 引入），通过在数字后加 n 创建。 例如：let bigNumber =1234567890123456789012345678890n
symbol	表示唯一的标识符（ES6 引入），通过 Symbol()创建。 例如：let sym1=Symbol('description')

JavaScript 提供了 typeof 运算符，用于检测原始数据类型。

注意：

（1）使用 Java 或 C 等强类型语言编程时，必须先声明类型后使用，而 JavaScript 则属于弱类型语言。

（2）console 是 JavaScript 提供的一个全局对象，它提供了多种方法，帮助开发者在浏览器环境中输出日志信息。其中，log()方法最为常用。

（3）document 是浏览器对象模型中表示文档的对象，具有获取页面元素等功能。

（4）在 JavaScript 中，typeof null 返回的是 object，而不是 null。这是一个历史遗留问题，源自 JavaScript 早期的设计方案。

对象类型 Object 是 JavaScript 中最基础的引用数据类型，能够存储键值对和复杂的数据结构。此外，JavaScript 还提供了多种专用引用数据类型，如 Array、Function 和 Date 等，以满足不同场景的需求，如表 5.1.2 所示。

表 5.1.2　JavaScript 引用数据类型

名　称	说明及示例
Object	表示对象，用于存储键值对和复杂的数据结构。每个键（key）必须是 string 或 symbol 类型，键值（value）可以是任意数据类型，包括原始数据类型和引用数据类型。例如： let person=new Object() person.name="Alice" person.age=25 或简写为 let person ={name:"Alice",age:25 } console.log(person instanceof Object)　//输出：true
Array	数组作为特殊的对象，用于存储有序的元素集合。数组中的每个元素都有一个索引（从 0 开始），可以通过索引访问或修改元素。数组可以包含任意类型的值，如原始数据类型、对象、函数或其他数组。 例如：let arr=new Array(3); arr[0]="ASP";arr[1]="JavaScriptP";arr[2]="PHP" 又如：let intArr =[1,2,3] console.log([1,2,3] instanceof Array)　//输出：true console.log(typeof intArr)　//输出：object

Function	使用 function 关键字定义的函数是一种特殊的引用数据类型，本质上是对象的一种。函数不仅具有对象的属性和方法，还能通过调用来执行代码逻辑。例如：
	function greet() {
	　　console.log("Hello")
	}
	console.log(greet instanceof Function)　　//输出：true
	console.log(typeof greet)　//输出：function
	const add = new Function("a", "b","return a+b")　//Function 用于动态创建函数
	console.log(add instanceof Function)　//输出：true

Date	日期/时间对象，封装了日期与时间等信息。 例如：let date=new Date () console.log(date instanceof Date)　//输出：true console.log(typeof date)　//输出：object

JavaScript 提供了用于检测引用数据类型的 instanceof 运算符，该运算符判断数据是否属于某个引用数据类型，并返回布尔值。

注意：

（1）JavaScript 是基于对象的语言，支持使用系统定义的对象和自定义对象。

（2）instanceof 运算符不能检测原始数据类型。

（3）typeof 运算符也可以检测引用数据类型，但是对于 Object、Array 和 Date 类型，typeof 返回值均为 object（这是 JavaScript 早期的设计缺陷，无法区分具体的引用数据类型；对于 Function 类型，返回值为 function。

【例 5.1.3】JavaScript 数据类型与对象。

本章配套项目 Unit05 中的页面 dataTypeAndObject.html 演示了 JavaScript 数据类型与对象的使用方法，其代码如下：

```
<meta charset="UTF-8"/>
<title>JavaScript 数据类型与对象的使用</title>
<script>
    //两种特殊的原始数据类型：undefined 和 null
    let a;
    console.log(a)   //输出：undefined
    console.log(document.getElementById('noId'))   //输出：null
    //对象定义较为正式的方式
    /*let person=new Object()
    person.name="Alice"     //原始数据类型
    person.age=25       //原始数据类型
    person.mobile=[15527643858,15972052815]       //数组类型
    person.work=function(){           //函数类型
        console.log("去公司上班")
    }*/
    //对象定义的简便方式（推荐使用）
    let person={
        name: 'Alice',    //原始数据类型
        age: 25,        //原始数据类型
        mobile: [15527643858,15972052815],      //数组类型
        work: function (){     //函数类型
            console.log("去公司上班")
        }
    }
    //测试对象
    console.log(person instanceof Object)   //输出：true
    console.log(person.mobile[1])       //输出：15972052815
    person.work()    //输出：去公司上班
</script>
```

5.1.4　JavaScript 字面量、变量与常量声明、运算符

1．字面量

在编程语言中，字面量（literal）是代码中直接表示固定值的语法结构。这些值是直接写在代码中的，不需要通过变量、表达式或函数调用来计算。字面量是值的直接表现形式，常用于初始化变量或常量。

JavaScript 支持多种类型的字面量，具体如表 5.1.3 所示。

表 5.1.3　JavaScript 字面量类型

名　　称	说　　明
数值字面量	直接表示数值的整数或浮点数
字符串字面量	用引号（“'” “"” “`”）括起来的字符序列
布尔字面量	表示布尔值的 true 和 false
对象字面量	用花括号{}包裹的键值对集合
数组字面量	用方括号[]包裹的值列表
函数字面量	使用 function 关键字定义的匿名函数或命名函数
正则表达式字面量	用斜杠“/”包裹的模式定义。例如：let regex = /[A-Za-z0-9]+/
特殊值字面量	包括 null（空值）、undefined（未定义）、NaN（非数字）、Infinity（无穷大）

2．变量与常量声明

变量与常量是程序设计中的基本概念。常量是指在程序运行过程中值不发生变化的量；变量是相对于常量而言的，其值在程序运行过程中可以随时变化。如果使用一个未声明的变量或常量，运行时将出现引用错误（ReferenceError）。

JavaScript 提供了用于声明变量和常量的 var、let 和 const 关键字。其中，let 和 const 是 ES6（ECMAScript 2015）新引入的关键字。建议优先使用 let 和 const 关键字，以减少作用域相关的错误并提高代码的可读性和维护性。

let 关键字用于声明变量，具有块作用域。同一作用域内不允许重复声明变量，但可以对变量重新赋值。

const 关键字用于声明常量，具有块作用域，且声明时必须立即初始化。const 定义的常量在赋值后不能被修改，否则会提示语法错误。const 常量通常用于定义不会被重新赋值的值。

总之，在需要重新赋值时使用 let，而在声明常量或不需要重新赋值的场景下优先使用 const，这样不仅能够明确代码意图，还能有效避免因误操作引发的错误。

3．运算符

运算符是一种特殊的符号，一般由 1～3 个字符组成，用于实现数据之间的运算、赋值和比较。JavaScript 常用运算符如表 5.1.4 所示。

表 5.1.4　JavaScript 常用运算符

类　　型	运　算　符
算术运算符	+、-、*、/、%、++、--
赋值运算符	=、+=、-=、*=、/=、%=、??=
比较运算符	>、<、>=、<=、==、!=、===
逻辑运算符	&&、||、!
类型运算符	typeof、instanceof

此外，JavaScript 还提供了三元运算符“?:”，用于对变量进行条件赋值，示例代码如下：

```
<meta charset="UTF-8"/>
<title>JavaScript 三元运算符的使用</title>
<script>
    let score=55   //成绩分数
    let grade      //是否通过
    score<60?grade="不及格":grade="及格"
    console.log(grade)
</script>
```

注意：

（1）在 JavaScript 中，“+”也能实现字符串的相加。例如，'demo'+123 的结果是'demo123'。

（2）JavaScript 使用“==”判定两个变量值是否相等，使用“===”判定类型和值是否都相同。

5.1.5　JavaScript 流程控制语句

程序是可执行的语句序列，其结构除了容易理解的顺序结构，还有分支结构和循环结构。

1．分支语句

分支语句用于条件执行，包括单分支语句、双分支语句、多分支语句和开关语句。

单分支语句的语法如下：

```
if(exp){
    statement   //exp 的值为真时才执行
}
//后继语句      //无条件执行的语句
```

双分支语句用于二选一的情形，其语法如下：

```
if(exp){
    statement1    //exp 的值为真时执行
}else{
    statement2    //exp 的值为假时执行
}
//后继语句    //无条件执行的语句
```

多分支语句用于多选一的情形，其语法如下：

```
if(exp1){
statement1
}else if(exp 2){
statement 2
}else if(exp 3){
statement 3
}
//……
else if(exp n){
statement n
}else{
```

```
        statement n+1
    }
    //后继语句    //无条件执行的语句
```

注意：多分支语句实质上是基本分支语句（单分支语句和双分支语句）的嵌套。

开关语句适用于多选一的情形，其语法如下：

```
switch(表达式) {
    case   常量表达式 1:  语句组 1; break;
    case   常量表达式 2:  语句组 2; break;
    case   常量表达式 3:  语句组 3; break;
           …….
    case   常量表达式 n:  语句组 n; break;
    default:   语句组 n+1;
}
//后继语句;  //无条件执行的语句
```

注意：执行开关语句时，一旦遇到 break 语句便终止 switch 语句的执行，并转向后继语句。

2．循环语句

循环语句主要包括 for、while 和 do…while 等。

for 循环语句的语法如下：

```
for(exp1;exp2;exp3){   //当 exp1 为真时仅执行一次
     循环体语句   //当 exp2 为真时才执行，然后执行 exp3，再次执行 exp2
}
//后继语句
```

注意：当 exp2 为假时，将终止循环语句的执行。

while 循环语句的语法如下：

```
while(exp){   //当 exp 为真时才执行循环体语句
     循环体语句
}
//后继语句
```

do…while 循环语句的语法如下：

```
do{
     循环体语句
}while(exp)     //当 exp 为假时将执行后继语句
//后继语句
```

注意：do…while 循环语句的特点是先执行循环体再判断条件，循环体至少执行一次。

在循环体内，通常使用 if 语句检测某种条件是否成立。当条件成立时，使用 break 语句提前终止循环，使程序转至循环语句之后的第一条语句继续执行。

5.1.6　JavaScript 对象的 PEM 模型

为了控制客户端的行为，需要引入面向对象编程思想及其 PEM 模型。类与对象是面向对象编程的范式基础，对象是类的具体实例，类是对一类对象的抽象。通过类可以对零散的用于实现某项功能的代码进行有效管理。

在实际开发中，将需要处理的问题（对象）抽象为类，并将该类的属性（Property）和方法（Method）封装起来，配合事件（Event）驱动机制来访问该类对象的属性和方法，从而解决实际问题。

任何对象都具有一定的属性和方法，而方法通常是在特定事件发生时执行的，这就是对象的 PEM 模型的概念。

属性是与对象相关联的值，其访问语法如下：

```
objectName.propertyName;
```

方法是能够在对象上执行的动作，其调用语法如下：

```
objectName.methodName();
```

函数可以实现特定的功能，使用前必须对函数进行定义。函数的定义需放置在<script>和</script>标签之间，并使用 function 关键字。JavaScript 函数的定义语法如下：

```
function 函数名(形式参数 1, 形式参数 2, …, 形式参数 n){
    //语句系列
}
```

对于函数外部的语句，函数内部的语句是不可见的，因此需要一种沟通机制，而参数就是内外沟通的桥梁。通过参数，外部语句可以向函数传递数据。参数本质上也是一种变量，但其只能被函数内部的语句使用，并在函数调用时被赋值，通常被称为形式参数。例如，在定义 getArea()函数时，声明了形式参数 width 和 height，函数内部的语句都可以使用这两个参数，但它们的值取决于函数调用时传入的值（称为实参值）。

函数的参数用于外部向内部传递数据，而函数的返回值用于向外部返回结果。返回值通过 return 语句实现，其语法如下：

```
return 返回值
let result=函数名(函数参数列表)
```

当函数执行到 return 语句时，会终止执行。调用函数时，返回值可被赋值给变量。

JavaScript 的事件处理机制是浏览器实现用户交互的核心机制之一，它允许开发者监听并响应用户的操作（如单击、输入、滚动等）以及其他事件（如页面加载、网络请求完成等）。

事件处理机制的要点如下：

- 事件从根节点（window）向下传播至目标元素；
- 事件对象的 target 属性用于获取触发事件的元素；
- 事件对象的 type 属性用于获取事件类型；
- 事件从目标元素向上冒泡至根节点；
- preventDefault()方法用于阻止事件的默认行为（如表单提交、链接跳转等）；

- stopPropagation()方法用于阻止事件继续传播（捕获或冒泡）；
- 事件委托是一种优化事件处理的技术，利用冒泡机制将事件处理程序绑定到父元素而非每个子元素，即将事件处理逻辑集中在一处，从而减少事件处理程序的数量，例如，定义表单的事件处理程序，而非为每个表单元素定义事件处理。

注意：

（1）JavaScript 函数不必说明返回值类型（与强类型语言不同）。

（2）函数命名规则与变量命名规则相同。

（3）函数名后的括号“()”中可以包含若干参数，也可以不带任何参数。

（4）定义函数需要使用“{}”，其中包含具体实现特定功能的若干语句。

函数定义后不会自动执行，必须在适当的位置进行调用。调用函数时需要使用函数名，并在函数名后用括号包含所需传入的参数值。调用函数的语句同样需要放置在<script>和</script>标签之间。

JavaScript 支持丰富的浏览器事件，每个事件都有对应的事件属性，可应用于不同的对象，如表 5.1.5 所示。

表 5.1.5　JavaScript 支持的常用浏览器事件及对应的事件属性

序　号	事　件	含义或说明	事件属性
1	click	单击事件，常用于 Button 类型的命令按钮	onclick
2	focus	获得焦点事件，如激活文本框等对象时触发	onfocus
3	blur	失去焦点事件，如下拉列表选择、文本框输入确定后触发	onblur
4	change	更新后事件，在元素的值发生改变时触发	onchange
5	load	加载完成事件，当浏览器完成页面或资源（如图像）加载时触发	onload
6	dblclick	双击事件，常用于 Button 类型的命令按钮	ondblclick
7	mouseover	鼠标悬停事件	onmouseover
8	mouseout	鼠标移出事件	onmouseout
9	submit	表单提交事件，单击提交按钮时触发	onsubmit

【例 5.1.4】使用 JavaScript 制作水平弹出式导航菜单。

本章配套项目 Unit05 中的“水平弹出式菜单.html”页面包含 3 个主菜单，每个主菜单均定义了 onmouseover 和 onmouseout 两个事件属性及对应的事件处理函数。当鼠标指针悬停于某个主菜单上时，显示相应的子菜单；当鼠标指针移出主菜单时，隐藏子菜单。页面代码如下：

```
<meta charset="UTF-8">
<title>使用 JavaScript 制作水平弹出式菜单</title>
<div id="menu">
    <ul>
        <li onMouseOver="displaySubMenu(this)" onMouseOut="hideSubMenu(this)">
            <a href="#">文件</a>
            <ul><li><a href="#">新建</a></li>
                <li><a href="#">打开</a></li>
                <li><a href="#">保存</a></li></ul></li>
```

```
        <li onMouseOver="displaySubMenu(this)" onMouseOut="hideSubMenu(this)">
            <a href="#">编辑</a>
            <ul><li><a href="#">撤销</a></li>
                <li><a href="#">恢复</a></li></ul></li>
        <li><a href="#">退出</a></li></ul></div>
<script>
    function displaySubMenu(li){   //显示子菜单
        let subMenu=li.getElementsByTagName("ul")[0]    //获取主菜单项里的列表
        console.log(subMenu)
        subMenu.style.display="block"    //更改对象的 CSS 样式属性
    }
    function hideSubMenu(li){   //隐藏子菜单
        let subMenu=li.getElementsByTagName("ul")[0]
        subMenu.style.display="none"
    }
</script>
<style>
    *{
        margin:0;padding:0;
    }
    #menu{
        margin: 5px;
    }
    #menu ul li{
        list-style:none;   /* 取消列表符号 */
        float:left;   /*并排主菜单 */
        width:150px;
    }
    #menu ul li ul{
        display:none;    /* 不显示子菜单 */
    }
    #menu ul li a{
        display:block;
        text-decoration:none;
    }
    #menu ul li ul li a:hover{   /* 位于子菜单项时，文字为红色 */
        color: red;
    }
</style>
```

5.1.7　JavaScript 脚本调试

当页面浏览效果与预期不符时，按 F12 键可调出控制台查看输出信息，通常能快速看到问题。例如，当控制台显示错误信息“Uncaught ReferenceError: x is not defined”时，表示代码中引用了未定义的变量或函数。单击该错误信息可跳转至源代码的对应行。对于复杂业务逻辑的调试，需要借助以下调试技巧。

1．主动调试

使用浏览器顶级对象 window 提供的 alert()方法可以在页面上输出较为简单的信息，实现简单的调试。如果要观察的信息较多，则 alert()方式会阻断线程运行（需要手动单击确认），此时建议使用 console.log()方法在 Console 控制台输出信息。

注意：console.log()方法的参数可以是一个包含许多属性的对象，相比 alert()方法功能更强大。

2．动态调试

与主动调试不同，精准、动态的调试方法是使用浏览器内置的 JavaScript 调试器，其操作方法是在浏览页面时，按 F12 键进入调试状态，切换至“Sources”选项卡并打开源程序，在源程序 JavaScript 脚本的行号前单击以设置断点（此时，行号显示为蓝色背景）。在页面交互过程中，当脚本程序运行到断点时将暂停执行（显示“Paused in debugger”）。通过移动鼠标可观察变量值，也可以在下方的 Console 区域输出任意表达式的值，如图 5.1.5 所示。

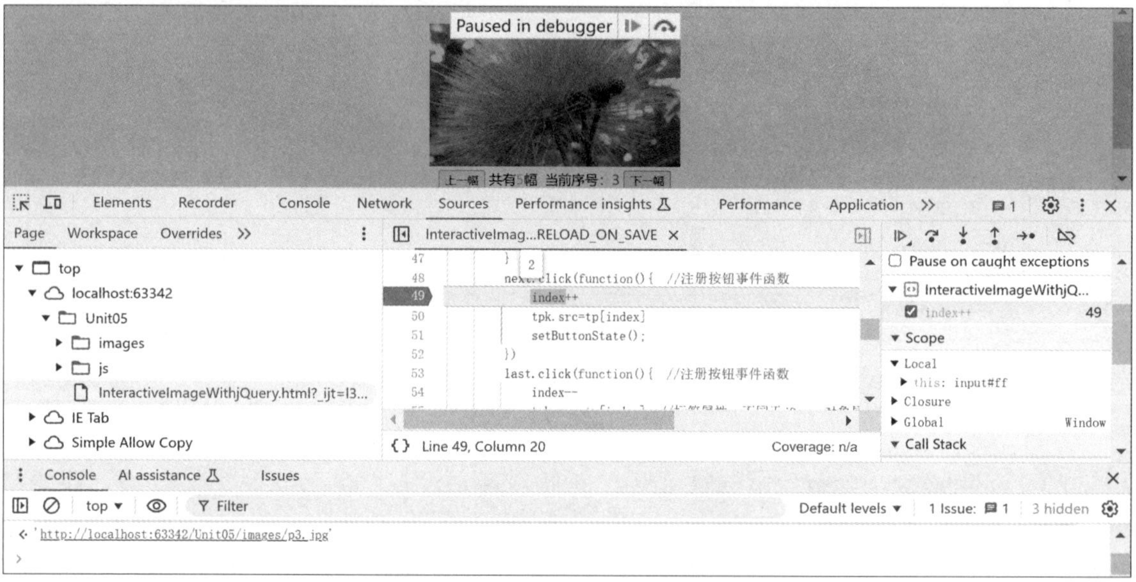

图 5.1.5 JavaScript 脚本动态调试

注意：再次单击行号，可取消断点设置。

3．在客户端脚本中使用 debugger 语句进行调试

JavaScript 提供了用于动态调试的 debugger 语句，可在代码中设置断点，以便在调试过程中暂停代码的执行。

在 JavaScript 中，debugger 语句并不执行任何操作。按 F12 键打开浏览器调试窗口后，当代码执行到 debugger 语句时即可调试操作。如果未打开调试窗口，浏览器将忽略 debugger 语句，继续运行脚本程序。

需要注意的是，为了避免在生产环境中意外触发断点调试，应在部署之前将 debugger 语句从代码中移除或注释掉。

5.2　JavaScript 内置对象

JavaScript 内置对象是 JavaScript 自带的对象，它们在语言运行时由 JavaScript 引擎提供，在脚本代码中的任何位置都可以直接使用，主要包括日期/时间对象（Date）、数组对象（Array）、字符串对象（String）、正则对象（Reg Exp）、数学对象（Math）、JSON 对象和 Promise 对象（详见 5.5 节）等。

根据使用方式，JavaScript 内置对象可分为动态对象和静态对象。动态对象可以通过构造函数或字面量创建其实例，如 Date、Array、String 和 RegExp 等。静态对象无须创建实例，可直接调用其属性或方法，如 Math 和 JSON 等。

JavaScript 内置对象如表 5.2.1 所示。

表 5.2.1　JavaScript 内置对象

名　称	作　用	是否为动态对象
Date	通过构造函数创建日期和时间的对象实例	是
Array	通过构造函数或字面量创建数组	是
String	通过构造函数或字面量创建字符串	是
RegExp	通过构造函数或字面量创建正则表达式	是
Math	提供用于数学运算的静态方法和静态属性	否
JSON	提供将 JavaScript 对象序列化为 JSON 字符串的 stringify()方法和将 JSON 字符串解析为 JavaScript 对象的 parse()方法	否
Promise	用于处理异步操作的对象	是

5.2.1　日期/时间对象

日期/时间对象 Date 用于处理日期和时间，它会自动将当前日期和时间保存为其初始值，并提供了综合输出日期与时间信息的 toLocaleString()方法和获取四位年份的 getFullYear()方法等。

使用 Date 对象前，需要先创建其实例，然后通过实例对象调用类方法。示例代码如下：

```
<script>
    var dt=new Date();  //获取当前的日期与时间信息
    console.log (dt. toLocaleString());
</script>
```

5.2.2　数组对象

数组对象 Array 是动态对象，用于存放一组相关数据。数组中的每个元素对应唯一的下标，从 0 开始计数。创建 Array 实例对象的示例代码如下：

```
let myArr=new Array (4);      //4 为数据长度
//可以对数组元素 myArr[0]、myArr[1]、myArr[2]和 myArr[3]赋值
```

数组声明后，在使用前需要对数组元素赋值。在实际开发中，可以使用如下更为简便的方式：

```
//使用数组字面量定义一个名为 tp 图像数组（推荐）
let tp=["images/p1.jpg","images/p2.jpg","images/p3.jpg","images/p4.jpg","images/p5.jpg"]
console.log (tp.length)        //输出数组长度值 5
```

Array 对象具有长度属性 length 及处理字符串的方法，其主要方法如下。

- push()：在数组末尾添加一个或多个元素，返回新的长度。
- slice(start,end)：从数组中连续提取一部分元素作为一个新的数组。
- forEach()：对数组进行遍历或执行某些操作，参数为回调函数或 Lambda 表达式。
- join()：将数组的所有元素放入一个字符串中，并通过指定的分隔符进行分隔。
- concat()：连接多个数组生成一个新数组。
- reverse()：反转数组元素的排序。
- sort()：对数组元素进行排序。

5.2.3 字符串对象

字符串对象 String 是动态对象，表示字符串，使用一对单引号或一对双引号声明。创建 String 实例对象的代码如下：

```
let myStr=new String("一串字符")
```

String 对象具有长度属性 length 及处理字符串的方法，其主要方法如下。

- toUpperCase()：将字符串中的字母全部转换为大写。
- indexOf()：检索子字符串首次出现的位置序号。
- substr()：从指定索引开始提取字符串中指定数目的字符。
- substring()：提取两个指定索引之间的字符。
- split()：将字符串分割为字符串数组。

使用 String 对象的示例代码如下：

```
<script>
    let s=new String("Hello");
    console.log (s. length);    //输出 5
</script>
```

注意：

（1）一个汉字按一个字符计。

（2）字符串对象与字符串具有相同的属性和方法。

1．子串查找方法

indexOf()方法的语法格式如下：

```
StrObj.indexOf(subString[, startIndex]);
```

该方法用于返回子字符串 subString 在字符串对象（或变量）StrObj 中首次出现的起始位置。如果不存在，则返回-1。可选参数 startIndex 表示查找的起始位置，若省略，则从字符串开头开始查找。位置序号从 0 开始计数。示例代码如下：

```
let str="abcdefghxeye";
console.log (str.indexOf("e"));   //输出：4
console.log (str.indexOf("e",6));   //输出：9
console.log (str.indexOf("c",6));   //输出：-1
```

2. 截取子串方法

截取子串有两种方法：substring()和 substr()。

substring()方法的语法格式如下：

```
substring(m[,n])
```

该方法用于返回从第 *m* 位至第 *n* 位（不包括第 *n* 位）之间的 $n-m$ 个字符。示例代码如下：

```
let s="How are you?"
console.log (s.substring(4,6))   //输出：ar
console.log (s.substring(4))   //输出：are you?
```

substr()方法的语法格式如下：

```
substr(m,n)
```

该方法用于返回从第 *m* 位开始的连续 *n* 个字符。示例代码如下：

```
let s="How are you?";
console.log(s.substr(4,3));   //输出：are
```

3. 字母大小写转换方法

字母大小写转换方法有 toLowerCase()方法和 toUpperCase()方法，前者将字符串中的所有字母转换为小写，而后者相反。示例代码如下：

```
let str="Hello";
console.log (str.toLowerCase())   //输出：hello
console.log (str.toUpperCase())   //输出：HELLO
```

注意：字符串方法常用于情报检索等系统的设计。

5.2.4　正则对象

正则对象 RegExp 用于处理正则表达式，具体包括模式匹配、文本检索与替换等。通过 RegExp 对象，可以高效地检测字符串是否符合某种格式，或者从字符串中提取特定内容。

使用 RegExp 前，需要先创建其实例，可以通过构造函数或字面量实现。然后通过实例对象调用其相关方法。示例代码如下：

```
<meta charset="UTF-8">
<title>使用正则表达式校对手机号</title>
<script>
    //定义一个校验手机号码的正则表达式
    const phoneRegex=new RegExp(/^1[3-9]\d{9}$/)   //使用构造函数
    //const phoneRegex=/^1[3-9]\d{9}$/   //使用字面量
    //测试示例
```

```
    const testNumbers=[
        "13800138000",  //有效号码
        "12345678901",  //无效号码
        "19876543210"  //有效号码
    ]
    //创建一个函数来校验手机号码
    function validatePhoneNumber(phoneNumber){
        return phoneRegex.test(phoneNumber)     //使用逻辑值 true 或 false
    }
    //检查每个号码是否有效
    testNumbers.forEach(number=>{
        console.log(`号码 ${number} 是否有效: ${validatePhoneNumber(number)}`)
    })
</script>
```

5.2.5 数学对象

数学对象 Math 用于执行数学运算。它不是构造函数，不能创建实例。其所有属性和方法都是静态的，可以通过 Math 对象直接调用。

使用 Math 对象的示例代码如下：

```
//使用静态属性
console.log(Math.PI)    //输出：3.141592653589793
//使用求平方根的静态方法
console.log(Math.SQRT2)  //输出：1.4142135623730951
```

5.2.6 JSON 对象

JSON（JavaScript Object Notation）对象是 JavaScript 的一种原生格式，是一种完全独立于编程语言的文本格式，这意味着在 JavaScript 中处理 JSON 数据不需要任何特殊的 API 或工具包。JSON 格式的数据易于读/写、解析和生成，广泛用于跨平台、快速的数据传输场景。

1. JSON 对象定义

JSON 对象通常是指将 JSON 字符串解析后得到的 JavaScript 对象，它是以花括号“{}”包裹的、无序的键值对集合，其定义具有以下特性。

- 花括号表示范围：JSON 对象以左花括号“{”开始，以右花括号“}”结束；
- 键名必须用双引号包裹：所有键名必须是字符串，并用双引号包裹（这与 JavaScript 对象的键名可以省略双引号不同）；
- 键值对的分隔符：键名和键值之间用冒号“:”分隔；
- 键值对之间用逗号“,”分隔；
- 键值支持的类型：键值可以是字符串、数字、布尔值（true 或 false）、null、数组（用[]表示），也可以是嵌套的 JSON 对象。

JSON 对象的定义如图 5.2.1 所示。

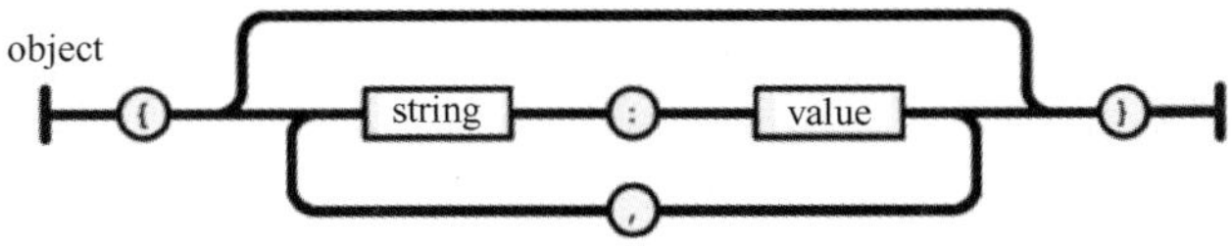

图 5.2.1　JSON 对象的定义

在 JavaScript 脚本中定义一个 JSON 对象的示例代码如下：

```
const jsonObject={
  "name": "Alice",
  "age": 25,
  "isStudent": false,
  "skills": ["JavaScript", "Python", "CSS"]
}
```

注意：

（1）JSON 对象的键名必须使用一对双引号包裹，不能使用单引号或省略引号。

（2）在使用 Postwoman 等工具测试接口时，如果响应 POST 请求的后端接口要求 Content-Type 为 application/json，则提交的数据必须是符合 JSON 格式的有效字符串；否则，后端会因无法正确解析而报错。

（3）在前后端分离的开发模式中，后端通常使用 JSON 格式作为数据交换的标准。后端响应数据一般为 JSON 格式，便于前端 Vue 项目解析响应的结果数据。

2．JSON 对象数组

JSON 对象数组是由多个 JSON 对象构成的数组，用[{ } , { } ,⋯, { }]表示。其中，每对花括号“{}”表示一个 JSON 对象，并作为数组的一个元素。

【例 5.2.1】JSON 格式与 JavaScript 对象、JSON 数组。

本章配套项目 Unit05 里的“JSON 格式与 JavaScript 对象、JSON 数组.html”展示了使用 JSON 格式与 JavaScript 对象、JSON 数组的典型应用，其页面代码如下：

```
<meta charset="UTF-8">
<title>JSON 格式与 JavaScript 对象、JSON 数组</title>
<script>
    //定义一个 JSON 格式的字符串
    const jsonString='{"name": "Alice","age": 25,"isStudent": false,
                                        "skills": ["JavaScript", "Python", "CSS"]}'
    //使用内置对象 JSON 的 parse()方法，将 JSON 格式的字符串解析为 JavaScript 对象
    let jsonObject=JSON.parse(jsonString)     //解析方法：parse()
    console.log(jsonObject instanceof Object)    //输出：true
    //定义一个结构与 JSON 格式相同的 JavaScript 对象（简称 JSON 对象）
    let jsonObject2={    //JavaScript 对象可以用来表示 JSON 格式的数据
        "name": "Alice",    //键名必须加双引号（普通的 JavaScript 对象无此要求）
        "age": 25,
        "isStudent": false,
        "skills": ["JavaScript","Python","CSS"]
```

```
    }
    console.log(jsonObject instanceof Object)    //输出：true
    //将 JavaScript 对象序列化为 JSON 字符串
    let jsonString2=JSON.stringify(jsonObject2)    //序列化方法：stringify()
    console.log(jsonString2)
    //输出：{"name": "Alice","age": 25,"isStudent": false,"skills": ["JavaScript", "Python", "CSS"]}
    let jsonObject3={   //普通的 JavaScript 对象
        name: "Alice",    //键名未加双引号
        age: 25,
        isStudent: false,
        skills: ["JavaScript","Python","CSS"]
    }
    let jsonString3=JSON.stringify(jsonObject3)
    console.log(jsonString3)
    //输出：{"name": "Alice","age": 25,"isStudent": false,"skills": ["JavaScript", "Python", "CSS"]}
    const employees=[    //JSON 对象数组
        {"firstName": "Bill","lastName": "Gates"},
        {"firstName": "George","lastName": "Bush"},
        {"firstName": "Thomas","lastName": "Carter"}
    ]
    console.log(employees[1].lastName)   //输出：Bush
</script>
```

5.3 浏览器对象

5.3.1 BOM 与 DOM

1．浏览器对象模型

浏览器对象模型（Browser Object Model，BOM）是指独立于内容、具有层次结构、可以与浏览器窗口进行互动的对象结构。它由多个对象组成，其中，window 对象是整个 BOM 的顶层核心对象，主要包含如下二级对象。

- document：表示浏览器窗口中的文档，提供了向窗口输出信息的 write()方法。
- location：表示窗口中文档的 URL 位置，其属性 href 用于实现客户端页面跳转。
- navigator：表示浏览器。
- history：表示最近加载的 URL 历史访问记录。

注意：

（1）浏览器对象在 JavaScript 脚本中可以直接使用，不需要实例化。

（2）在 JavaScript 脚本中使用浏览器对象时，应采用小写，这与 HTML 标签及属性不同。

（3）document、location 等二级对象是相对于顶级对象 window 而言的。

在二级对象 document 表示的文档中，可以包含超链接、图像和表单等。表单又可包含文本框、下拉列表框、提交按钮等。

总之，BOM 具有多级层次结构，其主要对象的位置及其关系如图 5.3.1 所示。

注意：对于嵌入网页中的 JavaScript，其宿主环境是浏览器。浏览器为 JavaScript 提供了运行所需的资源和对象。

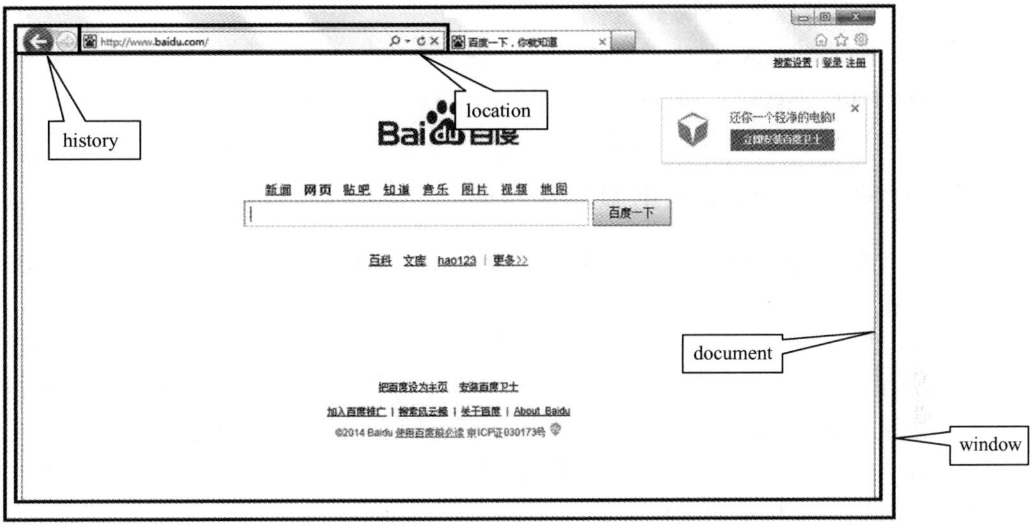

图 5.3.1　BOM 中的主要对象

2．文档对象模型

文档对象模型（Document Object Model，DOM）是由 W3C 组织定义的一种 Web 标准，用于表示和操作 HTML、XML 文档的结构。它将文档解析为一个树形结构，并将文档中的标签、属性、文本等视为节点（Node）。每个节点都是一个对象，代表文档的一部分（如元素、属性和文本等），开发者可以通过 JavaScript 操作这些节点，从而动态地修改文档的内容、结构和样式。

Node 是表示文档树中任意节点的通用概念，而 Element 是专门表示元素节点的一种 Node 类型，如 HTML 文档中的<div>和<p>等。

注意：

（1）所有的 Element 都是 Node，但并非所有的 Node 都是 Element（如文本节点）。

（2）XML 是一种用于存储和传输数据的标记语言，其主要功能是描述数据的结构和内容。XML 文档本身没有样式，但可以通过将其与 CSS 文件关联来定义 XML 数据的显示方式。当浏览器打开 XML 文件时，会应用其关联的 CSS 样式文件来显示 XML 数据。

DOM 包括以下核心操作。

➢ 查看节点：通过选择器或遍历方法获取节点。
➢ 创建和添加节点：创建新节点并将其插入 DOM 树中。
➢ 删除和替换节点：删除或替换 DOM 树中的节点。
➢ 修改节点：修改节点的属性、内容或样式。

DOM 树的每个节点都是一个对象，代表文档的一部分，具体划分如下。

➢ 文档节点（Document）：整个文档的根节点。
➢ 元素节点（Element）：文档标签。

- 属性节点（Attribute）：标签的属性。
- 文本节点（Text）：标签内的文本内容。
- 注释节点（Comment）：注释。

节点之间的关系有以下三种。

- 父节点（Parent Node）：当前节点的上一层节点。
- 子节点（Child Node）：当前节点的下一层节点。
- 兄弟节点（Sibling Node）：与当前节点处于同一级的节点。

5.3.2 顶级对象 window 的常用属性和方法

window 对象处于 BOM 的第一层，每个打开的浏览器窗口都会被自动定义为 window 对象，其常用方法如下。

- alert()：显示一个带有提示信息和“确定”按钮的警示框，单击“确定”后关闭；
- confirm()：显示一个带有提示信息、“确定”按钮和“取消”按钮的确认框，单击“确定”按钮后返回 true，单击“取消”按钮后返回 false，单击按钮后确认框关闭；
- prompt()：显示一个提示用户输入的对话框；
- setTimeout()：在设定的毫秒数后调用方法或表达式；
- setInterval()：按照设定的周期（以毫秒为单位）重复调用方法或表达式；
- clearInterval()：取消由 setInterval()方法设定的定时器；
- close()：关闭浏览器窗口；
- open()：打开一个新的浏览器窗口，并加载指定 URL 的文档；
- requestAnimationFrame(callback)：请求浏览器在下一次重绘之前调用指定的回调函数，以实现高性能的动画效果。

注意：

（1）使用 window 对象的方法时，前面的“window.”可以省略。

（2）alert()方法常用于 JavaScript 程序调试。

alert()方法用于向用户弹出一个警告框，常用于提示下一步该如何操作。示例代码如下：

```
let age=23
let name='张丽丽'
window.alert('我是：'+name+'\n'+'年龄是：'+age)
```

prompt()方法用于创建提示对话框，用户可以在对话框中输入信息。提示对话框中包含一个简单的文本框，输入的文本会作为值返回。prompt()方法有两个参数：一个是提示信息；另一个是文本框中显示的初始默认值，如果未提供，则默认显示 undefined。示例代码如下：

```
let name=window.prompt('请输入昵称：')
window.alert('welcome:'+name)
```

confirm()方法用于创建确认对话框，以确认用户针对某个问题的答案，必须经过用户同意才能操作。示例代码如下：

```
let flag=window.confirm("确认删除吗？")
if(flag){
```

```
        window.alert("执行删除操作")
    }else{
        window.alert("取消删除操作")
    }
```

window 对象提供两种定时器方法：setTimeout()和 setInterval()。通过这两个方法可以设定时间，让程序在指定的时间执行指定的任务。语法格式如下：

```
setTimeout(code, delay)
setInterval(code, interval)
```

其中，code 是需要执行的代码（可以是字符串形式的代码或函数）；delay 表示延迟时间，以毫秒为单位；interval 表示时间间隔，以毫秒为单位。setTimeout()方法在指定的延迟时间后执行一次指定的代码，而 setInterval()方法根据设定的时间间隔，反复执行指定的代码，直至程序结束或通过 clearInterval()方法取消。

【例 5.3.1】 实时显示客户端计算机的系统时间。

页面代码如下：

```
<meta charset="UTF-8"/>
<title>实时显示日期与时间</title>
当前日期与时间：<span id="dtps">date and time</span>
<script>
    //方法一
    let displayDT=function(){  //定义匿名函数并赋值给变量 displayDT
        const dtps=document.getElementById("dtps")
        let dt=new Date()
        //debugger  //用于动态调试客户端脚本
        dtps.innerHTML=dt.toLocaleString()  //更新对象的属性
        window.setTimeout(displayDT,1000)   //一种定时器方法；递归调用
    }
    window.onload=displayDT    //定义页面加载事件
    //方法二
    /*let displayDT=function(){
        const dtps=document.getElementById("dtps")
        let dt=new Date()
        dtps.innerHTML=dt.toLocaleString()
    }
    window.setInterval(displayDT,1000)    //使用另一种定时器方法*/
</script>
<style>
    span{
        color: red;
    }
</style>
```

【例 5.3.2】 一组首尾相连的图像滚动效果。

本章配套项目 Unit05 中的"循环滚动一组图像.html"页面实现了一组图像首尾相连地循

环滚动，效果如图 5.3.2 所示。

图 5.3.2　一组图像首尾相连地循环滚动

本例设计要点如下：

（1）id 为 main 的 div（父 div）包含 id 为 sm 的子 div。作为滚动对象的子 div，其包含 5 幅图像，其宽度为 5 幅图像的宽度之和。

（2）父 div 使用相对布局，而子 div 使用绝对布局。

（3）在脚本中，将子 div 的内容复制一份并拼接其后，同时设置超出父 div 显示宽度的内容隐藏。

（4）使用 window 对象的定时器方法创建定时器。在定时器方法中，不断减小子 div 的 CSS 样式属性 left 的值，使其向左移动。当第 5 幅图像完全消失时，恢复初始位置，实现循环反复。

（5）当鼠标指针悬停于图像滚动区域时，清除定时器，以停止图像滚动；当鼠标指针移出滚动区域时，调用自定义方法继续滚动。

页面代码如下：

```
<meta charset="UTF-8">
<title>一组图像的循环滚动</title>
<div id="main">
    <div id="sm">
        <img src="images/1.jpg"/>
        <img src="images/2.jpg"/>
        <img src="images/3.jpg"/>
        <img src="images/4.jpg"/>
        <img src="images/5.jpg"/>
    </div>
</div>
<style>
    * {
        margin: 0;padding: 0;
        box-sizing: border-box
    }
    #main{
        position: relative;    /* main 作为子容器 sm 的父容器，使用相对定位 */
        width: 500px;height: 106px;
        margin: 0 auto;
        overflow: hidden;
        border: #008000 1px dashed
```

```
        }
        #main #sm {
            width: 100%; height: 100%;   /* 充满父容器 */
            position: absolute;    /* 子容器绝对定位 */
            left: 0;top: 0;
        }
        #main #sm img{
/* 消除作为行内块的 img 默认的间距。若屏蔽此样式，则多滚动几屏后会出现空白 */
            float: left;
        }
</style>
<script>
        const osm=document.getElementById('sm')  //由 5 幅图像组成的滚动对象
        osm.innerHTML+=osm.innerHTML   //复制一份并拼接在其后
        osm.style.width='1000px'    //设置滚动对象宽度与实际内容宽度一致
        let timer = null   //定时器全局变量
        window.onload = picScrolling()   //响应页面加载事件 onload

        function picScrolling() { //普通的自定义方法
            let delta = 0    //方法级变量，对应于第 1 幅图像。
            timer=window.setInterval(function() {    //匿名方法
                delta-=2   //左移若干像素，调节速度
                if(delta<-500) {   //当第 5 幅图像不可见时
                    delta = 0   //恢复初始位置
                }
                osm.style.left=delta+'px'   //改变位置
            }, 70)   //定时器方法的第 2 参数以毫秒为单位
        }
        document.getElementById("sm").onmouseover = function() {
            window.clearInterval(timer)   //鼠标指针悬停时，清除定时器，实现停止滚动
        }
        document.getElementById("sm").onmouseout = function() {
            picScrolling()   //鼠标指针移出时滚动；调用自定义方法
        }
</script>
```

注意：使用 HTML 标签<marquee>也能实现一组图像自右向左的循环滚动效果，但会产生空白间隙。本例通过 JavaScript 编程实现了图像的无缝、连续、循环滚动。

5.3.3　文档对象 document 与表单的 elements 集合

1．文档对象 document

整个 HTML 文档在 DOM 中是一个 document 对象，要在 JavaScript 中访问 DOM 元素，需要标识 HTML 元素的标识属性。HTML 元素的主要标识属性有 id、class、标签名和 name（常用于表单元素）。

document 对象的常用方法如下。

- getElementById("idName")：返回应用 id 样式属性的唯一 Element 对象。如果找不到对应的元素，则返回 null。
- getElementsByClassName("className")：返回具有相同类名的 HTMLCollection 元素集合对象。当文档中的元素发生变化时，集合会自动更新。
- querySelector(selector)：返回文档中第一个匹配指定 CSS 选择器的 Element 元素对象。如果找不到对应的元素，则返回 null。
- querySelectorAll(selector)：返回文档中所有匹配指定 CSS 选择器的静态 NodeList 元素集合对象。
- getElementsByTagName("tagName")：返回文档中具有指定标签名的动态 HTMLCollection 元素集合对象。
- document.getElementsByName("name")：返回文档中具有相同 name 属性的静态 NodeList 元素集合对象。
- write(exp)：向页面输出表达式 exp 的内容。
- writeln(exp)：向页面输出表达式 exp 的内容，并在末尾添加一个换行符。
- createElement(tagName)：创建一个新的 HTML 元素。
- appendChild(element)：将指定元素添加到父元素的子节点列表末尾。
- removeChild(element)：从父元素中移除指定的子元素。
- replaceChild(newElement, oldElement)：用新元素替换父元素中的旧元素。

注意：*document.write()方法或 document.writeln()方法在页面加载完成后使用，会覆盖整个页面内容。*

使用 document 对象的方法时，通常会涉及 Node 节点和 Element 元素对象的属性和方法。

- id：获取或设置元素的 id 属性。
- className：获取或设置元素的 class 属性。
- classList：返回元素的类名列表的 DOMTokenList 动态对象。
- innerHTML：获取或设置元素的 HTML 内容。如果设置的内容包含 HTML 标签，浏览器会解析并渲染这些标签。使用 innerHTML 时需要注意防范 XSS（跨站脚本攻击）。
- innerText：获取或设置用户可见的文本内容（忽略 HTML 标签）。
- textContent：获取或设置元素的所有文本内容（包括隐藏的文本，忽略 HTML 标签）。
- style：访问或修改元素的某种样式。
- attributes：返回元素的所有属性，使用动态的 NamedNodeMap 集合对象表示。
- getAttribute(attributeName)：获取元素指定的标准属性值（字符串）。如果属性不存在，则返回 null。
- parentElement：返回元素的父元素（当前元素的直接父元素节点）。
- nextSibling：获取当前节点的下一个兄弟节点。
- children：返回元素的子元素的 HTMLCollection 动态集合对象，不包括文本节点和注释节点。
- childNodes：返回包含该元素的所有子节点的 NodeList 集合，包括文本节点和注释节点。
- nodeType：返回元素节点的类型（Node.TEXT_NODE 是表示文本节点的常量）。

➢ nodeValue：用于获取或设置节点的值，具体行为取决于节点类型，常用于文本节点、注释节点和属性节点。

➢ appendChild()：向元素添加子节点。

JavaScript 提供了多种类型的集合对象。其中，动态的 HTMLCollection 对象、静态的 NodeList 对象和动态的 NamedNodeMap 对象都属于类数组对象（Array-like Object）。

类数组对象是 JavaScript 提供的一种灵活的数据结构，既能满足类似数组的访问方式（支持索引访问并具有 length 属性），又不需要完全实现数组的所有功能（如 push 和 forEach 等方法）。使用 Array.from()方法可将类数组对象转换为数组对象。

【例 5.3.3】类数组对象的定义与使用。

本章配套项目 Unit05 中的“Array-Like-Object.html”页面演示了类数组对象、浏览器对象和页面元素对象的使用，页面代码如下：

```
<meta charset="UTF-8">
<title>类数组对象 Array-Like-Object</title>
<div class="item">Item 1</div>
<div class="item">Item 2</div>
<div class="item">Item 3</div>
<div id="myDiv" class="container" data-info="example"></div> <!--data-info 是 HTML5 引入的属性-->
<script>
  let arrayLike = {       //使用 {…} 而不是[…]定义类数组对象
    0: "a",
    1: "b",
    2: "c",
    length: 3
  }
  console.log(arrayLike instanceof Array)   //输出：false
  console.log(typeof arrayLike)   //输出：object
  console.log(arrayLike[0])        //通过索引访问，输出: a
  //arrayLike.forEach(item=>console.log(item))   //报错：arrayLike.forEach is not a function
  let realArray = Array.from(arrayLike)   //将类数组对象转换为数组
  realArray.forEach(function(item) {     //使用数组的 forEach()方法
    console.log(item)          //分 3 行输出: a, b, c
  })
  //获取 HTMLCollection 集合对象
  let items = document.getElementsByClassName('item')
  console.log(items instanceof HTMLCollection)     //输出：true
  console.log(items)    //输出: HTMLCollection(3) [div.item, div.item, div.item]
  console.log(items.length);              //输出: 3
  console.log(items[0].textContent)   //输出：Item 1
  //获取 NodeList 集合对象
  items = document.querySelectorAll('.item')        //变量 items 在前面已经使用 let
  console.log(items)    //输出: NodeList(3) [div.item, div.item, div.item]
  console.log(items.length)             //输出: 3
  console.log(items[1].textContent)      //输出: Item 2
  //获取 NamedNodeMap 集合对象
```

```
    let div = document.getElementById('myDiv')
    let attributes = div.attributes    //元素的属性集合，返回一个 NamedNodeMap 对象
    console.log(attributes)    //以类数组对象的形式输出属性键值对
    console.log(attributes.length)    //输出: 3
    console.log(attributes[0].name)    //输出：id
    console.log(attributes[0].value)    //输出：myDiv
    console.log(attributes['class'].value)    //输出：container
</script>
```

【例 5.3.4】浏览器对象、表单与事件处理的使用。

本章配套项目 Unit05 中的“documentFormEvent.html”页面演示了浏览器 document 对象及其相关对象、表单和事件处理，页面代码如下：

```
<meta charset="UTF-8">
<title>浏览器对象、表单与事件处理的使用</title>
<h2>初始文本（单击此文本后有变化）</h2>
<form action="#" onSubmit="return check()" method="get">
    <p>用户名：<input type="text" name="username" id="username"/></p>
    <p><input type="submit" value="提交（分别做空提交和非空提交测试；
                                        非空提交时观察浏览器地址栏）" /></p>
</form>
<script>
    let element=document.getElementsByTagName("h2")[0]
    element.onclick=function(){    //onclick 是事件属性
        element.innerHTML="替换后的文本"
        this.style.fontSize="30px"
        this.style.color="red"
    }
    //等效代码
    /*element.addEventListener("click",function(){    //click 是单击事件
        element.innerHTML="替换后的文本"
        this.style.fontSize="30px"
        this.style.color="red"
    })*/
    function check(){    //用于前端验证
        //value 是表单元素的专有属性，用于获取或设置用户输入的值
        //不能使用 innerHTML 或 textContent 代替
        let userName=document.getElementById("username").value
        console.log(userName)
        if(userName==""){
            window.alert("请输入用户名")
            return false    //阻止表单提交
        }
        return true    //提交表单数据给后端程序
    }
    //使用下面的等效代码时，可以去掉 onSubmit="return check()"
```

```
    /*document.querySelector("form").addEventListener("submit",function(e){   //监听表单提交事件
        let userName = document.getElementById("username").value
        if(userName==""){
            window.alert("请输入用户名")
            e.preventDefault()   //阻止表单提交
        }
    })*/
</script>
```

注意：

（1）HTML 属性名不区分大小写。因此，在表单元素中可以使用 onSubmit 这样的写法，以增强可读性。

（2）JavaScript 脚本区分大小写。因此，脚本中的事件名称必须采用全部小写。

（3）单击表单元素的提交按钮默认会触发 form 标签的 submit 事件，浏览器对该事件的默认处理方式是将数据提交到 action 属性指定的后端页面进行处理。定义 submit 事件及脚本函数能实现表单提交前的数据验证（称为前端验证）。

2. 表单的 elements 集合

elements 集合是表单<form>元素的一个属性，它包含了表单中所有表单控件（如<input>、<textarea>、<select>等）的有序集合。通过 elements 集合，可以按照表单控件在表单中出现的顺序访问它们。elements 集合的语法格式如下：

```
formObject.elements[i].property      //下标 i 从 0 开始；property 取值：value、name 和 type 等
```

注意：本章配套项目 Unit05 中的“在线测试.html”网页使用 elements 集合实现了在线测试及评分。

5.3.4　位置对象 location

location 对象用于管理当前浏览器窗口的 URL 信息，相当于浏览器的地址栏功能。location 对象即 window 的 location 属性。location 对象的常用属性和方法如下。

- href 属性：用于获取或重新设置网页地址（实现网页跳转）。
- reload()方法：用于重新加载当前页面，相当于浏览器的刷新按钮。

使用 location 对象属性的示例代码如下：

```
<select id="sel" onchange="changeURL()">
    <option value="http://www.baidu.com">百度</option>
    <option value="http://www.163.com">网易</option>
    <option value="http://www.taobao.com">淘宝</option>
    <option value="http://www.sina.com">新浪</option>
 </select>
<script>
function changeURL(){
        //获取选择的列表项的值
        var url=document.getElementById("sel").value;
        //设置当前浏览器窗口的地址栏 URL
```

```
            window.location.href=url;
        }
    <script>
```

5.3.5 历史对象 history

history 对象是 window 对象的一个属性，表示当前浏览器窗口打开文档的历史记录列表。通过 history 对象可以从当前浏览器页面跳转到某个曾经打开过的页面。history 对象除了具有 length 属性（表示浏览器历史记录列表中的 URL 数量），还具有以下三个方法。

- back()：返回至上一个页面，相当于在浏览器中按“后退”按钮。
- forward()：前进一个页面，相对于在浏览器中按“前进”按钮。
- go()：跳转至指定位置的页面，参数为整数。

注意：代码 history.back 与 history.go(-1)等效。

5.3.6 导航对象 navigator

navigator 对象是 window 对象的一个属性，具有以下属性。

- appName：表示浏览器的名称。
- appVersion：表示浏览器的版本。

【例 5.3.5】使用第三方 JavaScript 特效脚本制作图像新闻（在同一位置循环显示）。

本章配套项目 Unit05 中的“carouselWithBabyzone.html”页面演示了使用第三方脚本库制作的轮播图效果，如图 5.3.3 所示。

图 5.3.3 使用 babyzone 制作轮播图效果

页面代码如下：

```
<meta charset="UTF-8">
<title>使用第三方 JavaScript 脚本库 babyzone.js 轮播一组图像</title>
<div id="banner">
    <div id="wrapId">   <!--第 2 参数为 div 的 id，其内包含若干个图像链接-->
        <a href="#"><img src="images/p1.jpg"/></a>
        <a href="#"><img src="images/p2.jpg"/></a>
        <a href="#"><img src="images/p3.jpg"/></a>
        <a href="#"><img src="images/p4.jpg"/></a>
```

```
        <a href="#"><img src="images/p5.jpg"/></a>
    </div>
    <ul id="ulId"></ul>   <!--第 3 参数：显示图像序号的项目列表的 id 名-->
    <a href="#" id="infoId"></a>    <!--第 4 参数：信息栏 id 名-->
</div>
<script src="js/babyzone.js"></script>
<script>
    window.onload=function(){
        //使用第三方 JavaScript 脚本库提供的对象及方法；第 1 参数为图像数量
        babyzone.scroll(5,"wrapId","ulId","infoId")  //本方法共有 4 个参数
    }
</script>
<style>
    img{
        width: 478px;height: 286px;
    }
    #banner{
        position:relative;  /* 本例也可以换成 absolute */
        width:478px; height:286px;
        border:1px solid #666;
    }
    #wrapId a{
        position:absolute;   /* 关键样式：实现所有图像的堆叠效果 */
    }
    #ulId{
        position:absolute;
        list-style-type:none;
        border:1px solid #fff;
        margin:0; padding:0; bottom:3px; right:5px;   /* 定位序号列表 */
    }
    #banner ul li{
        padding:0px 8px;
        float:left;     /* 水平并排序号列表 */
        color:#FFF;border:#fff 1px solid;     /* 给序号加边框 */
        background-color:#6f4f67;
        cursor:pointer     /* 设置鼠标指针悬停于序号上时为手型指针 */
    }
    #banner ul li.on{     /* 脚本库 babyzone 要求的交集选择器 */
        background-color:#900;     /* 改变当前图像序号的背景 */
    }
</style>
```

5.4　综合项目：会员管理项目 memmana2a

与 4.5 节中的项目 memmana1 相比，项目 memmana2a 使用 JavaScript 脚本实现了页面头部的时间和登录状态的实时显示，模拟了用户登录与注册功能。

5.4.1 页面头部的实时时间显示

页面 header.html 是一个被多页面（如会员登录页面）以页内框架形式调用的公共头部页面，它通过引入 JavaScript 脚本并调用 window 对象的定时器方法来显示当前时间，效果如图 5.4.1 所示。

图 5.4.1 项目主页头部浏览效果

相比项目 memmana1，项目 memmana2a 的页面 header.html 增加了实时显示当前时间的 JavaScript 脚本，其代码如下：

```
<script>
    let dtps = document.getElementById("row11")   //获取 DOM 对象
    window.setInterval("dtps.innerHTML=new Date().toLocaleString()","1000")     //实时时间显示
</script>
```

说明： 本页面中的 JavaScript 脚本通过获取 DOM 对象并修改其属性来实现页面功能，这属于原生 JavaScript 开发，与 5.6.2 节中使用 jQuery 开发的项目 memmana2b 不同。

5.4.2 登录页面设计

在登录页面 mLogin.html 中，当输入正确的会员名称（wzx）及密码（123）后，系统会先弹出一个登录成功的提示框，并在页面右上角显示欢迎信息，如图 5.4.2 所示。

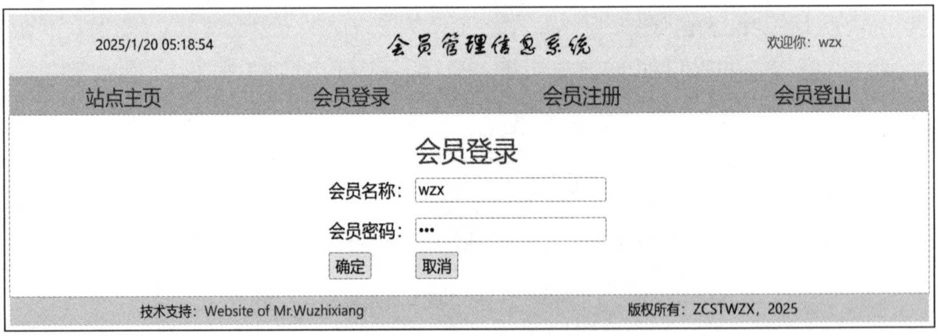

图 5.4.2 登录成功效果

与项目 memmana1 相比，项目 memmana2a 的登录页面 mLogin.html 在#main 元素中对用户名和密码标签分别增加了 value 和 id 属性，并对按钮标签增加了 onclick 事件，以供 JavaScript 脚本使用。#main 元素的代码如下：

```
<div id="main">   <!-- 主页主体内容 -->
    <form action="#" method="post">
        <table>
            <caption>会员登录</caption>
```

```
            <tr><td>会员名称：</td>
                <td><input type="text" value="wzx" id="username"></td></tr>
            <tr><td>会员密码：</td><td>
                <input type="password" value="123" id="password"></td></tr>
            <tr>
                <td><input type="button" value="确定" onclick="login()"/></td>
                <td><input type="button" value="取消" onclick="cancelLogin()"/></td></tr>
        </table>
    </form>
</div>
```

处理用户登录的 JavaScript 脚本代码如下：

```
<script>
    const users=[    //二维数组，初始化 2 个用户
        ["wzx", "123"],
        ["wyh", "456"]
    ]
    users.push(["wj", "789"])    //追加一个用户信息
    function login(){   //响应 onclick 事件
        const un=document.getElementById("username").value      //获取用户名输入值
        const pwd=document.getElementById("password").value     //获取密码输入值
        for(i=0; i < users.length; i++){
            if(users[i][0] == un) break
        }
        if(i<users.length){    //用户名存在时
            if(users[i][1] == pwd){   //密码也正确时
                alert("登录成功")
                //获取通过 iframe 标签嵌入的子页面里包含的元素
                let headFrame=document.getElementById("headFrame").contentWindow
                //再次获取窗口中的 DOM 元素
                let loginState=headFrame.document.getElementById("row13")
                loginState.innerHTML="欢迎你："+un        //状态栏局部刷新
            } else{
                alert("密码错误...")
            }
        } else{
            alert("用户名不存在...")
        }
    }
    function cancelLogin(){    //响应 onclick 事件
        location.href="index.html"    //返回主页
    }
</script>
```

本页面所使用的 JavaScript 脚本的设计要点如下：

（1）使用二维数组保存可登录成功的用户信息。在实际开发中，用户信息保存在数据库中，属于动态网页开发。

（2）若提交的表单元素值具有唯一性，相应的标签一般使用 id 属性；否则，使用 name 属性。

（3）访问 iframe 嵌入的子页面中的元素时，要先通过 iframe 元素的 contentWindow 属性获取 iframe 元素对象；而在动态网页开发中，可以使用文件包含指令。

（4）在动态网页开发中，表单提交通常使用 submit 类型的按钮，而非 button 类型的按钮。本页面脚本仅用于模拟用户登录。

5.4.3 注册页面设计

相比项目 memmana1，项目 memmana2a 的注册页面 mRegister.html 在#main 元素中为 form 元素增加了 id 属性，以便访问表单中的子元素（如单选按钮、复选框等）。#main 元素的代码如下：

```
<div id="main">
    <form id="bd">
        <table>
            <caption>会员注册</caption>
            <tr>
                <td>会员名称：</td>
                <td><input type="text" size="30" id="username"></td>
            </tr>
            <tr>
                <td>会员密码：</td>
                <td><input type="password" size="30" id="password"></td>
            </tr>
            <tr>
                <td>性别：</td>
                <td><input type="radio" value="1" name="sex" checked>男  
                    <input type="radio" value="0" name="sex">女</td>
            </tr>
            <tr>
                <td>兴趣爱好：</td>
                <td>
                    <input type="checkbox" value="art" name="ah">文艺 
                    <input type="checkbox" value="sport" name="ah">体育 
                    <input type="checkbox" value="game" name="ah">游戏</td>
            </tr>
            <tr>
                <td>所在城市：</td>
                <td>
                    <select id="city">
                        <option value="Beijin" selected>北京</option>
                        <option value="Shanghai">上海</option>
                        <option value="Wuhan">武汉</option>
                    </select>
                </td>
```

```
            </tr>
            <tr>
                <td>上传照片：</td>
                <td><input type="file"></td>
            </tr>
            <tr>
                <td>个人简历：</td>
                <td><textarea id="jl">这是一个使用 textarea 标签制作的多行文本框，用于写
                                                        个人简历等。</textarea></td>
            </tr>
            <tr>
                <td>
                    <input type="button" value="确定" id="ensure"/>
                    <input type="button" value="取消" id="cancel" style="margin-left: 5px" />
                </td>
            </tr>
        </table>
    </form>
</div>
```

处理用户注册的 JavaScript 脚本代码如下：

```
<script>
    document.getElementById("ensure").onclick=function(){    //匿名函数
        let result="亲爱的"
        let bd=document.getElementById("bd")  //表单
        let sexRadio            //性别单选按钮数组
        let ahCheckbox        //爱好复选数组
        let i                    //循环变量
        result+=bd.username.value
        sexRadio=document.getElementsByName("sex")  //性别单选按钮数组
        let jg
        for(i=0;i<sexRadio.length;i++){
            if(sexRadio[i].checked){   //checked 是单选按钮元素的属性，表示是否选中
                jg=i
                break
            }
        }
        if(sexRadio[jg].value==1){     //"1"也 ok
            result+="先生："
        }else{
            result+="女士："
        }
        result+="密码是"+bd.password.value+"；"
        ahCheckbox=document.getElementsByName("ah")
        let ah="";
        for(i=0;i<ahCheckbox.length;i++){
            if(ahCheckbox[i].checked){
```

```
                    if(i<ahCheckbox.length-1){
                        ah+=ahCheckbox[i].value+"，";
                    }else{
                        ah+=ahCheckbox[i].value+" ";
                    }
                }
            }
            if(ah.length>0){
                result+="爱好是"+ah+"；"
            }else{
                result+="没有选择爱好；"
            }
            result+="所在城市是"+city.value
            alert(result)  //输出注册信息
        }
        document.getElementById("cancel").onclick=function(){  //匿名函数
            location.href="index.html";
        }
    </script>
```

注意：本页面演示了使用原生 JavaScript 获取不同表单元素提交值的方法。

5.5 JavaScript 高级特性

5.5.1 原型与原型链

在 JavaScript 中，原型（prototype）和原型链（prototype chain）是实现继承和面向对象编程的重要概念，也是用于实现对象属性和方法共享的一种机制。

当创建一个新对象时，它会自动获得一个隐藏属性，该属性引用了该对象的原型。即每个 JavaScript 对象（除 null 外）都有一个与之关联的原型对象。在大多数浏览器中，这个属性可以通过_proto_访问，但更推荐使用 Object.getPrototypeOf 来访问。

原型链是指对象通过其原型继承属性和方法的链条。当访问一个对象的属性或方法时，JavaScript 引擎会首先检查对象本身是否包含该属性或方法。如果没有，它会沿着原型链向上查找，直到找到为止。如果最终没有找到，则返回 undefined。也就是说，对象可以通过原型链访问其原型上的属性和方法。使用原型链的示例代码如下：

```
    <title>原型链的工作机制</title>
    <meta charset="UTF-8"/>
    <script>
        function Person(name){  //定义一个构造函数 Person，用于创建 Person 实例
            this.name=name    //给实例添加一个属性 name
        }
        Person.prototype.sayHello=function(){  //为 Person 的原型添加一个 sayHello 方法
            console.log('Hello, ' + this.name)
        }
```

```
    let person=new Person('Alice');  //创建一个 Person 实例
    person.sayHello()  //调用 person 实例的 sayHello 方法
    /**
     * 查找 sayHello 方法的过程：person->Person.prototype->Object.prototype->null
     * 1、先在 person 实例上查找是否有 sayHello 方法，若没有则继续查找
     * 2、然后查找 Person.prototype 对象，找到该方法
     * 3、如果 Person.prototype 中也没有该方法，则继续向上查找 Object.prototype
     * 4、如果 Object.prototype 仍没有该方法，最终查找 null，表示找不到
     */
</script>
```

5.5.2　异步编程：Promise、fetch 与 async/await

1．Promise

传统的异步编程方式使用回调函数。回调函数是通过将一个函数作为参数传递给另一个函数，以处理异步操作的结果。由于回调函数嵌套层级可能较深，代码结构变得难以理解和维护。这种层层嵌套的结构被形象地称为“回调地狱”（Callback Hell）。

Promise 是 ES6（ECMAScript 2015）引入的一种用于处理异步操作的对象，提供了更清晰、结构化的方式来编写和管理异步代码，从而避免了传统回调函数中常见的回调地狱问题。

Promise 是一种异步操作的占位符，它通过状态来表示异步任务的执行过程和最终结果。Promise 的状态是不可逆转的，并且从创建到完成可能经历以下三种状态。

- Pending：初始状态，表示异步操作尚未完成；
- Fulfilled：异步操作成功，并返回一个结果；
- Rejected：异步操作失败，并返回一个错误。

在 JavaScript 中，Promise 表示一种对未来事件结果的承诺，尤其用于处理异步操作的结果。Promise 是 JavaScript 的动态对象，提供了 then()方法和 catch()方法，用于处理异步操作的成功结果和错误。Promise 支持链式调用，使异步操作的代码更加简洁且易读。每次调用 then()都会返回一个新的 Promise，从而可以继续进行链式调用。

【例 5.5.1】Promise 使用示例。

本章配套项目 Unit05 中的页面 promise.html 是使用 Promise 的一个简明示例，其代码如下：

```
<title>Promise 的使用</title>
<meta charset="UTF-8"/>
<script>
    //创建一个简单的 Promise 对象
    let myPromise=new Promise((resolve,reject) =>{
        let success=true
        //let success=false
        if(success){
            resolve("操作成功")
        }else{
            reject("操作失败")
        }
```

```
    })
    //使用 then()处理成功结果，catch()处理失败结果
    myPromise.then((result)=>{
        console.log(result)  //输出：操作成功
    }).catch((error) => {
        console.log(error)   //输出：操作失败
    })
</script>
```

2．fetch

在 JavaScript 中，浏览器对象 window 提供了一种基于 Promise 的方法 fetch()，用于发送 HTTP 请求并处理响应。其中，响应的 Promise 对象具有 json()方法，用于将响应体中的 JSON 数据解析为 JavaScript 对象。

https://jsonplaceholder.typicode.com/posts 是 JSONPlaceholder 官方提供的免费在线 RESTful API 接口，提供了模拟发送帖子的数据接口，支持常见的 GET（获取资源）、POST（添加资源）、PUT（更新资源）和 DELETE（删除资源）等 HTTP 请求方法。详细的 API 文档可以参见官方网站。

【例 5.5.2】使用 fetch 和 JSONPlaceholder 提供的免费接口进行 POST 提交。

本章配套项目 Unit05 中的页面 fetch.html 使用了 fetch()方法及 JSONPlaceholder 提供的免费接口发送 POST 请求，其代码如下：

```
<title>浏览器对象发起 HTTP 请求方法的使用</title>
<meta charset="UTF-8"/>
```

打开浏览器调试工具，分别查看 Network（Headers、Payload、Response）和 Console。

```
<script>
    let requestParameter={  //请求参数对象
        title: 'foo',
        body: 'bar',
        userId: 1
    }
    window.fetch('https://jsonplaceholder.typicode.com/posts',{
        method: 'POST',  //设置请求类型
        headers: {
            'Content-Type':'application/json'  //设置请求头
        },
        body:JSON.stringify(requestParameter)  //设置请求体数据及格式
    })
    .then(response=>{
        return response.json()  //解析 JSON 字符串为 JavaScript 对象
    })
    .then(data=>{
        console.log('创建成功:',data)
    })
    .catch(error=>{
```

```
        console.error('发生错误:',error)
    })
</script>
```

使用 Postwoman 测试 JSONPlaceholder 接口的结果，如图 5.5.1 所示。

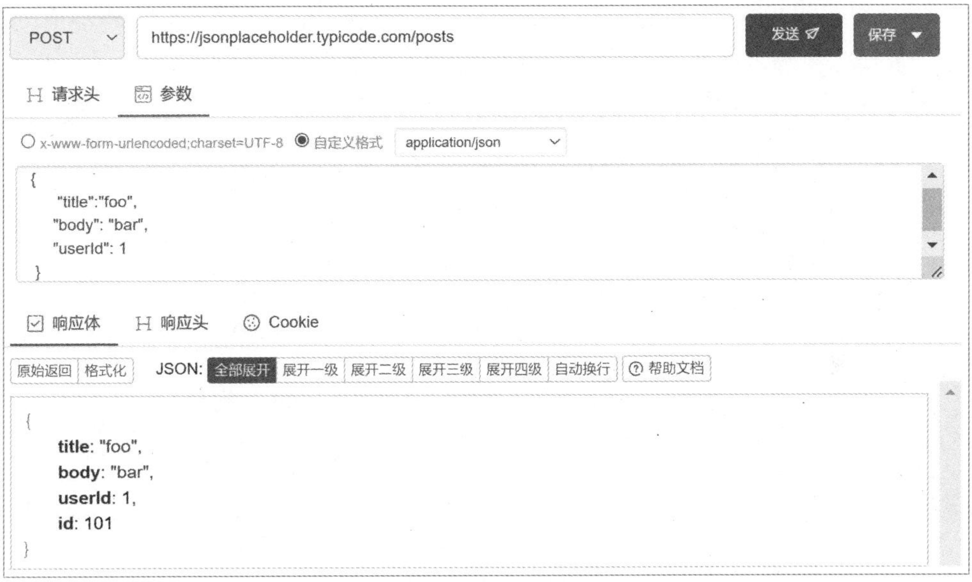

图 5.5.1　使用 Postwoman 测试 JSONPlaceholder 接口的结果

注意：使用 fetch()方法实现的异步请求属于原生方式，而 axios 是封装了原生方式的异步库，功能全面且语法简洁，相关内容详见 6.4.2 节。

3．async/await

在使用 fetch()方法实现具有依赖顺序的异步操作时，传统方法会涉及 then()和 catch()的嵌套，这种代码结构复杂且不易维护。

关键字 async 用于定义异步函数。在异步函数内部，使用关键字 await 来等待异步操作的结果。使用 async/await 定义异步请求函数后，无须再使用 then()和 catch()及其嵌套结构，从而更易于实现异步操作的顺序性和完整性。也就是说，使用 async/await 能避免回调链的使用。

【例 5.5.3】关键字 sync 和 await 的使用示例。

本章配套项目 Unit05 中的页面 fetch-async-await.html 是对页面 fetch.html 的改写，去掉了 then()和 catch()的使用，其代码如下：

```
<title>使用 async 和 await 修饰 fetch 请求示例</title>
<meta charset="UTF-8"/>
```

打开浏览器调试，分别查看 Network（Headers、Payload、Response）和 Console。

```
<script>
    let requestParameter={   //请求参数对象
        title: 'foo',
        body: 'bar',
        userId: 1
```

```
    }
    async function fetchData(){    //定义异步函数
        try{
            //等待 fetch 请求完成并解析为 JSON 格式
            const response=await fetch('https://jsonplaceholder.typicode.com/posts',{
                method: 'POST', //指定请求类型
                headers: {
                    'Content-Type':'application/json' //设置请求头
                },
                body:JSON.stringify(requestParameter)
            })
            if(!response.ok){    //如果响应不成功
                throw new Error('网络响应失败');
            }
            const data=await response.json()   //请求成功时，等待响应体解析为 JSON 格式
            console.log('数据:', data)   //打印获取的数据
        }catch(error){   //捕获并处理错误
            console.error('请求失败:', error)
        }
    }
    fetchData()   //函数调用
</script>
```

注意：

（1）异步函数中的关键字 async 和 await 必须配套使用，一个 async 可以对应多个 await。

（2）使用关键字 async 和 await 定义的异步函数，其代码更加优雅，且便于在异步请求方法中添加多个具有依赖关系的 fetch()请求。

（3）如果异步操作之间没有较强的依赖关系，不必使用 async/await 定义异步函数，可以直接在普通函数中使用 fetch()发送异步请求。

5.6 jQuery 库与 jQuery AJAX

5.6.1 jQuery 库使用基础

jQuery 是一个轻量级、快速、跨浏览器兼容的 JavaScript 库，它简化了 HTML 文档的遍历和操作、事件处理、动画效果及 AJAX 交互等常见的 Web 开发任务。jQuery 的出现极大地简化了 JavaScript 编程，并提供了一个统一的接口来处理浏览器兼容性问题。

对于一个 DOM 对象，只需使用$()方法将其包装起来，即可获得一个 jQuery 对象。也就是说，jQuery 对象是通过 jQuery 包装 DOM 对象后产生的对象。转换后的 jQuery 对象可以使用 jQuery 中的方法。

文档加载完毕后，默认要执行的代码（如初始化等）通常使用匿名函数的形式，其代码框架如下：

```
$(document).ready(function(){
    //其他进行初始化的代码
})
```

注意：

（1）$(document)的作用是将 DOM 对象转换为 jQuery 对象，注册事件函数 ready()以一个匿名方法作为参数。

（2）$(document).ready(function(){…})可简写为$(function(){…})。

通常情况下，可以使用以下三种方法获取 jQuery 对象。

- 根据标记名：$("label")，其中，label 为 HTML 标记。例如，选择文档中的所有段落时使用 p。
- 根据 id：$("#id")，例如，div 的 id。
- 根据类：$(".name")，其中，name 为样式名。

注意：某些情况下，只需要给特定的页面元素添加行为，而不需要应用样式，此时可以使用一个并不存在的 id 样式名作为属性值（虚拟一个样式）。

jQuery 为 jQuery 对象预定义了许多方法，常用方法如表 5.6.1 所示。

表 5.6.1 jQuery 提供的常用方法

方 法 名	功 能 描 述
val([val])	设置/获取表单元素的 value 值
html([text])	设置/获取某个元素的 HTML 内容（富文本）
text([text])	设置/获取某个元素的文本内容（纯文本）
css("key"[,val])	获取/设置 CSS 属性及其值
attr()	获取/设置元素的静态属性值
prop()	获取/设置元素的属性的实时状态，如获取复选框是否被选中
toggleClass("css")	切换到新样式 CSS 方法
addClass("name")	添加新的 CSS 样式应用，参数 name 为样式名
removeClass("name")	取消应用的 CSS 样式，参数 name 为样式名
parent()	选择特定元素的父元素
next(["css"])	获取页面所有元素集合中具有 CSS 样式且最近的同胞元素。省略参数时，获取某个元素集合中的下一个元素
siblings(["css"])	查找同胞元素（不包括自身）中应用了 CSS 样式的元素，形成一个子集。省略参数时，查找所有同胞元素（不包括自身）
find("css")	查找某个元素集合中应用了 CSS 样式的元素，得到它的一个子集
hide("slow")	隐藏元素（缓慢消失），且不保留物理位置
show();	不带效果方式显示，自动记录该元素原来的 display 属性值
slideToggle(mm)	使用滑动效果（高度变化）切换元素的可见状态。如果被选元素是可见的，则隐藏这些元素；如果被选元素是隐藏的，则显示这些元素。变换时间以毫秒为单位
slideUp(["mm"])	向上滑动隐藏元素，可选参数 mm 可取值为“slow”“fast”或毫秒数

注意：jQuery 除了提供前端方法，还提供用于实现服务器端与客户端进行异步通信的 AJAX 方法，详见 5.6.4 节。

【例 5.6.1】以交互方式显示一组图像。

本章配套项目 Unit05 中的页面 InteractiveImageWithjQuery.html，将 5 幅图像存放一个 JavaScript 数组中，并定义两个分别用于上翻和后翻的按钮。分别处于第 1、第 2 和第 5 幅图像时，页面浏览效果如图 5.6.1 所示。

图 5.6.1　页面浏览效果

页面代码如下：

```
<meta charset="UTF-8">
<title>使用 jQuery 库，以交互方式显示一组图像</title>
<div id="big">
    <div id="row1"><img src="images/p1.jpg" id="tpk"></div>
    <div id="row2">
        <input type="button" value="上一幅" id="rf">
        共有<span id="msg1"></span>幅  当前序号：<label id="msg2"></label>
        <input type="button" value="下一幅" id="ff"></div>
</div>
<style>
    img{width: 300px;height: 170px}
    #big{
        width:300px; height:200px;
        margin:30px auto   /*水平居中*/
    }
    #row1{width:300px; height:170px; }
    #row2{width:300px; height:30px; line-height:30px;text-align:center }
    #msg1{ color:orange }
    #msg2{ color:red }
</style>
<script src="js/jquery-3.3.1.js"></script>
<script>
    $(function(){  //使用匿名函数响应页面加载事件
        let tp=["images/p1.jpg","images/p2.jpg","images/p3.jpg","images/p4.jpg","images/p5.jpg"]
        let next=$("#ff")  //下一幅按钮
        let last=$("#rf")  //上一幅按钮
        let index=0  //初始化，表示处于第 1 幅图像（对应数组的下标 0）
        $("#msg1").html(tp.length);  //局部刷新文本
        if(tp.length==1){  //设置不可用
            next.attr("disabled", true)
            last.attr("disabled", true)
        }
        setButtonState()
```

```
        function setButtonState(){    //定义按钮是否可用和当前序号的公共函数
            //当前为首幅图像时
            //index==0?last.css("display", "none"):last.css("display","inline")   //设置是否可见
            index==0?last.attr("disabled", true):last.attr("disabled",false)   //设置是否禁用
            //index==0?last.css("visibility", "hidden"):last.css("visibility","visible")   //是否隐藏
            //当前为最后一幅图像时
            //index==tp.length-1?next.css("display", "none"):next.css("display","inline")
            index==tp.length-1?next.attr("disabled", true):next.removeAttr("disabled")   //设置是否禁用
            //index==tp.length-1?next.css("visibility", "hidden"):next.css("visibility","visible")
            $("#msg2").html(index+1)   //局部刷新文本
        }
        next.click(function(){   //注册按钮事件函数
            index++
            tpk.src=tp[index]
            setButtonState();
        })
        last.click(function(){   //注册按钮事件函数
            index--
            tpk.src=tp[index]   //标签属性，不同于 jQuery 对象属性操作
            setButtonState()
        })
    })
</script>
```

注意：

（1）HTML 元素本身没有禁用元素的 CSS 属性，HTML 表单元素有一个专门的 disabled 属性，用于禁用这些元素。

（2）jQuery 提供了用于操作元素属性的方法 attr() 和 prop()。其中，attr()用于操作元素的 HTML 静态属性，如 src、href、class 和 id 等，这些属性值通常是字符串；prop()用于操作元素的动态属性，如 checked、disabled 和 selected 等。

图 5.6.2　使用 jQuery 制作的折叠菜单效果

【例 5.6.2】使用 jQuery 制作折叠菜单。

本章配套项目 Unit05 中的页面“使用 jQuery 制作折叠菜单.html”使用 jQuery 库制作了折叠菜单。当展开或收起某个主菜单时，其他主菜单的子菜单项将自动收起。例如，展开第一个主菜单项后的效果如图 5.6.2 所示。

页面实现代码如下：

```
<meta charset="UTF-8">
<title>使用 jQuery 制作折叠菜单</title>
<div id="navBox">
    <div class="menuName">各章基础实验</div>
    <ul class="subMenu" style="display:block">   <!--显示列表项-->
        <li><a href="#">1、Web 应用概述及开发环境</a></li>
        <li><a href="#">2、HTML5 标签</a></li>
        <li><a href="#">3、CSS3 样式技术</a></li>
```

```
        <li><a href="#">4、元素定位与页面布局</a></li>
        <li><a href="#">5、客户端脚本及应用</a></li>
        <li><a href="#">6、基于 Node 环境的 Vue3 项目开发</a></li>
        <li><a href="#">7、Vue3 UI 组件库 Element Plus</a></li>
        <li><a href="#">8、基于 PHP+Vue3 的前后端分离项目开发</a></li>
    </ul>
    <div class="menuName">综合项目 1——会员信息管理</div>
    <ul class="subMenu">
        <li><a href="#">设计说明</a></li>
        <li><a href="#">效果浏览</a></li>
        <li><a href="#">源代码下载</a></li>
    </ul>
    <div class="menuName">综合项目 2——高校专业信息管理系统</div>
    <ul class="subMenu">
        <li><a href="#">设计说明</a></li>
        <li><a href="#">效果浏览</a></li>
        <li><a href="#">源代码下载</a></li>
    </ul>
</div>
<style>
    * {
        margin: 0;
        padding: 0;
        box-sizing: border-box;
    }
    #navBox {
        width: 240px;
    }
    .menuName { /*主菜单外观：蓝底白字*/
        border-bottom: solid 1px #fff;
        cursor: pointer;    /*手形*/
        font-weight: bold;
        line-height: 28px;
        padding-left: 20px;
        background: #4991DE;
        color: #FFFFFF;
    }
    .menuName:hover {
        color: #FF6600;
    }
    .subMenu { /*菜单项外观：蓝底白字*/
        display: none;       /*默认不显示子菜单*/
        border-bottom: solid 1px #e5e3da;
    }
    .subMenu li a {
        display: block;     /*关键*/
        text-decoration: none;
```

```
            padding-left: 20px;
            line-height: 20px;
            font-size: 14px;
        }
        .subMenu li a:hover {
            color: #fff;    /*白色*/
            background-color: #FF6600    /*橙色*/
        }
    </style>
    <script src="js/jquery-3.3.1.js"></script>
    <script>
        $(function(){
            $(".menuName").click(function (){  //单击主菜单
                let subMenu=$(this).next();  //获取对应的子菜单（ul）
                subMenu.slideToggle(500);  //展开或收起
                let subMenuSiblings=subMenu.siblings(".subMenu")    //获取不包括自身的同胞元素
                subMenuSiblings.slideUp("fast");  //收起同胞元素
            })
        })
    </script>
```

页面设计要点如下：

（1）导航容器 navBox 使用 id 样式。

（2）每个主菜单项使用带有类样式的<div>标签，并分别对应一个<ul>列表。

（3）在脚本中，通过主菜单的单击事件定义其展开或收起，以及其同胞元素的收起。

5.6.2　综合项目：会员管理项目 memmana2b

与 5.4 节中的项目 memmana2a 相比，项目 memmana2b 仅使用 jQuery 相关属性和方法实现对页面元素的访问，其 HTML 和 CSS 代码并没有变化。

在本项目中，新增了包含 jQuery 库 jquery-3.3.1.js 的 js 文件夹。在页面中的脚本代码之前，通过<script>标签引入 jQuery 库。例如，在 header.html 页面中引入脚本库的代码如下：

```
<script src="../js/jquery-3.3.1.js"></script>
```

1．页面头部的实时时间显示

分部页 header.html 中的脚本代码如下：

```
<script>
    const dtps=$("#row11")    //获取页面元素包装成 jQuery 对象
    function displayDT(){
        let dt=new Date().toLocaleString();
        dtps.text(dt)      //使用 jQuery 对象的方法 text()修改对象属性
        //dtps.html(dt)    //ok
        //dtps.val(dt)    //error，因为不是文本框等表单元素
    }
    setInterval("displayDT()","1000")  //实时时间显示
</script>
```

2．登录页面设计

登录页面 mLogin.html 中的脚本代码如下：

```
<script>
    const users = [["wzx","123"], ["wyh","456"]]
    users.push(["wj", "789"])
    $("#ensure").click(function(){
        let un = $("#username").val()
        let pwd = $("#password").val()
        let i
        for(i=0;i<users.length;i++){
            if (users[i][0]==un) break
        }
        if(i<users.length){   //用户名存在时
            if(users[i][1]==pwd) {   //密码也正确时
                alert("登录成功")
                //先获取通过 iframe 嵌入的子页面中包含的元素，然后刷新登录状态
                $("#headFrame").contents().find("#loginState").html("欢迎你：" + un)
                $("table").hide("slow")   //隐藏表格
            }else{
                alert("密码错误...")
            }
        }else{
            alert("用户名不存在...")
        }
    })
    //注册按钮单击事件，不必内嵌至页面加载就绪事件函数中
    $("#cancel").click(function(){   //响应取消按钮
        location.href="index.html"
    })
</script>
```

注意：本项目的脚本中，使用 jQuery API 代替了原生的 JavaScript API。

3．注册页面设计

会员注册页面 mRegister.html 与项目 memmana2a 的注册页面相比，其界面代码的一个区别是城市的列表选项是在脚本中添加的。其界面代码如下：

```
<tr>
    <td>所在城市：</td>
    <td>
        <select name="city" id="city">
            <option value="0">--请选择--</option>
        </select>
    </td>
</tr>
```

会员注册页面 mRegister.html 的脚本代码如下：

```
<script>
    let result="亲爱的"      //记录注册信息
    let ah=""    //爱好
    let city=""    //所在城市
    $("#city").append("<option value='Beijin'>北京</option>")
    $("#city").append("<option value='Shanghai'>上海</option>")
    $("#city").append("<option value='Wuhan'>武汉</option>")
    $("#ensure").click(function(){
        result+=$("#username").val()
        if($('input:radio:checked').val()==="1"){    //也可以使用 prop() 改写
            result+="先生："
        }else{
            result+="女士："
        }
        $('input:checkbox').each(function(){  //遍历复选框
            if($(this).prop('checked')){  //获取选中元素的实时状态，不能用 attr 代替 prop
                ah+=$(this).val()+','  //在值后面加逗号
            }
        })
        ah=ah.slice(0, -1)    //移除字符串中最后一个字符（多余的逗号）
        if(ah.length>0){
            result+="你的爱好是"+ah+"；"
        }else{
            result+="你没有选择爱好；"
        }
        city=$("#city option:selected")
        result+="你选择的城市是"+city.text()+"(代码为"+city.val()+")"
        alert(result)
    })
    $("#cancel").click(function () {  //响应取消按钮
        location.href = "index.html";  //页面跳转
    })
</script>
```

5.6.3 jQuery AJAX 概述

AJAX 是一种在 Web 应用程序中向服务器发送异步请求并接收异步响应的技术，其实现的主要过程如下：

（1）浏览器中的 JavaScript 发送请求。

（2）服务器将响应信息发给 JavaScript。

（3）JavaScript 通过 DOM 操作浏览器的局部。

在 jQuery 环境下使用 AJAX 技术（简称 jQuery AJAX），可以在不重新加载全部页面的情况下，实现对网页内容的局部更新。

注意：AJAX 技术的原生用法较为烦琐，涉及浏览器对象 XMLHttpRequest 和状态监听等。

5.6.4 jQuery AJAX 应用实例

$. ajax()方法用于执行 AJAX（异步 HTTP）请求，其主要参数及含义如下。

- url：规定发送请求的 URL。
- data：要发送到 Web 服务器的数据。
- dataType：预期的 Web 服务器响应数据类型。
- async：异步或同步请求，取值为 true 或 false，默认值为 true。
- success()：当请求成功时运行的函数。

【例 5.6.3】访问 jQuery AJAX 访问天气台接口，显示天气信息。

本章配套项目 Unit05 中的页面“使用获取天气信息的后端接口.html”，其设计要点如下：

（1）访问 https://api.vvhan.com/api/weather?city=珠海，可获取珠海当天的天气信息（JSON 格式）。

（2）使用 Postwoman 折叠 JSON 数据的效果，如图 5.6.3 所示。

图 5.6.3　使用 Postwoman 测试 GET 请求的响应结果

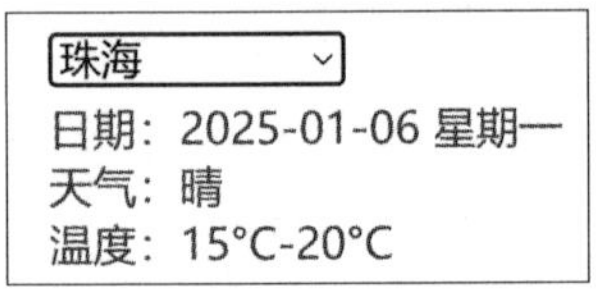

图 5.6.4　页面浏览效果

（3）页面中通过下拉列表选择城市，在脚本中使用 jQuery AJAX 方法发送请求。

（4）解析 JSON 数据，刷新页面元素。

完成后的页面浏览效果如图 5.6.4 所示。

页面代码如下：

```
<meta charset="UTF-8"/>
<select id="citySelect">
    <option value="0">请选择城市：</option>
    <option value="北京">北京</option>
    <option value="珠海">珠海</option>
    <option value="深圳">深圳</option>
    <option value="武汉">武汉</option>
</select>
<div id="dateWeek">日期、星期</div>
<div id="weather">天气</div>
```

```
<div id="temperature">温度</div>
<script src="js/jquery-3.3.1.js"></script>
<script>
    const citySelect=$("#citySelect")
    const dateWeek=$("#dateWeek")
    const weather=$("#weather")
    const temperature = $("#temperature")
    citySelect.change(function(){
        let cityName=citySelect.val()
        console.log("你选择的城市是："+cityName)
        if(cityName!='0'){
            getWeatherInformation(cityName)    //方法调用
        }else{
            alert("请选择一座城市")
        }
    })
    function getWeatherInformation(cityName){
        $.ajax({
            url:"https://api.vvhan.com/api/weather",
            data:{
                city:cityName,  //请求参数
            },
            dataType:"json",  //后端 API 返回 JSON 数据类型（默认值，可以省略）
            success:function(response){  //Web 服务器有响应信息时的处理方法
                console.log(response)
                debugger
                dateWeek.text("日期："+response.data.date+" "+response.data.week)  //刷新页面元素
                weather.text("天气："+response.data.type)
                temperature.html("温度："+response.data.low+"-"+response.data.high)
            },
            error:function(){
                alert("请求的服务接口没有正常响应！");
            }
        })
    }
    /*function getWeatherInformation(cityName){
        $.ajax({
            url:"https://api.vvhan.com/api/weather?city="+cityName,
            dataType:"json",
            success:function(response){
                console.log(response)
                debugger
                dateWeek.text("日期："+response.data.date+" "+response.data.week)
                weather.text("天气："+response.data.type)
                temperature.html("温度："+response.data.low+"-"+response.data.high)
            },
            error:function(){
```

```
                alert("请求的服务接口没有正常响应！");
            }
        })
    }*/
</script>
<style>
    select{
        font-size: 18px;
    }
    div {
        font-size: 1.2em;
        color: red;
    }
    #dateWeek{
        margin-top: 5px;
    }
</style>
```

MySQL 数据库服务器运行 MySQL 数据库管理系统的服务程序，并可与 PHP 等后端语言集成，通过应用程序实现对 MySQL 数据库的连接、访问和管理功能。

【例 5.6.4】使用 jQuery AJAX 实现下拉列表联动。

本章配套项目 Unit05 中包含实现下拉列表联动的页面 UrbanInterConnectivity.html 和 PHP 程序 UrbanInterConnectivity.php。其中，HTML 页面分别包含两个具有关联关系的下拉列表，第二个下拉列表的列表数据依赖于第一个下拉列表的选取值。PHP 程序为页面提供对 MySQL 数据库的访问支持。

访问地址：http://localhost/WebFront/Unit05/UrbanInterConnectivity.html，第二个下拉列表在第一个下拉列表选项改变后，呈现对应的列表项。当选择第二个下拉列表项并失去焦点时，会弹出显示选择结果的消息框，如图 5.6.5 所示。

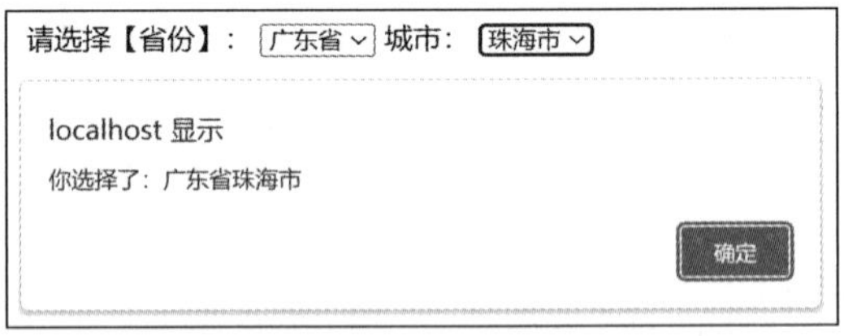

图 5.6.5　下拉列表联动效果

Web 服务器中的 PHP 程序 UrbanInterConnectivity.php 需要通过 GET 方法发送请求，根据传递的省份值，在数据库 exampledb 的表 dishi 中查询对应的城市，并以 JSON 格式返回，其代码如下：

```
<?php
    //header("Access-Control-Allow-Origin:*");   //允许跨域访问
    //1、使用 php7 访问 MySQL 数据库，定义连接数据库的基本参数
    $servername="localhost:3306";
    $username="root";
```

```
$password="root";
$dbname="exampledb";
//2、使用 mysqli 创建连接。其中，i 代表 improved（改进）。
$conn=new mysqli($servername,$username,$password,$dbname);
//3、检查连接是否成功
if($conn->connect_error){
    die("连接失败: ".$conn->connect_error);   //立即停止运行并输出连接错误消息
}
//4、查询数据并返回 JSON 数据
$sf_id=$_GET['sf_id'];   //获得请求时传递的参数；$.ajax()默认发送 GET 请求
$sql="select * from dishi where sf_id=$sf_id";   //查询条件
$rs=$conn->query($sql);   //查询得到结果集
if($rs->num_rows>0){
    while($row=$rs->fetch_assoc()){   //使用一维关联数组
        //添加至二维关联数组
        $result[]=array("city_id"=>$row['city_id'],"city_name"=>$row['city_name']);
    }
    //响应 JSON 格式数据；第 2 参数保证中文正常显示，否则使用转义的 Unicode 编码
    echo json_encode($result, JSON_UNESCAPED_UNICODE);
}
//5、关闭连接
$conn->close();
```

注意：

（1）PHP7 后端程序以.php 作为扩展名，代码以<?php 开始，需要存放在 phpStudy 服务器的默认站点中。

（2）JavaScript 数组只能使用数字索引，而 PHP 数组可以使用关联索引。

在页面 UrbanInterConnectivity.html 中，定义了第一个下拉列表选项改变时触发的 jQuery 事件 change，该事件的处理方法是以异步方式获取 Web 服务器的数据库信息，并刷新第二个下拉列表选项。页面的完整代码如下：

```
<meta charset="UTF-8"/>
<title>使用 jQuery AJAX 简明示例——城市下拉列表联动</title>
请选择【省份】:
<select id="province">
    <option value ="10">浙江省</option>
    <option value ="15">广东省</option>
    <option value ="17">湖北省</option>
</select>
城市：
<select id="city">
    <!-- 使用 jQuery AJAX 异步获取城市列表信息 -->
</select>
<script src="js/jquery-1.10.2.min.js"></script>
<script type="text/javascript">
    getCitieList()     //方法调用，获取城市列表
    $("#province").change(function(){     //输出改变省份后的值
```

```
        getCitieList()
    })
    $("#city").blur(function (){    //注册失去焦点事件的处理方法
        let temp1=$("#province").find("option:selected").text()  //省份文本
        let temp2=$("#city").find("option:selected").text()+" "  //城市文本
        alert("你选择了："+temp1+temp2)
    })
    function getCitieList(){
        $.ajax({
            url:"http://localhost/WebFrontDevelopTechnology/Unit05/UrbanInterConnectivity.php",
            method: 'GET',  //此处可省略，因为默认为 GET 请求。对应于后端程序的请求方式
            data:{
                //下面的键名 sf_id 可以省略一对双引号。
                sf_id:$("#province").val()  //sf_id 是请求参数名称，值为省份选择值
            },
            dataType:"json",  //指定后端 API 返回 JSON 对象类型
            success:function(response){  //Web 服务器有响应信息时的处理方法
                $("#city").empty()  //清空城市列表项
                $.each(response,function(index,array){  //形参 index 为序号
                    var option = "<option value='"+array.city_id+"'>"+array.city_name+"</option>"
                    $("#city").append(option) //添加到城市列表
                })
            },
            error:function(){
                alert("请求的 Web 服务接口没有正常响应！请启动 Web 服务器...")
            }
        });
    }
</script>
```

注意：

（1）严格来说，$.ajax()方法中 data 域的 JSON 对象的键名应使用一对双引号包裹。若省略请求参数键名的一对双引号，JavaScript 引擎在发请求时会自动添加一对双引号。

（2）当未指定 dataType 参数时必须使用 JSON.parse(response)将 JSON 字符串解析为 JavaScript 对象（此处为 JSON 数组）。读者可使用 debugger 语句进行调试和验证。

（3）如果在 IDEA 中浏览本.html 页面，会因使用 IDEA 内置的 Web 服务器而出现跨域请求，导致不能成功访问 PHP 后端程序。若未在服务器端设置允许跨域访问，Postwoman 测试也会失败。有关允许跨域访问的设置详见第 8 章。

5.7 HTML5 Web 存储

前面介绍的客户端存储方式 Cookies，其大小限制约为 4KB。HTML5 对 window 对象添加了属性 localStorage 和 sessionStorage、方法 openDatabase()，这些是客户端存储数据的新方式，统称为 Web 存储。

localStorage 类似于 Cookies。客户端浏览器中来自同一域名（站点）的所有页面都可以访问 localStorage 数据。

sessionStorage 类似于服务器端的 session，主要用于会话控制和短期保存。当客户端浏览器关闭后，sessionStorage 的数据将自动清除。例如，用户登录成功后，通常会在服务器端创建一个 session 来保存用户名，以便在不同页面间共享该会话信息，该会话信息在用户登出或关闭浏览器时被清除。

注意：

（1）localStorage 与 sessionStorage 的唯一区别在于，localStorage 属于永久性存储，而 sessionStorage 在会话结束时，其中的键值对数据将被清空。

（2）Web 存储数据以站点为单位分别存放，如使用 phpStudy 建立的 www 站点。

（3）使用谷歌浏览器时，可以按 F12 键并选择 Application 选项来查询 Web 存储中的键/值对数据。

（4）Cookie 会随着请求发送到服务器端，而 Web 存储数据仅存储在客户端，不会与服务器端交互。

Web 存储中常用的方法及属性如下。

- setItem(键名，键值)：存储键值对数据。
- getItem(键名)：读取键名对应的键值。如果没有键值，则返回 null。
- removeItem(键名)：清除键名对应的键值。
- clear(键名)：清空键值对数据。
- 属性 length：表示键值对的数量。

5.7.1　本地存储 localStorage 与会话存储 sessionStorage

1．本地存储 localStorage

HTML5 为 window 对象新增了一个 localStorage 特性。Window.localStorage 作为本地存储，解决了 Cookies 存储空间不足的问题。一般主流浏览器对 localStorage 的支持容量为 5～10MB。window.localStorage 是浏览器提供的一种本地存储机制，用于将数据存储在用户的浏览器中。它可以存储字符串类型的数据，并且在同一个域名下的所有页面都可以访问存储的数据。即使用户关闭浏览器或重启计算机后，存储的数据仍被保留下来。

window.localStorage 适用于以下情形。

（1）需要在用户浏览器中保存一些数据，以便用户下次访问时可以直接使用。例如，用户的偏好设置、购物车商品列表等。

（2）需要在多个页面之间共享数据。例如，用户登录状态、用户信息等。

（3）需要在客户端保存一些临时数据，以减少与服务器端的交互次数。例如，缓存 API 响应数据等。

2．会话存储 sessionStorage

HTML5 还为 window 对象还新增了一个 sessionStorage 特性。window.sessionStorage 是浏览器提供的一种本地存储机制，用于将数据存储在用户的浏览器中。sessionStorage 方法针对一个会话（session）进行数据存储，同一域名下的所有页面可以共享数据（以站点为单位进行数据共享）。当用户关闭浏览器窗口或结束会话时，sessionStorage 中的数据将自动被删除。

当用户登录成功时，需要调用 setItem(k,v)方法建立会话信息；当用户登出时，调用 removeItem(k)方法删除键名对应的会话信息。

注意： localStorage 与 sessionStorage 的用法比较。

（1）存储周期不同。localStorage 数据永久存在；sessionStorage 数据仅在会话期间有效。

（2）作用范围不同。localStorage 数据在同一浏览器中同一域下的所有页面共享；sessionStorage 数据在同一窗口或标签页内独立。

（3）localStorage 与 sessionStorage 都只支持 string 类型的存储。如果需要存储非字符串类型（如对象和数组等），则需要先使用 JSON.stringify()方法将其序列化为字符串类型，在读取时再使用 JSON.parse()方法将其反序列化为原始数据类型。

【例 5.7.1】 localStorage 与 sessionStorage 存储简明示例。

页面代码如下：

```
<meta charset="UTF-8">
<title>localStorage 存储</title>
<script>
    let ls=window.localStorage;
    if(!ls) {
        alert("浏览器不支持 localStorage！");
    } else {
        document.writeln("浏览器支持 localStorage！<br>");
        ls.setItem("kc1","Java 桌面开发");
        ls.setItem("kc2","Java EE 开发");
        document.writeln("已经使用 localStorage 建立了 2 对键值对数据，使用谷歌浏览器浏览本
                                                        页面并按 F12 键查验...<br>");
        document.writeln("关闭谷歌浏览器后访问 http://localhost，按 F12 键查验仍可查验到
                                                        localStorage 存储的键值对数据");
    }
</script>
```

浏览页面时，打开浏览器调试窗口，依次选择 Application 和 Storage，可分别查看本地存储和会话存储的结果，如图 5.7.1 所示。

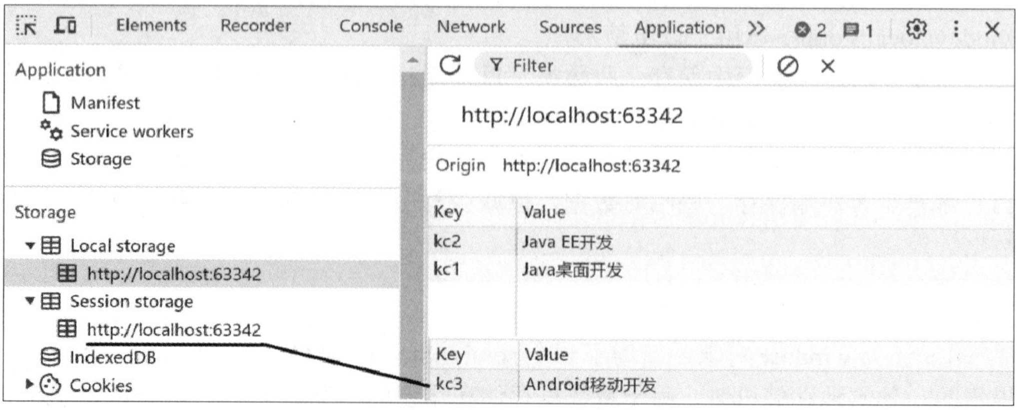

图 5.7.1　localStorage 存储与 sessionStorage 存储

5.7.2　WebSQL 数据库 IndexedDB

IndexedDB 是一种由现代浏览器支持的客户端数据库，用于存储大量结构化数据，包括文件或二进制数据。它是 Web SQL 的替代方案，是一种更强大、更灵活的数据存储解决方案。

注意：WebSQL 是浏览器端存储大量数据的早期技术，现已被废弃。

使用 IndexedDB 存储的主要操作如下：

（1）通过 indexedDB.open()方法创建或打开一个数据库。

（2）在第一次创建数据库或版本升级时，通过 onupgradeneeded 事件设置数据库结构，如创建对象存储（表）和索引。

（3）通过事务（Transaction）获取对象存储（Object Store），并使用 add 方法插入数据。

（4）使用事务和 get 方法查询指定主键的数据。

（5）通过 put 方法更新指定主键的数据。如果主键不存在，则会插入新数据。

（6）通过 delete 方法删除指定主键的数据。

（7）通过 clear 方法清空对象存储中的所有数据。

【例 5.7.2】IndexedDB 存储简明示例。

本章配套项目 Unit05 中包含一个使用 IndexedDB 的页面 IndexedDB.html，其代码如下：

```
<meta charset="UTF-8">
<title>IndexedDB Example</title>
<h1>IndexedDB Example</h1>
<p>Check the console for database operations.</p>
<script>
    document.addEventListener("DOMContentLoaded", function (){   //注册页面事件
        const dbName="mydb"
        const storeName="news"
        const request=indexedDB.open(dbName, 1)   //打开数据库
        request.onupgradeneeded=function (event){   //数据库升级
            const db=event.target.result;
            if (!db.objectStoreNames.contains(storeName)){
                //创建 news 表，主键为 id
                const objectStore=db.createObjectStore(storeName,{ keyPath: "id" })
                objectStore.createIndex("title", "title",{ unique: false })
                console.log("Object store created successfully.")
            }
        }
        request.onsuccess=function (event){
            const db=event.target.result
            console.log("Database opened successfully.")
            const newsData=[   //插入数据
                { id: 1, title: "武汉因军运会每天不一样" },
                { id: 2, title: "2025 春节联欢晚会" },
            ]
            const transaction=db.transaction(storeName, "readwrite")
            const objectStore=transaction.objectStore(storeName)
```

```
            newsData.forEach(function (item){
                const addRequest=objectStore.add(item)
                addRequest.onsuccess=function (){
                    console.log(`Record with id ${item.id} added successfully.`)
                }
                addRequest.onerror=function (){
                    console.error("Error adding record:", addRequest.error)
                }
            })
            //查询数据
            transaction.oncomplete=function(){
                const queryTransaction=db.transaction(storeName, "readonly")
                const queryObjectStore=queryTransaction.objectStore(storeName)
                const getAllRequest=queryObjectStore.getAll()
                getAllRequest.onsuccess=function(){
                    console.log("Query results:", getAllRequest.result)
                }
            }
        }
        request.onerror=function(event){
            console.error("Database error:", event.target.error)
        }
    })
</script>
```

浏览页面后，按 F12 键进入浏览器调试窗口，可以查看生成的数据库及其表数据，如图 5.7.2 所示。

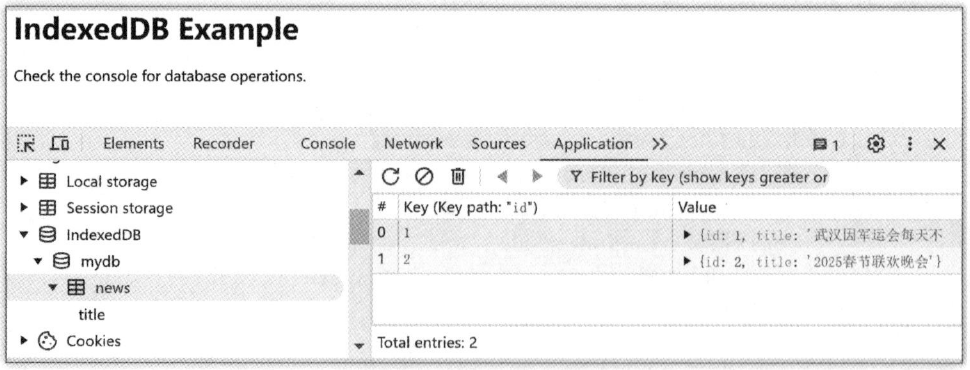

图 5.7.2　IndexedDB 存储

习题 5

实验 5

微课视频

第 6 章 基于Node.js环境的Vue3项目开发

在第 5 章中，通过使用 JavaScript 库可以简化 JavaScript 编程。jQuery 在大型项目中的性能瓶颈主要源于频繁的 DOM 操作、缺乏数据绑定机制及缺乏组件化支持。基于 Node.js 的现代前端框架 Vue 通过更高效的视图更新和管理机制，能够更好地应对大型项目的性能挑战。本章学习要点如下：

- 理解 Node.js 框架的作用及其在 Vue3 项目开发中的功能；
- 理解库、模块、函数、包、组件与插件等基本概念；
- 掌握 Vue3 的基本语法；
- 掌握在 IDEA 中创建和运行 Vue3 项目的方法；
- 掌握 Vue3 项目结构、MVVM 模式和生命周期钩子；
- 掌握 Vue3 项目常用配套组件（库）的使用。

6.1 JavaScript 服务器端运行时环境 Node.js

6.1.1 Node.js 概述

Node.js 被称为 JavaScript 的服务器端运行时环境，因为它能够在服务器端执行 JavaScript 代码，而非仅在浏览器内执行。Node.js 是基于 Chrome V8 JavaScript 引擎构建的运行时环境，采用事件驱动架构和非阻塞式 I/O 模型，既轻量又高效。

Node.js 不仅提供了前端开发所需的功能，还提供了服务器端开发所需的功能，如文件系统操作、网络通信、流式数据处理等，这使其成为一个功能完备的服务器端运行时环境，开发者可以使用同一种语言同时开发前端和后端。

Node.js 在 Vue3 项目的构建、开发和运行环境中扮演了重要角色。它提供了强大的工具链和开发生态系统，帮助开发者高效地完成项目开发、测试和部署。借助 Node.js，前端开发变得更加现代化和高效，尤其是在构建和开发阶段，通过热重载和模块化管理等功能，显著提升了开发效率和体验。

6.1.2 Node.js 下载与安装

访问 Node.js 官网可以下载安装包。Node.js 安装完成后，系统将提供 npm 和 node 两个命令行工具。这两个命令行工具需要在命令行界面执行，因此需要确保 Node.js 的安装路径已经添加至 Windows 系统的环境变量 path 中。

CLI 是 Command Line Interface（命令行界面）的缩写。通过在终端模拟器或命令提示符程序中输入文本命令来执行各种任务，实现与计算机程序的交互。

要检验 Node.js 是否成功安装，可执行如下命令：

```
node -v
```

如果能显示版本信息，则表明 Node.js 已经成功安装。

查询 npm 版本，应执行如下命令：

```
npm -v
```

在命令行界面执行 npm install 命令可为项目安装所需模块。例如，为 Vue3 项目安装 axios 模块的命令如下：

```
npm install axios
```

在命令行界面执行 node 命令可运行 JavaScript 脚本文件，例如

```
node app.js
```

注意：

（1）在 IDEA 中打开某个.js 文件后，单击工具栏中的“运行”按钮也可以运行 JavaScript 脚本文件，其本质上是执行 node 命令。

（2）Node.js 中文官网提供了“学习教程”，其中包含了 Node.js 的详细介绍。

6.1.3 库、模块、函数与包

1．库

库（Library）是专门为解决某种需求而封装的一组工具、组件或功能模块的集合。库通常被打包并发布到包管理器（如 npm），供开发者在项目中安装和使用。库的主要作用是简化某些特定功能的实现过程，如状态管理、数据请求、UI 组件等，使开发者可以更高效地完成开发任务。

2．模块

在 Node.js 中，模块是代码的基本组成单位。每个文件就是一个模块，可以将功能分解为可重用的代码块，通过导入和导出实现模块间的相互调用。

Node.js 内置了一些核心模块，如 fs（文件系统）、http（网络通信）、path（路径解析）和 os（操作系统接口）等。这些核心模块随 Node.js 一起安装。

CommonJS 是 Node.js 默认使用的模块系统，采用 require()导入模块、module.exports 导出模块，支持同步加载模块。这种模块规范非常适合服务器端开发。

ES6 是现代 JavaScript 的模块标准，使用 import 和 export 语法分别实现模块导入与导出。Node.js 现已支持 ES6 模块，但需要在 package.json 文件中设置 "type": "module"来启用 ES6 模块语法。

在 Node.js 环境下，开发者可以选择适合项目的模块系统来组织和管理代码。在浏览器端，使用 ES6 模块则更为普遍，它增强了代码的模块化和可维护性。

3. 函数

函数是执行特定任务的代码片段，是项目中最小的代码单元。Vue 组件中常用的生命周期钩子、方法、计算属性等本质上都是函数。开发者可以通过 methods 选项自定义函数，实现组件特有的行为或事件响应逻辑。

函数是模块内部的功能单元，库、插件和组件中也会包含各种函数。

4. 包

在 Node.js 和前端开发中，包（package）是包含一个或多个模块的集合，通常用于提供特定的功能或一系列相关功能。包可以通过包管理器（如 npm 或 yarn）进行安装、管理和分发。一个包可以包含多个模块（多个文件），这些模块可以相互依赖，并导出不同的功能包。

package.json 是包的配置文件，其中包含了包的相关信息和依赖项，其主要字段如下。

- name：包的名称；
- version：包的版本号；
- scripts：定义可运行的脚本命令；
- dependencies：定义运行时的依赖项；
- devDependencies：定义开发时的依赖项。

此外，package.json 中还可能包含描述、关键字、作者、许可信息、仓库链接等，用于全面描述包的特性和用途。

注意：库的功能通过其包含的模块来实现，而包则是这些功能模块的集合。也就是说，包是库的载体，并通过包管理器实现对库的分发。

6.1.4　包管理器 npm 与 cnpm

包管理器 npm（Node Package Manager）是 Node.js 默认的包管理工具，在安装 Node.js 时自动安装。npm 是目前全球最大的开源库生态系统，用于安装、更新、卸载和管理包，常见的使用场景有以下几种：

（1）允许用户从 npm 服务器下载他人编写的第三方包到本地使用；

（2）允许用户从 npm 服务器下载并安装他人编写的命令行程序到本地使用；

（3）允许用户将自己编写的包或命令行程序上传到 npm 服务器供他人使用。

例如，为了在项目中访问 MySQL 数据库，需要在命令行界面执行如下命令来安装 mysql 模块：

```
npm install mysql
```

从项目中移除 mysql 模块，需要执行如下命令：

```
npm uninstall mysql
```

默认情况下，npm 会从国外的 npm 服务器下载依赖库。受网络影响，可能会出现下载延迟或失败的情况。解决办法是配置 npm 使用国内的镜像服务器，其命令如下：

```
npm config set registry https://registry.npmmirror.com/
```

注册后，可使用 cnpm 作为包管理器。

6.1.5 Node.js 使用示例（访问 MySQL 数据库、创建 HTTP 服务器）

本节将通过三个示例分别演示 Node.js 在数据库访问、原生 HTTP 服务器创建及 Express 框架应用中的实践方法。

【例 6.1.1】在 Node.js 程序中访问 MySQL 数据库。

example6_1_1.js 程序的功能是使用 mysql 模块访问 MySQL 数据库。运行前，需要在命令行界面执行 npm install mysql 命令安装 mysql 模块。程序代码如下：

```
const mysql=require("mysql")
let connection=mysql.createConnection({
    host:'localhost',
    user:'root',    //用户名
    password:'root', //密码
    port:'3306',
    database:'exampledb' //数据库名
})  //创建连接对象
connection.connect()  //连接数据库服务器
let sql="SELECT * FROM college "
connection.query(sql,function(err,result){ //匿名函数执行查询
    if(err){  //失败时
        console.log('[SELECT ERROR] - ',err.message)
        return
    }
    //查询成功时函数返回值 result 是对象数组
    console.log('-------------直接以对象数组形式输出-------------')
    console.log(typeof (result))    //类型验证
    console.log(result)
    console.log('------------转换成 JSON 数组后再输出--------------')
    console.log(JSON.stringify(result))
})
connection.end() //关闭数据库连接
```

【例 6.1.2】在 Node.js 程序中创建 HTTP 服务器。

example6_1_2.js 程序的功能是使用 http 模块创建 HTTP 服务器，响应体内容是查询 MySQL 数据库的结果。运行程序前，需要在命令行界面执行 npm install http 命令安装 http 模块。程序代码如下：

```
const http = require('http')
const mysql = require("mysql");
http.createServer(function (req, res) {
    //设置 HTTP 响应的状态码（200）和头信息（纯文本格式且使用 UTF-8 字符编码）
    res.writeHead(200, { 'Content-Type': 'text/plain; charset=utf-8' })
    let connection = mysql.createConnection({
        host: 'localhost',
        user: 'root',
        password: 'root',
```

```
        port: '3306',
        database: 'exampledb',
        dateStrings: true
    })
    connection.connect()
    let sql = 'SELECT * FROM college'
    connection.query(sql, function (err, result) {
        if (err) {
            res.end(err.message)
            return
        } else {
            res.end(JSON.stringify(result))     //输出到客户端浏览器
        }
    })
    connection.end()
}).listen(3000)   //3000 为监听端口
```

【例 6.1.3】在 Node.js 程序中使用 Express 框架。

使用 http 模块时，开发者需要手动解析请求、设置响应头和处理路由等。Express 是对 http 模块的再封装，是一个完整的 Web 框架。运行程序之前，需要在命令行界面执行安装模块命令 npm install express。example6_1_3.js 程序代码如下：

```
const express=require('express')   //加载 express 模块
const app=express()    //创建一个 Express 应用实例
const server=app.listen(3000,'127.0.0.1',function(){   //创建 http 服务器
    //JavaScript 闭包特性：回调函数可以访问 server 变量
    let host=server.address().address
    let port=server.address().port
    console.log('Example app listening at http://%s:%s',host,port)
})
app.get('/',function(req,res){   //定义路由
    res.send('Hello World!')
})
```

6.2　Vue.js 框架及其基本语法

6.2.1　Vue.js 概述

Vue.js 是一个用于构建用户界面的渐进式 JavaScript 框架，通过声明式渲染和组件化模型，使前端开发更加简洁、高效且易于维护。Vue.js 易于上手，具有较高的灵活性，既可以与现有的项目进行渐进式集成，也可用于构建功能全面的单页面应用（Single Page Application，SPA）。Vue.js 的显著特点是响应式数据驱动设计，这种机制通过将模型（Model）和视图（View）进行绑定来实现联动更新。

Vue.js 的核心功能是作为一个视图模板引擎。与其他重量级框架不同的是，Vue.js 采用自底向上的分层设计。Vue.js 的核心库专注于视图层，不仅易于上手，还便于与第三方库或

已有项目集成。另外，当与现代化的工具链和各种支持类库结合使用时，Vue.js 同样能够为复杂的单页面应用提供驱动。

所谓“渐进式”，是指 Vue.js 的使用方式非常灵活：允许开发者在核心功能（声明式渲染或视图模板引擎）的基础上，选择性地添加组件系统、客户端路由和大规模状态管理等功能来构建一个完整的应用框架。

Vue.js 由华人尤雨溪（Evan You）于 2014 年创建，2016 年发布 2.0 版本，2019 年发布 3.0 版本。

Vue.js 3.0（Vue3）是 Vue.js 的最新版本，基于 Vue2 进行了大量优化与改进，采用基于 Proxy 的响应式系统，可提供更好的性能和更细粒度的追踪依赖。该版本还引入了 Composition API，提供了更灵活和可组合的代码组织方式。Vue3 还对编译器、虚拟 DOM 和包体积进行了优化。

Vue3 吸收了 Angular 和 React 等框架的优势，同时保持了简洁和灵活性。Vue3 凭借其独特的响应式数据绑定和简洁的模板语法，受到广大开发者的欢迎。

访问 Vue.js 中文官网的“文档”可获取更多的详细介绍和技术文档。

6.2.2 在 HTML 页面中使用 Vue3

在 HTML 页面中，可以像使用 jQuery 库一样通过<script>标签引入 Vue3 的核心.js 文件来使用其核心功能。引入 Vue3 的核心.js 文件的代码如下：

```
<script src="https://unpkg.com/vue@3/dist/vue.global.js"></script>
```

Vue3 的核心功能包括数据绑定、计算属性、条件指令、循环指令和事件处理，这些功能可帮助开发者快速构建响应式的用户界面。

本章配套项目 Unit06 中的 Vue3Grammar.html 文件演示了 Vue3 的基本语法，其代码如下：

```
<meta charset="UTF-8">
<meta name="viewport" content="width=device-width, initial-scale=1.0">
<title>在 HTML 页面中使用 Vue3（非项目方式）</title>
<script src="https://unpkg.com/vue@3/dist/vue.global.js"></script>
<div id="app">
    <h3>{{ message }}</h3>
    <p>计算属性示例：{{reversedMessage}}</p>
    <button v-on:click="updateMessage">单击我</button> 
    <button @click="updateMessage">单击我</button>
    <p>单向绑定：<input v-bind:value="message"/></p>
    <p>双向绑定：<input v-bind:value="message" v-on:input="message=$event.target.value"/></p>
    <p>双向绑定：<input v-model ="message"/></p>   <!--默认绑定 value 属性和 input 事件-->
    <h4 v-if="todos.length > 0">待办事项：</h4>
    <ul><li v-for="todo in todos">{{todo.course}}</li></ul>
    <p v-if="todos.length === 0">没有待办事项。</p>
</div>
<script>
    //通过<script>标签引入 Vue3 库的全局对象
    const app=Vue.createApp({        //createApp 是 Vue3 中用于创建应用实例的方法
```

```
        data(){
            return {
                message:'你好，Vue3!',
                todos:[
                    {course:'学习 Java 程序设计'},
                    {course:'学习 Web 前端开发技术'},
                    {course:'学习 Java EE 架构与程序设计'}
                ]
            };
        },
        methods:{
            updateMessage(){
                this.message='你单击了按钮!'
            }
        },
        computed:{      //计算属性
            reversedMessage(){
                //返回 message 的反转字符串
                return this.message.split('').reverse().join('');
            }
        },
        mounted(){  //生命周期钩子方法，在 Vue3 实例挂载到 DOM 之后自动执行
            console.log('组件已挂载');
            //可以在这里执行一些初始化操作，例如从服务器获取数据
        }
    })
    app.mount('#app')       //将 Vue3 实例绑定到 DOM 元素
</script>
```

6.2.3 Vue3 基本语法

Vue3 的基本语法主要包括属性、方法和指令。其中，Vue3 指令是以“v-”为前缀的特殊 HTML 属性，用于将 JavaScript 逻辑绑定到 DOM 元素上，以提供数据响应式更新机制。指令的核心作用是直接在模板中控制元素的行为或外观，使 Vue3 运行时能够自动响应数据变化并执行相应的 DOM 操作。

1. Vue3 内置的常见属性和方法

Vue3 内置的常见属性和方法如下。

- this.$data：访问当前组件的 data 对象，包含所有响应式数据。
- this.$props：访问组件的 props 对象，可以获取传递给组件的属性。
- this.$refs：访问 DOM 元素或子组件实例。
- this.$emit()：触发自定义事件，允许子组件向父组件发送消息。
- this.$nextTick()：在下一次 DOM 更新后执行回调，立即访问更新后的 DOM 元素。
- this.$route 或 this.$router：用于获取当前路由的信息（如路径、参数等）。
- this.$store：用于访问 Vuex 实例，实现状态管理功能（需配合 Vuex 使用）。
- this.$el：用于访问当前 Vue3 实例的根 DOM 元素。

2．数据与绑定

data()函数用于定义 Vue3 实例的状态数据。

在 HTML 页面中，通过{{ ... }}表达式将实例的状态数据绑定到页面元素中。

3．方法与事件

在 Vue3 中，事件处理是用户与应用程序交互的关键部分。使用 v-on: 指令可以监听 DOM 事件，并将其绑定到事件处理器中，在事件触发时执行相应的处理函数。

在 HTML 页面中，methods 属性用于定义在 Vue3 实例中的方法。这些方法可以被事件监听器调用。

v-on: 指令可缩写为@。例如，定义按钮单击事件的两种等效写法如下：

```
<button v-on:click="updateMessage">单击我</button> 
<button @click="updateMessage">单击我</button>
```

4．计算属性

计算属性是基于组件的响应式数据计算得出的值，具有缓存机制，只有在其依赖的响应式数据发生变化时才会重新计算，避免了不必要的重复计算，使性能得以提升。

在模板中使用计算属性的方式与普通数据属性一致，使用计算属性的示例代码如下：

```
<template>
  <div>
    <h1>计算属性示例</h1>
    <p>原始数字: {{ number }}</p>
    <p>计算平方: {{ getSquare }}</p>
    <button @click="increment">增加数字</button>
  </div>
</template>
<script>
export default {
  data() {
    return {
      number: 2
    }
  },
  computed: {
    getSquare() {    //计算属性 number 的平方
      return this.number * this.number
    }
  },
  methods: {
    increment() {    //增加数字
      this.number++
    }
  }
```

```
}
</script>
```

5．生命周期钩子

生命周期钩子（Lifecycle Hooks）能够有效地控制组件在生命周期各个阶段的行为。在 Vue 实例中，最常用的生命周期钩子之一是 mounted()方法，它在 Vue 实例完成 DOM 挂载后自动执行。在 mounted()方法中，可以访问和操作 Vue 实例的 DOM 元素和数据，常用于初始化工作。其他常用的生命周期钩子如下。

- beforeUpdate()：在组件数据更新之前调用，可用于在更新前做准备；
- updated()：在组件数据更新后调用，可执行与新 DOM 相关的操作；
- beforeUnmount()：在组件卸载之前调用，可用于清理工作，如移除事件监听器；
- unmounted()：在组件卸载后调用，执行最后的清理工作。

6．数据绑定与 MVVM 模式

数据绑定是指在视图与数据（模型）之间建立联系。

如果数据的变化能够自动反映到视图上，但视图变化不会影响数据，则称为单向绑定。例如，使用{{ ... }}表达式可以将 Vue 实例的数据展示在 HTML 页面上。在这种情况下，如果数据发生变化，视图会自动更新，但用户在界面上的操作不会改变数据。在 Vue 中，使用 v-bind: 指令可以实现单向绑定，其中，冒号前的 v-bind 可以省略。

如果数据的变化能够自动反映到视图上，同时视图变化也能同步到模型中，则称为双向绑定。也就是说，用户在界面上的操作会直接影响数据，而数据的变化也会更新视图。在 Vue 中，使用 v-model 指令可以实现双向绑定。

在 MVC（Model View Controller）模式中，模型不依赖于视图，但视图依赖于模型。MVVM（Model-View-ViewModel）模式是 MVC 模式的改进版，它将视图与数据分离，通过双向绑定实现数据与视图自动同步，使开发者可以专注于业务逻辑设计，而不用过多关心数据与视图的同步。

使用 v-model 指令可以对表单元素（如<input>、<textarea>及<select>等）创建双向数据绑定。v-model 会忽略所有表单元素的初始值（如 value、checked 等），将 Vue 实例的数据作为数据来源，并通过 JavaScript 在组件的 data 选项中声明初始值。

例如，表单字段与文本输入框的单向及双向绑定的示例代码如下：

```
单向绑定：<input v-bind:value="message"/>   <!-- v-bind:value 可简写为 :value -->
双向绑定：<input v-bind:value="message" v-on:input="message=$event.target.value"/>
双向绑定：<input v-model="message"/>
```

注意：v-model 本质上是 v-bind: 和 v-on: 的简化写法。在编程术语中被称为“语法糖”。

7．条件渲染（v-if）

v-if 是用于条件渲染的指令，允许根据某个条件来决定是否渲染某个元素。当条件为真时，元素将被插入 DOM 中；当条件为假时，元素将从 DOM 中被移除。这种方法可以提升页面性能，因为不必要的元素不会被渲染。

8．列表渲染（v-for）

v-for 是用于列表渲染的指令，允许在数组或对象集合上进行遍历，并为其每个元素生成相应的 DOM 元素。使用 v-for 指令可以有效地渲染动态列表。

6.3 Vue3 项目开发基础

传统的 HTML 项目结构较为简单，通常将 HTML、CSS、JavaScript 文件放在同一目录下，只需要一个文本编辑器即可开发。尽管在 HTML 页面中可以通过引入 Vue.js 的方式使用其核心功能，但在构建复杂的前端应用时，使用完整的开发环境和构建工具将显著提升开发效率和代码管理的便利性。作为 JavaScript 服务器端运行时环境，Node.js 为 Vue.js 提供了完整的项目开发支持，帮助开发者更好地组织代码、管理依赖，并实现高效的开发流程。

6.3.1 Vue3 项目创建与运行

Vue3 项目采用模块化和组件化的开发模式，每个组件包含模板（template）、样式（style）和逻辑（script）三部分。Vue3 项目支持通过 npm 安装第三方依赖，以及通过路由实现页面切换等。

1．在 IDEA 2023 环境下使用 Vite 创建 Vue3 项目

虽然 Vite 本身没有提供图形化界面管理工具，但 IDEA 提供了丰富的图形化操作功能和集成工具，使得使用 Vite 创建和管理 Vue3 项目变得非常方便。

在 IDEA 的“New Project”（新建项目）对话框中，选择 Vue.js，输入项目名并选择项目存储路径，如图 6.3.1 所示。

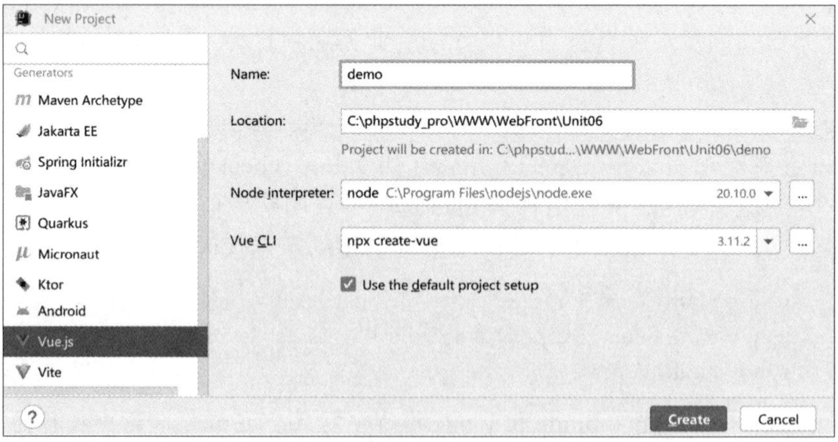

图 6.3.1 “New Project”对话框

Node interpreter（Node 解释器）和 Vue CLI 是自动获取的环境信息。

项目创建完成后，系统提示是否安装项目依赖，单击“Run npm install”按钮，开始安装项目依赖。根据 package.json 文件安装项目所依赖的模块并保存至项目文件夹 node_modules。

项目依赖安装完成后，单击工具栏中的“运行”按钮▷，系统弹出开发服务器的运行窗

口，并显示访问链接地址。单击链接地址，将在浏览器中打开项目的首页，如图 6.3.2 所示。

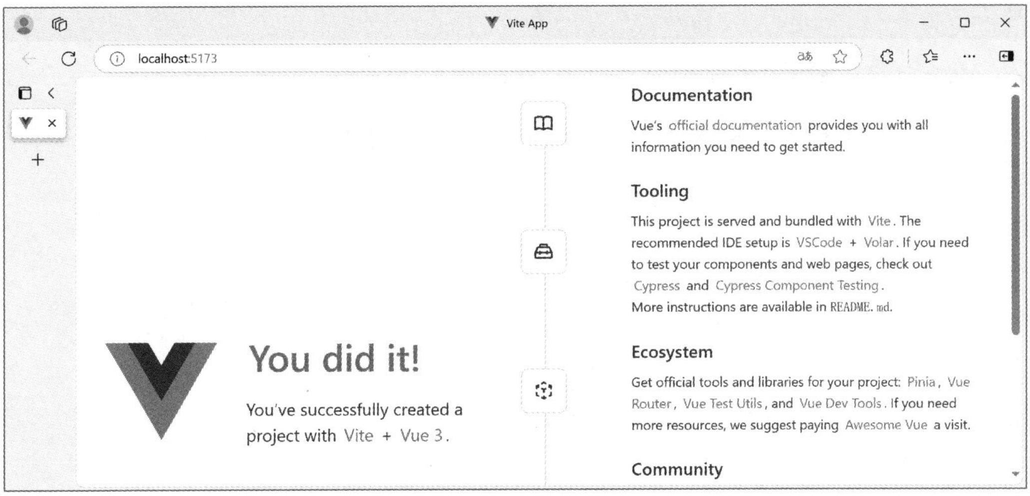

图 6.3.2　根据向导创建的 Vue3 项目的运行效果

注意：

（1）在 IDEA 中创建 Vue3 项目时，项目名不能包含大写字母。

（2）从传统的 HTML 项目到基于 Node.js 的 Vue3 项目，初学者可能会明显感觉到两者的不同之处。

2. 使用 Vue CLI 创建 Vue3 项目

Vue CLI 是一个快速搭建 Vue3 项目的标准工具。Vue CLI 也被称为 Vue 脚手架，就像建筑施工中使用的脚手架一样，为项目开发提供了基础设施。

Vue CLI 提供了一系列命令，帮助开发者生成、开发和管理 Vue3 项目，同时也支持个性化定制。Vue CLI 内置了一个开发服务器，支持实时热重载，方便开发和调试。

安装 Node.js 后，为了使用 Vue CLI 创建 Vue3 项目，需要先使用 npm 全局安装 Vue CLI，其命令格式如下：

```
npm install -g @vue/cli
```

检查是否已经安装了 Vue CLI，可执行查询 Vue CLI 版本的命令：

```
vue --version
```

使用 Vue CLI 创建 Vue3 项目的命令如下：

```
vue create my-project
```

用户可根据向导提示完成项目的创建和运行。

注意：

（1）Vue CLI 基于功能强大的打包工具 Webpack，支持复杂的项目配置和构建需求，但打包速度相对较慢，且占用较多的磁盘空间；Vite 在构建项目时则按需加载，打包速度较快，占用的磁盘空间较少。

（2）在 IDEA 中，开发者可以图形界面方式使用 Vite 构建和运行 Vue3 项目，适合初学者快速上手。

6.3.2 Vue3 项目结构分析

在 IDEA 环境下使用 Vite 构建的 Vue3 项目的文件系统如图 6.3.3 所示。

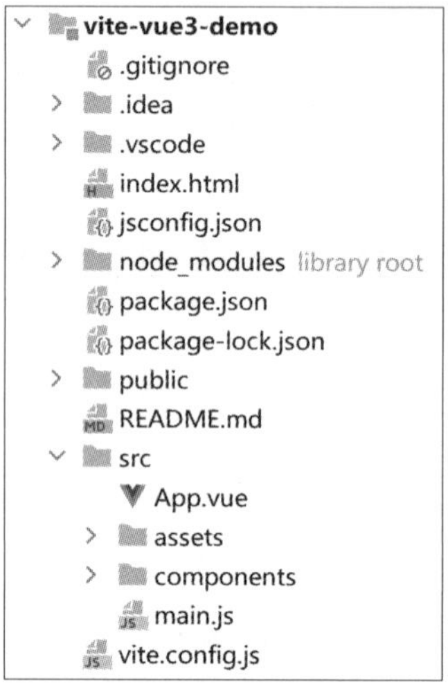

图 6.3.3　使用 Vite 构建的 Vue3 项目的文件系统

项目包含 5 个重要文件：package.json、index.html、App.vue、main.js 和 vite.config.js。

1．项目配置文件——package.json

package.json 文件采用 JSON 数据格式，配置了一个基本的 Vite+Vue3 项目结构，包含 Vue.js 库和必要的插件，用于快速启动、开发、构建和预览，其代码如下：

```
{
  "name": "vite-vue3-demo",  //项目名称
  "version": "0.0.0",
  "private": true,
  "type": "module",  //使用 ES 模块语法，而不是 CommonJS
  "scripts": {  //定义项目常用命令
    "dev": "vite",    //通过命令 npm run dev 启动开发服务器进行本地开发和调试
    "build": "vite build",  //通过命令 npm run build 打包项目
    "preview": "vite preview" //通过命令 npm run preview 预览打包项目的生产环境效果
  },
  "dependencies": {  //定义项目打包、上线后在生产环境中所需的运行时依赖
    "vue": "^3.4.15"
  },
  "devDependencies": {  //定义开发阶段所需的工具和库，不会出现在项目打包结果中
    "@vitejs/plugin-vue": "^5.0.3",
    "vite": "^5.0.11"
  }
}
```

实际开发时，需要引入特定的库依赖。一种方法是在 IDEA 中打开 package.json 文件，在 dependencies 中直接添加依赖项，如"axios": "^1.4.0"等。单击 IDEA 界面下方的“Terminal”按钮，再单击“Run 'npm' install”按钮，系统将自动安装 axios 库至项目的模块文件夹 node_modules。另一种方法是单击 IDEA 界面下方的“Terminal”按钮后，在命令行界面执行如下命令：

```
npm install axios
```

注意：在命令行界面安装库依赖后，不仅会将库文件写入系统文件夹 node_modules，还会自动将依赖信息写入 package.json 文件的 dependencies 中。

2．主 HTML 文件——index.html

该文件的主要作用如下：

- 使用标签<title>Vite App</title>定义 Vue 应用的标题；
- 使用标签<div id="**app**"></div>定义 Vue 应用的挂载点；
- 使用标签<script type="module" src="/src/**main.js**"></script>加载 JavaScript 脚本。

注意：index.html 文件也称为项目入口文件，因为它是整个前端应用加载的起点，负责载入项目所需的所有资源（如 CSS 和 JavaScript 文件）。

3．根组件——App.vue

该文件的主要作用是定义应用的主要布局和结构，包括路由视图。

4．启动文件——main.js

该文件的主要作用如下：

- 负责初始化 Vue 实例并将应用挂载到 HTML 中的指定元素；
- 渲染其他 Vue 组件到根组件。

启动文件 src/main.js 的代码如下：

```
//从包 vue 中引入 createApp 方法
import {createApp} from 'vue'
//导入自定义的根组件，对应 App.vue 文件
import HomePage from './App.vue'
//创建一个 Vue3 应用实例，以根组件作为方法参数，管理整个应用的生命周期和全局配置
const app = createApp(HomePage)
//将 Vue3 应用实例挂载到 id 为#app 的 DOM 元素
app.mount("#app")     // DOM 元素#app 在挂载前内容为空，挂载后根据组件内容填充
```

注意：

（1）main.js 称为启动文件，因为它负责应用的初始化逻辑，包括创建 Vue 实例、挂载根组件、加载插件、配置路由和状态管理等。

（2）index.html 提供应用的基本结构和静态资源加载入口，待这些资源和结构准备就绪后，浏览器才会执行 main.js 中的代码，最终启动和渲染 Vue 应用。

在实际项目中，App.vue 作为根组件，通常包含路由链接和路由视图，或者调用包含路由链接和路由视图的 Vue 组件。

5．Vite 配置文件——vite.config.js

vite.config.js 是 Vite 项目的核心配置文件，主要用于定制构建工具的行为和开发/生产环境的各项设置。通过增加配置项（如修改开发服务器端口和设置自动打开浏览器），可以显著提升项的目灵活性和开发效率。文件代码如下：

```
import { fileURLToPath, URL } from 'node:url'
import { defineConfig } from 'vite'
import vue from '@vitejs/plugin-vue'
export default defineConfig({
  plugins: [
    vue(),
  ],
  resolve: {
    alias: {
      '@': fileURLToPath(new URL('./src', import.meta.url))
    }
  },
  server: {   //服务器配置，可选
    port: 5173,   //设置开发服务器端口（默认值为 5173）
    open: true,   //项目运行时，自动打开 Windows 系统默认使用的浏览器
  },
})
```

6.4 Vue3 组件语法

6.4.1 Vue3 组件的一般结构

在 Vue3 项目中，Vue 组件采用单文件组件形式，使用<template>（模板）、<script>（脚本）和<style>（样式）三个标签来组织代码。示例代码如下：

```
<template>
  <!-- 组件的模板部分 -->
  <div>
    <h1>{{ title }}</h1>
    <button @click="handleClick">Click me</button>
  </div>
</template>
<script>
export default {
  name: 'MyComponent'   //组件名
  data() {
    return {
      title: 'Hello Vue3'   //组件的数据
    }
  },
```

```
    methods: {
      handleClick() {
        this.title = 'Button Clicked!'   // 事件处理
      }
    },
    mounted() {
      //组件挂载后执行的生命周期钩子
      console.log('Component Mounted')
    }
  }
  </script>
  <style scoped>
      /* 组件的样式，scoped 限制样式仅作用于当前组件 */
      h1 {
          color: blue;
      }
      button {
          font-size: 16px;
      }
  </style>
```

<template>标签用于定义组件的 HTML 模板。该部分使用 Vue 模板语法来绑定数据和事件。

<script>标签用于定义组件的逻辑部分，包括数据、方法、生命周期钩子等，可以使用选项式 API（Options API）或组合式 API（Composition API）来组织组件逻辑。

<style>标签用于定义组件元素的外观。默认情况下，Vue 组件中的样式会全局生效。因此，需要解决多个组件之间样式冲突的问题。为解决这一问题，Vue 提供了多种方式来控制组件样式的作用范围。

（1）在<style>标签中添加 scoped 属性，可将该组件的样式限制在本组件内，使其不影响其他组件，从而实现样式的“局部作用域”。

（2）如果想覆盖第三方组件（或子组件）的内部样式，可以使用:deep() 穿透子组件的样式作用域，将样式应用到子组件的内部元素上。例如，在使用 Element Plus 的表格组件时，表格的单元格内容默认左对齐，若要设置单元格内容居中对齐，则需要进行样式穿透，其 CSS 格式定义代码如下：

```
<style scoped>
  :deep(.el-table .cell) {   /* 对表格的单元进行样式穿透 */
    text-align: center   /*设置表格组件单元格内容的对齐方式*/
  }
</style>
```

注意：作为项目组件的.vue 文件无法单独在浏览器中运行，需要进行编译后才能运行。

6.4.2　选项式 API 与组合式 API

在 Vue3 中，选项式 API 和组合式 API 是两种不同的编写 Vue 组件的方式，它们各有其特点和适用场景。

1．选项式 API

选项式 API 是 Vue2 及更早版本中使用的传统方式，通过在组件对象中定义多个选项（如 data、methods、computed、watch 等）来组织代码。这种方式结构清晰，易于理解，适合小型或简单的组件。

在 IDEA 中创建 Vue3 项目，Vue 组件默认使用选项式 API。

2．组合式 API

组合式 API 是 Vue3 新引入的一种组织代码的方式，通过 setup() 函数和可组合函数来组织组件逻辑。相比选项式 API，它更加灵活，尤其在大型组件或复杂逻辑场景下可以将相关逻辑聚合在一起，使代码更具模块化且易于复用。

在组合式 API 中，处理单击事件的示例代码如下：

```
<template>
  <button @click="handleClick">组合 API 事件处理</button>
</template>
<script>
import { ref } from 'vue';
export default {
  setup() {
    const handleClick = () => {
      console.log("组合式 API 中的事件处理")
    }
    return { handleClick }
  }
}
</script>
```

注意： 对于初学者，建议在熟练掌握选项式 API 后再学习组合式 API。

6.4.3 组件导出/导入、props 属性与 Vue 组件调用

1．组件导出/导入

Vue3 允许开发者将组件拆分成多个文件，以提升代码的可维护性、重用性和大型项目的开发效率。每个组件都是一个模块，可使用 export default 语句进行默认导出，在需要的地方使用 import 语句进行导入，并使用 components 选项注册子组件。

2．在子组件中使用 props 属性接收父组件传递的参数

在 Vue3 中，data 和 props 属性都用于管理组件数据，但它们的作用和使用场景有所不同。data 属性仅在组件内部使用，并且可以自由修改；而 props 属性用于确保父组件能够向子组件传递数据。

子组件通过定义 props 属性来接收父组件提供的数据，这些数据是只读的，即不能在子组件内直接修改。

使用子组件 ChildComponent 的示例代码如下：

```
<template>
  <div>
    <p>{{ message }}</p>
  </div>
</template>
<script>
export default {
  props: {
    message: {   //定义形参
      type: String,
      required: true
    }
  }
}
</script>
```

在父组件 ParentComponent 中，通过 import 语句导入先前导出的子组件并注册，然后在模板中使用。包含参数传递、使用子组件 ChildComponent 的父组件 ParentComponent 的示例代码如下：

```
<template>
  <div>
    <ChildComponent :message="parentMessage"></ChildComponent>
  </div>
</template>
<script>
import ChildComponent from '@/ChildComponent.vue'
export default {
  components: {
    ChildComponent    //注册子组件
  },
  data() {
    return {
      parentMessage: 'Hello from parent'     //定义实参
    }
  }
}
</script>
```

在 Vue3 中，父组件的 parentMessage 相当于函数调用时的实参，而子组件的 message 相当于形参。这种参数传递机制类似于函数调用时传递参数的过程。

注意：如果子组件未使用 props 属性，则组件调用称为无参调用。

3. 动态组件调用

在 Vue 中，可以使用全局组件<component>根据不同的链接或按钮事件动态加载不同的组件，以实现更灵活的组件渲染，其语法如下：

```
<component is="activeComponent" ></component>
```

其中，activeComponent 是一个变量，表示需要动态渲染的组件。

动态组件调用的示例代码如下：

```
<template>
  <div>
    <button @click="setActiveComponent('ComponentA')">加载组件 A</button>
    <button @click="setActiveComponent('ComponentB')" style="margin-left: 5px" >加载组件 B</button>
    <hr style="margin-top: 10px"/>
    <component :is="activeComponent"></component>
  </div>
</template>
<script>
import ComponentA from './ComponentA.vue'
import ComponentB from './ComponentB.vue'
export default {
  data() {
    return {
      activeComponent: ''
    }
  },
  components: {
    ComponentA,
    ComponentB
  },
  methods: {
    setActiveComponent(component) {
      this.activeComponent = component    //设置要加载的组件
    }
  }
}
</script>
```

在该示例中，通过单击按钮可以动态切换显示 ComponentA 和 ComponentB。当 activeComponent 的值变化时，Vue 会自动重新渲染相应的组件。

6.4.4 通用属性 ref 与$refs

ref 是 Vue 中的一个通用属性，用于在模板中为某个元素或组件创建引用。而 $refs 是 Vue 实例的一个属性，包含所有通过 ref 创建的引用对象。在 JavaScript 代码中，通过 $refs 和 ref 可以直接访问这些元素或组件实例。示例代码如下：

```
<template>
  <input ref="inputRef" type="text" />
</template>
<script>
export default {
```

```
    mounted() {
      this.$refs. inputRef.focus();  //使输入框在页面加载后自动获取焦点
    }
  }
</script>
```

在该示例中，当组件完成挂载后，输入框会自动获取焦点。这种方法非常有效，尤其是在需要直接操作 DOM 元素或访问组件实例时。

注意：使用组合式 API 时，通常需要使用 import { ref } from 'vue'来创建响应式引用（此处的 ref 作为从 vue 库导入的函数），而使用选项式 API 时不需要导入指令。

6.4.5　watch 与数据属性监听

watch 作为 Vue3 的一个配置选项，用于监听数据变化并执行相应的回调函数，特别适合处理异步操作、获取数据等场景，在数据变化时可以执行某些逻辑时。例如，在富文本管理中，只在打开“新建”或“编辑”对话框时才实例化富文本编辑器，而在“查看”或“删除”时不需要浪费资源进行实例化，可以通过 watch 实现动态控制富文本编辑器的初始化。

示例代码如下：

```
<template>
  <div>
    <p>当前计数：{{ count }}</p>
    <button @click="increment">增加计数</button>
  </div>
</template>
<script>
export default {
  data() {
    return {
      count: 0,     //计数器初始值
      message: ''     //提示信息
    }
  },
  watch: {
    count(newValue) {   //回调函数
      if (newValue > 10) {
        this.message = '计数已超过 10！'
        console.log(this.message)
      }
    }
  },
  methods: {
    increment() {
      this.count += 1   //增加计数
    }
  }
}
</script>
```

在该示例中，当计数器 count 的值发生变化且超过 10 时，显示一条提示信息。watch 选项可以监听该计数器，并在满足条件时执行回调函数 count(newValue){ … }。这种响应式数据驱动机制是观察者模式的核心。

注意：原生 JavaScript 不具备 Vue3 框架内置的 watch 功能。

6.4.6 Vue3 延迟回调方法$nextTick()

$nextTick()是 Vue3 提供的一个重要方法，用于在响应式更新机制下确保 DOM 是最新的。由于 Vue3 对数据的更新是异步的，数据变化不会立即反映到 DOM 上。通过$nextTick()方法可以在 DOM 更新完成之后执行相应的操作。

使用 $nextTick() 方法的示例代码如下：

```
data() {
    return {
        message: 'Hello, Vue!'
        dialogVisible: false
    }
},
methods: {
    openDialog() {
        this.dialogVisible = true    //显示对话框
        this.$nextTick(() => {
            //这里可以安全地访问和操作最新的 DOM
            console.log('对话框已打开，DOM 更新完成。')
        })
    }
}
```

注意：综合使用 watch 与$nextTick()的示例可参见 7.5 节（使用富文本编辑器 Quill）。

6.5 Vue3 项目配套库

在 Vue3 项目中，可以使用多种不同的库来实现特定功能。其中，路由库 Vue Router、状态管理库 Vuex 和 UI 组件库 Element Plus 被称为“组件”或“插件”，因为它们与 Vue 组件体系紧密集成，提供了与组件相关的功能。这些库需要在 main.js 文件中通过 app.use()方法进行注册，从而扩展 Vue 的功能。

相比之下，异步请求库 axios 虽然可以在 Vue 组件中使用，但它不涉及组件的生命周期或结构，主要关注数据获取和处理。axios 不直接影响组件的渲染或行为，因此在 main.js 文件中无须通过 app.use() 方法进行注册，通常不被视为“组件”或“插件”。

6.5.1 路由库 Vue Router

Vue 路由用于控制组件之间的跳转，不会实现请求，且无须刷新页面。使用路由的前提是在根组件 App.vue 的模板标签中使用<router-view/>标签定义一个路由视图，用于显示选中的 Vue 组件。

通常，在 Vue3 项目的 src 目录下创建文件夹 router 及其路由配置文件 router/index.js，用于定义路径与组件的映射关系，创建路由对象并导出供 main.js 文件引用。

在编写路由表文件 index.js 之前，先在命令行界面执行以下命令：

```
npm install vue-router
```

【例 6.5.1】使用 Vue Router 实现路由简明示例。

本章配套项目 vite-vue3-basic 包含多个具有不同功能的 Vue 组件，通过路由链接来使用这些功能组件。欢迎页的浏览效果如图 6.5.1 所示。

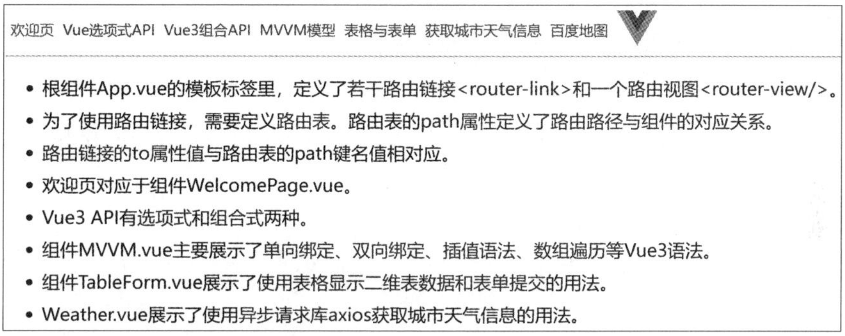

图 6.5.1　项目 vite-vue3-basic 欢迎页的浏览效果

（1）Vue 路由配置文件 src/router/index.js 的代码如下：

```
//导入 Vue3 路由对象
import { createRouter, createWebHistory } from 'vue-router'
//导入自定义的 Vue3 组件。其中，@表示项目根目录 src
import WelcomePage from "@/components/WelcomePage.vue"
import VueOptionsAPI from "@/components/VueOptionsAPI.vue"
import Vue3CompositionAPI from "@/components/Vue3CompositionAPI.vue"
import TableForm from "@/components/TableForm.vue"
import MVVM from "@/components/MVVM.vue"
import Weather from "@/components/Weather.vue";
import BaiduMap from "@/components/BaiduMap.vue"
//配置路由表，建立浏览器地址与 Vue 组件的映射关系
const routes = [
  {path: "/",component:WelcomePage},
  {path: "/vue-options-api",component:VueOptionsAPI},
  {path: "/vue3-composition-api",component:Vue3CompositionAPI},
  {path: "/mvvm",component:MVVM},
  {path: "/table-form",component:TableForm},
  {path: "/weather",component:Weather},
  {path: "/baidu-map",component:BaiduMap}
]
//创建路由对象 router 并默认导出，供 main.js 文件导入和使用
const router = new createRouter({
  history:createWebHistory(),   /* HTML5 History 模式，取消地址栏默认的#，可选 */
  linkActiveClass: 'active-link',   //全局设置：Vue Router 为活动链接自动应用 active-link 类样式
```

```
    routes
})
export default router
```

（2）启动文件 src/main.js 导入路由对象后，通过 app.use() 方法注册路由插件，其代码如下：

```
import {createApp} from 'vue'
import App from './App.vue'
import router from "./router"    //import router from "./router/index.js"
const app=createApp(App)
app.use(router)        //使用路由是进行路由链接的前提
app.mount('#app')
```

（3）在根组件 src/App.vue 的模板标签中使用 Vue Router 提供的路由链接标签<router-link>，其 to 属性值对应于路由表的 path 键名值。

根组件的模板代码如下：

```
<template>
    <div>
        <div id="menu">
            <div><img src="./assets/logo.svg"/></div>
            <div><router-link to="/">欢迎页</router-link></div>
            <div><router-link to="/vue-options-api">Vue 选项式 API</router-link></div>
            <div><router-link to="/vue3-composition-api">Vue3 组合 API</router-link></div>
            <div><router-link to="/mvvm">MVVM 模式</router-link></div>
            <div><router-link to="/table-form">表格与表单</router-link></div>
            <div><router-link to="/weather">获取城市天气信息</router-link></div>
            <div><router-link to="/baidu-map">百度地图</router-link></div>
        </div>
        <hr/>
        <router-view/>    <!--路由视图-->
    </div>
</template>
```

6.5.2 异步请求库 axios

在现代 Vue 项目中，推荐使用 axios 代替传统的 jQuery 提供的 $.ajax()方法。

使用 axios 之前，需要先执行安装命令：

```
npm install axios
```

然后执行以下命令在 Vue 组件中导入 axios：

```
import axios from "axios"
```

在实际开发中，通常使用 axios.get() 和 axios.post() 两种请求方法，分别用于发送 GET 和 POST 请求。当然，axios 的具体使用还依赖于 Web 服务器接口。

1．使用 axios 发送 GET 请求

使用 axios 发送 GET 请求的基本格式如下：

```
axios.get("url",{
        params:{
            parameterName: parameterValue
        }
}).then(res=>{
        console.log (res.data)
}).catch(err=>{
         console.log(err)     //alert("请求失败或 JSON 数据解析错误！")
})
```

（1）axios.get("url", { ... })是发送 GET 请求的基本方法结构。其中，第一个参数为必选项，表示请求地址；第二个参数为可选项，表示请求参数。

（2）当使用 axios.get("url", { ... })的第二个参数时，应通过 params 属性将请求参数格式化为查询字符串并附加到 URL 后面，这比使用字符串拼接方式更简便。

（3）then() 是处理请求成功时的回调方法。res 表示接收服务器返回的响应对象；通过 res.data 获取响应数据，即响应数据封装在响应对象中。

（4）catch() 是处理请求失败时的回调方法。

2．使用 axios 发送 POST 请求

使用 axios 发送 POST 请求的基本格式如下：

```
axios.post("url",requestBodyData).then(res=>{
        console.log (res.data)
}).catch(err=>{
         console.log(err)     //alert("请求失败或 JSON 数据解析错误！")
})
```

当使用 axios.post("url", requestBodyData) 发送请求时，默认提交的数据格式为 application/json。必选参数 requestBodyData 是一个 JavaScript 对象，在请求时自动转换为 JSON 字符串，并作为请求的主体数据发送给后端。同时，axios.post() 方法默认在请求头中设置 Content-Type 为 application/json，因此会产生预检请求。

注意：

（1）axios.get()或 axios.post()方法的返回值通常为 JSON 格式。

（2）POST 请求包含请求体；GET 请求的数据通常作为查询参数附加在 URL 中，因此没有请求体。

（3）后端程序接收前端请求的方式取决于前端提交的数据格式，详见 7.5 节和 8.1.4 节。

3．使用 Restful 风格

在现代 Web 开发中，虽然 axios.post()方法可以实现资源的插入、更新和删除，但更推荐使用 Restful 风格，它遵循 HTTP 协议标准，并使用不同的 HTTP 标准方法来执行 CRUD（增、查、改、删）操作。基于 Restful 风格，前端可以通过不同的 axios 方法与后端进行交互，从

而简化操作和接口设计。主要方法有以下几种。

- axios.get()：用于资源的查询；
- axios.post()：用于资源的插入；
- axios.put()：用于资源的更新；
- axios.delete()：用于资源的删除。

4．使用 async/await 关键字

在处理异步操作时，使用 async/await 关键字可以确保按顺序执行代码，从而避免一些潜在的问题，例如异步操作未完成就进行后续操作。

async 函数返回一个 Promise 对象，代表异步操作的最终结果。在 async 函数内，await 须与 Promise 结合使用，使函数暂停执行，等待 Promise 完成后才会继续执行后续代码。这样能够确保在获取到请求的结果后再执行更新逻辑，避免了异步操作带来的问题。

【例 6.5.2】 使用 axios 实现异步请求简明示例。

在本章配套项目 vite-vue3-basic 中，Vue 组件 src/components/Weather.vue 通过 axios 获取指定城市 JSON 格式的天气信息，并解析 JSON 数据，浏览效果如图 6.5.2 所示。

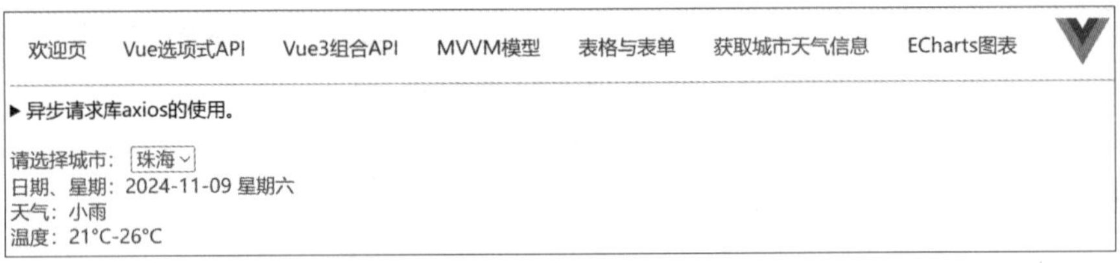

图 6.5.2　项目 vite-vue3-basic 获取城市天气浏览效果

Vue 组件 Weather 的完整代码如下：

```
<template>
    <details>
        <summary>异步请求库 axios 的使用。</summary>
        <p>（1）先使用 npm install axios 安装库依赖，后使用 import...from...导入模块。</p>
        <p>（2）使用 axios，可向服务器端提交数据并返回结果数据。</p>
        <p>（3）两种常用请求方式：axios.get()与 axios.post()。</p>
    </details>
    <div>
        <div id="city">请选择城市：
            <select @change="getWeatherInfo" v-model="city">
                <option value="北京">北京</option>
                <option value="珠海">珠海</option>
                <option value="深圳">深圳</option>
                <option value="武汉">武汉</option>
            </select>
        </div>
        <div>日期、星期：{{dateWeek}}</div>
        <div>天气：{{weather}}</div>
        <div>温度：{{temperature}}</div>
    </div>
```

```
</template>
<script>
import axios from "axios"
export default {
    data(){
        return{
            city:'',      //城市名称
            dateWeek:'',  //星期
            weather:'',   //天气
            temperature:''  //温度
        }
    },
    methods: {
        getWeatherInfo(){
            axios.get("https://api.vvhan.com/api/weather",{
                params:{
                    city:this.city
                }
            }).then(res=>{  //axios 封装了 data 属性，用于存放响应数据
                debugger    //下面的第 2 个 data 是响应数据（JSON 格式）的键名
                this.dateWeek=res.data.data.date+" "+res.data.data.week
                this.weather=res.data.data.type
                this.temperature=res.data.data.low+"-"+res.data.data.high
            }).catch(err=>{
                console.log(err)
                alert("请求失败或 JSON 数据解析错误！")
            })
        }
    }
}
</script>
<style scoped>
    #city{
        margin-top: 20px;
    }
    div{
        color: green;
        font-size: medium;
    }
    select{
        color: red;
        font-size: medium;
    }
</style>
```

本示例中，脚本代码通过 params 属性传递参数 city。实际上，也可以使用传统的字符串拼接方式，其等效代码如下：

```
axios.get("https://api.vvhan.com/api/weather?city="+this.city)
```

模板字符串 ${} 是 ES6 引入的一种新的字符串拼接方式，其使用成对反引号（``）包裹。可以直接在字符串中嵌入${}表达式，其等效代码如下：

```
axios.get(`https://api.vvhan.com/api/weather?city=${this.city}`)
```

axios 与 jQuery AJAX 在处理响应数据上的区别是，axios 封装了用于存放响应数据的 data 属性（参见第 5 章的示例页面 useWeatherJson.html），使用浏览器调试可以验证这一点，如图 6.5.3 所示。

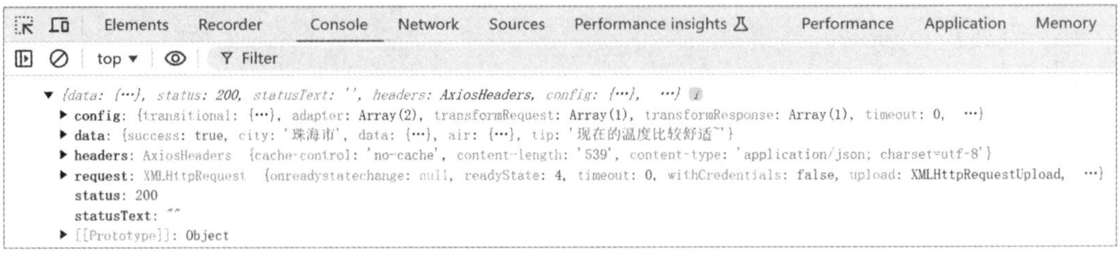

图 6.5.3　浏览器调试验证 axios 响应数据的封装

在实际项目开发中，不同的 Vue 组件可能都要使用 axios 库发送异步请求。为了避免代码冗余和简化请求 URL，可以在 main.js 文件中进行全局配置，其代码如下：

```
import {createApp} from 'vue'
import HomePage from './App.vue'    //Vue3 推荐导入自定义组件时的命名方式
import axios from "axios"
const axiosInstance=axios.create({
    baseURL:'http://localhost:80/WebFront/Unit08/WebBackend-php7/'    //设置请求的基址
})
const app=createApp(HomePage)
app.config.globalProperties.$axios = axiosInstance    //配置 Vue 实例的全局属性
app.mount("#app")
```

在脚本代码中可以直接使用 this.$axios.get() 或 this.$axios.post() 发送异步请求，而不需要使用模块导入命令和完整的 URL 路径，详见第 8 章综合项目 webfront-php7。

6.5.3　状态管理库 Vuex

Vuex 是一个专为 Vue 设计的用于管理应用状态的集中式状态管理库。与浏览器自带的 window.sessionStorage 会话存储不同，Vuex 提供了响应式的状态管理机制，方便组件之间共享和同步数据。相比之下，浏览器会话存储有以下不足：

- 只能存储字符串，不能存储对象类型；
- 存在安全性问题，因为打开浏览器调试程序即可查看会话信息。

Vuex 集中存储、管理应用中所有组件的状态（数据），并以相同的规则保证状态以一种可预测的方式发生变化，它是实现组件全局状态（数据）管理的一种机制，可以方便地实现组件之间的数据共享。图 6.5.4 展示了在 Vue3 项目中是否使用 Vuex 的区别。

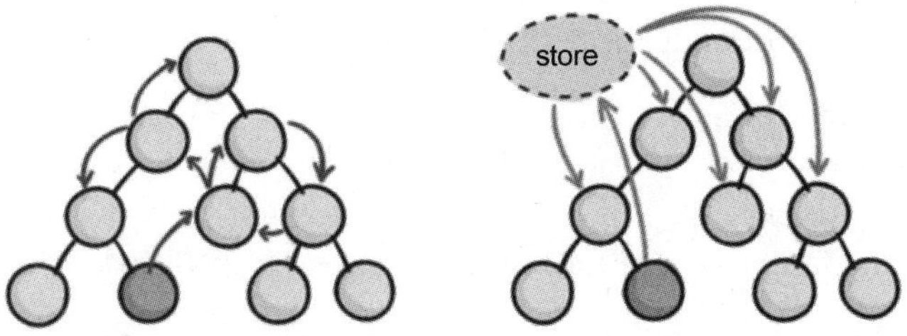

不使用Vuex　　　　使用Vuex

图 6.5.4　Vue3 是否使用 Vuex 的区别

Vuex 的状态（state）是响应式的，即采用了观察者模式。当 state 中的数据发生变化时，所有依赖这些数据的组件（观察者）会自动更新。

注意： 一般情况下，只有组件之间共享的数据才有必要存储到 Vuex 中；组件中的私有数据仍存储在组件自身的 data 中即可。

Vuex 包括以下几个部分。

- state：集中存储应用中的数据状态；
- mutations：定义同步更新 state 数据的方法；
- actions：定义触发 mutations 的方法，可以包含异步操作；
- getters：计算属性，用于从 state 中派生数据；
- modules：可以将 state 分割成模块，适用于大型项目。

使用 Vuex 之前，需要先执行安装命令：

```
npm install vuex
```

要创建 Vuex store，需要先在 src 目录下创建 store 文件夹，再编写 index.js 文件。

在 main.js 文件中配置全局 Vuex，以便可以在整个 Vue 应用中使用，配置代码如下：

```
import {createApp} from 'vue'
import store from './store'    // import Store from './store/index.js'
import HomePage from './App.vue'
const app=createApp(HomePage)
app.use(store)
app.mount("#app")
```

【例 6.5.3】 使用 Vuex 实现集中状态管理简明示例。

本章配套项目 vuex-demo 使用 Vuex 实现登录用户状态管理，并使用浏览器会话存储 sessionStorage 实现页面刷新时状态信息不丢失，浏览效果如图 6.5.5 所示。

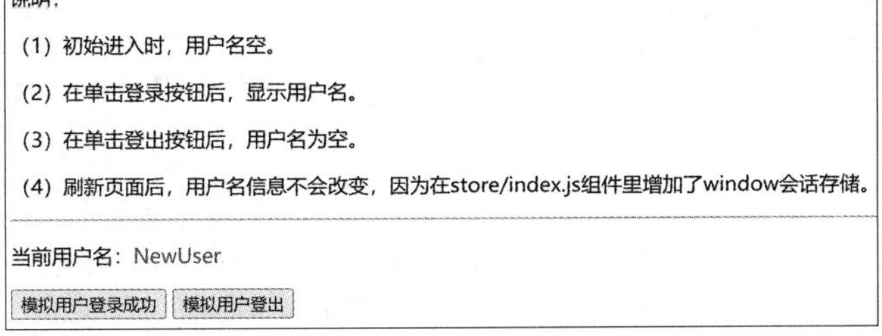

图 6.5.5　项目 vuex-demo 浏览效果

Vuex store 配置（src/store/index.js）代码如下：

```
import { createStore } from 'vuex'
const store = createStore({
    state: {   //定义 Vuex store 状态
        username: sessionStorage.getItem('username') || ''   //确保刷新操作时用户登录信息不丢失
    },
    mutations: {    //定义操作 Vuex store 状态的函数集合
        login(state, username) {    //登录
            state.username = username   //修改状态
            sessionStorage.setItem('username', username)   //将用户名存入 sessionStorage
        },
        logout(state, username){    //登出
            state.username = username
            sessionStorage.removeItem('username')    //清除 sessionStorage 中的用户名
        }
    },
    actions: {   //定义触发 mutations 中 mutation 的方法，在 Vue 组件的 methods 选项中使用
        triggerLogin({commit}, username) {   //commit 是 Vuex 内置的方法
            commit('login', username)   //触发名为 login 的 mutation
        },
        triggerLogout({commit}, username) {   //第 1 个参数自动传入并从 Vuex 上下文对象中提取
            commit('logout', username)    // commit 是 Vuex 内置的方法
        }
    },
    getters: {    //可选
        getUsername: (state) => state.username   //用于从 state 中派生出计算属性
    }
})
export default store
```

在根组件 App.vue 中，使用 Vuex 提供的 mapState 函数将 state 状态属性映射为 Vue 的计算属性，并在模板中直接使用；使用 Vuex 提供的 mapActions 函数将 actions 映射为操作状态，其代码如下：

```
<template>
  <div>
    <p>说明：</p>
    <p>（1）初始进入时，用户名空。</p>
    <p>（2）在单击登录按钮后，显示用户名。</p>
    <p>（3）在单击登出按钮后，用户名为空。</p>
    <p>（4）刷新页面后，用户名信息不会改变，因为在 store/index.js 组件中
增加了 window 会话存储。</p>
    <hr/>
    <p>当前用户名：<span>{{ username }}</span></p>
    <button @click="login">模拟用户登录成功</button>
    <button @click="logout" style="margin-left: 5px">模拟用户登出</button>
  </div>
```

```
</template>
<script>
import { mapState, mapActions } from 'vuex'
export default {
  computed: {
    //...是 JavaScript 的展开运算符
    ...mapState(['username'])  //映射 state 状态属性 username 为 Vue 的计算属性
  },
  methods: {
    ...mapActions(['triggerLogin']),  //映射 Vuex 组件的 action 为 Vue 组件的方法
    login() {
      //方法 triggerLogin 在 Vuex 组件的 actions 选项中定义
      this. triggerLogin('NewUser')
    },
    ...mapActions(['triggerLogout']),
    logout(){
      this. triggerLogout('')  //方法参数为空字符串
    }
  }
}
</script>
<style scoped>
  span{
    color: red;
  }
</style>
```

注意：

（1）定义 Vuex 组件时，若不使用 actions 选项，即不使用中间调度，则需要在 Vue 组件中定义与 Vuex 的 state 属性对应的 data 属性，并通过 this.$store.commit('mutationName', payload)手动提交 mutation，这种方式会导致状态管理与业务逻辑代码混杂在一起，不利于项目的开发与维护。

（2）可以将后面的 mapActions()的数组[]中的元素数据合并到第一个 mapActions()的数组[]中，即增加了一个数组元素。

6.5.4　使用百度地图包

百度地图是由百度公司开发并提供的一套地理信息服务和地图应用开发平台，它提供了丰富的地图数据、地理位置搜索、路线规划、定位服务等功能，适用于多种应用场景。百度地图在许多领域得到了广泛应用，包括在线地图导航、出行服务、地理位置服务、地图可视化等，为开发者和用户提供了便捷、准确的地理信息服务。

（1）在 Vue3 项目中使用百度地图组件，需要先安装如下依赖：

```
npm install vue-baidu-map-3x
```

注意： Vue2 项目使用的模块依赖为"vue-baidu-map": "^0.21.22"。

（2）在 Vue3 项目中，main.js 文件的配置代码如下：

```
import { createApp } from 'vue'
import BaiduMap from 'vue-baidu-map-3x'
import App from './App.vue'
const app=createApp(App)
app.use(BaiduMap,{
    ak:'gn0hyTafn4d2f5nXtuP2Xm87QnY1abxr'    //注册百度应用 key
})
```

（3）Vue3 组件的完整代码如下：

```
<template>
<template>
    <div>
        <baidu-map class="map" :center="markerPoint" :zoom="16">
            <bm-map-type
                    :map-types="['BMAP_NORMAL_MAP', 'BMAP_HYBRID_MAP']"
                    anchor="BMAP_ANCHOR_TOP_LEFT"/>
        </baidu-map>
    </div>
</template>
<script>
export default {
    data() {
        return {
            //以武汉黄鹤楼为中心（可以更改经纬度，选择其他地方）
            markerPoint: {lng: 114.3090430000, lat: 30.5503170000}
        }
    }
}
</script>
<style scoped>
    .map {    /*设置地图大小*/
        width: 100%;
        height: 1200px;
    }
</style>
```

说明：地图显示有普通地图与混合地图两种方式。混合地图是将卫星图像与普通地图数据结合显示的地图类型。anchor 属性用于指定地图控件的位置。

6.5.5 使用图表库 ECharts

ECharts 是一个基于 JavaScript 的开源数据可视化库，用于生成各种交互式图表。ECharts 最初由百度公司开发，并于 2013 年开源，目前作为 Apache 基金会项目由全球开发者共同维护和发展。其官网提供了快速入门文档和示例代码。

为了在 Vue3 组件中使用 Echarts，需要先对项目安装 Echarts 依赖。在命令行界面执行如下命令：

```
cnpm install echarts
```

然后在 Vue3 组件的脚本中执行导入指令：

```
import * as echarts from 'echarts'    //所有导出内容作为一个对象引入当前组件（模块）中
```

可以通过使用 echarts.init()方法创建一个图表实例。其中，init()方法的必选参数通常是一个 DOM 元素，用于承载图表实例。

普通的二维数据坐标系都有 *x* 轴和 *y* 轴。通常情况下，*x* 轴显示在图表的底部，*y* 轴显示在左侧。*x* 轴常用于标示数据的维度，维度一般用来指数据的类别，是观察数据的角度，如"销售时间""销售地点""产品名称"等；*y* 轴常用于标示数据的数值，数值是具体考察某一类数据的数量值，也是需要分析的指标，如"销售数量"和"销售金额"等。

ECharts 图表通过 option 配置项来指定各种数据和显示方式。option 包含标题、坐标轴、图表类型、数据等信息。图表类型有多种选择，如 line（拆线图）、bar（柱状图）、Pie（饼图）、scatter（散点图）等。

在 Vue 组件中，生成柱状图的示例代码如下：

```
<template>
    <div ref="chart" style="width: 600px; height: 400px"></div>
</template>
<script>
import * as echarts from 'echarts'
export default {
    mounted(){
        this.initChart()
    },
    methods:{
        initChart(){
            const chartDom=this.$refs.chart
            const myChart=echarts.init(chartDom)     //创建图表对象
            const option={
                title:{
                    text:'ECharts 使用示例'    //设置图表标题
                },
                tooltip:{   //鼠标指针悬停在数据项时触发，显示销量数值，可选
                    trigger: 'item'
                },
                xAxis:{
                    data:['Mon','Tue','Wed','Thu','Fri','Sat','Sun']
                },
                yAxis:{
                    type: 'value'    //设置 y 轴类型为数值轴
                },
                series:[
                    {
                        name:'销量',
                        type:'bar',   //取值有多种选择
                        data:[10,22,35,47,59,72,85]
```

```
                        }
                    ]
                }
                myChart.setOption(option)
            }
        }
}
</script>
```

组件的浏览效果如图 6.5.6 所示。

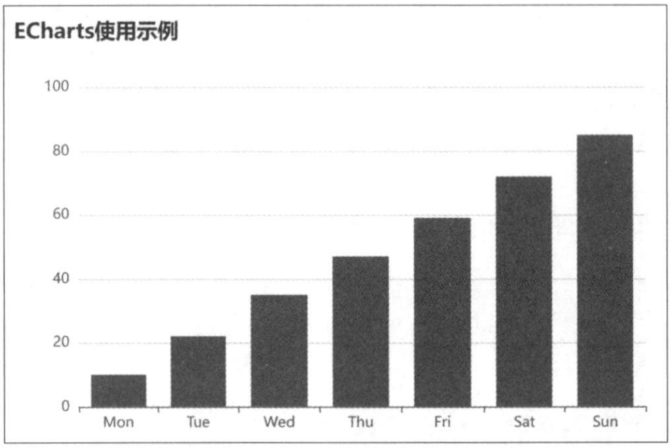

图 6.5.6　组件的浏览效果

与使用 axios 类似，可以在 main.js 文件中导入 ECharts 并将其配置为 Vue 的全局属性，以便所有组件可以使用。全局配置 Echarts 的代码如下：

```
import { createApp } from 'vue'
import App from './App.vue'
import * as echarts from 'echarts'
const app = createApp(App)
app.config.globalProperties.$echarts = echarts    //将 ECharts 添加到 Vue 实例的全局属性
app.mount('#app')
```

习题 6

实验 6

微课视频

第 7 章 Vue3 UI 组件库 Element Plus

在现代 Web 前端开发中，使用 UI 组件库已成为提升开发效率、统一界面风格的重要手段。Element Plus 作为基于 Vue3 的主流 UI 组件库，凭借其强大的功能、优雅的设计和友好的开发体验，成为许多开发者的首选。本章学习要点如下：

- 掌握在 Vue3 项目中全局配置 Element Plus 的方法；
- 掌握 Element Plus 布局与菜单组件的使用；
- 掌握 Element Plus 表格与分页组件的使用；
- 掌握 Element Plus 消息框、确认框和对话框组件的使用；
- 掌握下拉列表与下拉菜单组件的使用；
- 掌握 Element Plus 表单组件及其字段验证规则的使用；
- 掌握 Element Plus 文件上传与文件下载组件的使用；
- 掌握富文本编辑器 Quill 的使用。

7.1　从 Element UI 到 Element Plus

Element UI 是早期推出的一款成熟的 Vue.js UI 组件库，由“饿了么”前端团队开发和维护。Element Plus 是 Element UI 的升级版本，在 Element UI 的基础上进行了扩展和优化，旨在提供更好的开发体验和更丰富的功能。

Element UI 和 Element Plus 提供的组件均以 el-开头，以区别于标准的 HTML 标签。通过这些组件，开发者可以方便地实现美观的页面布局和丰富的交互功能。

Element Plus 的常用组件和方法如下。

- 布局容器：<el-container>、<el-header>、<el-aside>、<el-main>和<el-footer>。
- 菜单：<el-menu>、<el-sub-menu>、<el-menu-item>。
- 表单：<el-form>、<el-form-item>、<el-input>和<el-button>。
- 标签页（选项卡）：<el-tabs>、<el-tab-pane>。
- 对话框：<el-dialog>。
- 超链接：<el-link>。
- 表格：<el-table>、<el-table-column>。
- 下拉列表：<el-select>、<el-option>；下拉菜单：<el-dropdown>。
- 确认框：this.$confirm()。
- 消息框：this.$message.success()、this.$message.error()、this.$message.info()。

7.2　在 Vue3 项目中使用 Element Plus

为了在 Vue3 项目中使用 Element Plus，需要在命令行界面分别执行以下命令安装核心库、图标库及相关依赖：

```
npm install element-plus
npm install @element-plus/icons-vue
```

接下来，在 main.js 文件中导入 Element Plus 核心模块、CSS 样式和图标库，并将其注册为组件，具体代码如下：

```
import {createApp} from 'vue'
import HomePage from './App.vue'
import ElementPlus from 'element-plus'
import 'element-plus/dist/index.css'
const app= createApp(HomePage)
//全局注册 Element Plus 图标组件；否则，Vue 组件需要使用 import 指令导入图标组件并注册
import * as ElementPlusIconsVue from '@element-plus/icons-vue'
for(const [key,component] of Object.entries(ElementPlusIconsVue)) {
    app.component(key, component)    //组件注册
}
app.use(ElementPlus).mount("#app")
```

7.3　Element Plus 常用基础组件

7.3.1　布局容器组件

在 Element Plus 中，布局容器组件提供了一种基于弹性布局的结构，使页面布局更具可读性和灵活性。其主要组件包括：<el-container>、<el-header>、<el-footer>、<el-main>和<el-aside>，这些组件可以嵌套使用，从而实现复杂的页面布局。

1．基本布局

<el-container>：用于定义容器，可包含其他子布局组件，支持垂直或水平排列。

<el-header>：头部区域，一般用于标题、导航栏等内容，默认显示在顶部。

<el-footer>：底部区域，一般用于显示版权信息、链接等。

<el-main>：主体区域，用于展示主要内容。

<el-aside>：侧边栏区域，用于展示导航、菜单等辅助内容。

2．组合布局

在<el-container>内直接包含<el-header>和<el-footer>时，子组件会按垂直方向上下排列。如果需要左右排列，可以再嵌套一个<el-container>，并将<el-aside>与<el-main>放入其中。

垂直排列与左右排列结合使用的示例代码如下：

```
<el-container>
    <el-header>位于页面顶部，放置导航栏、标题或其他顶部信息</el-header>
    <el-container>
        <el-aside width="200px">放置导航、菜单或其他辅助内容</el-aside>
        <el-main>展示主要内容</el-main>
    </el-container>
    <el-footer>位于页面底部，放置页脚内容</el-footer>
</el-container>
```

外层的<el-container>实现了上、中、下三层结构的垂直排列布局，中间层的<el-aside>与<el-main>实现了左右排列布局。

注意：当不需要使用<el-container>的弹性布局功能时，可以使用传统的 div 元素和 CSS 进行布局。

7.3.2　菜单组件

1．一维水平菜单

菜单通过<el-menu>组件及其嵌套的若干<el-menu-item>子组件创建。一个典型的一维水平菜单效果如图 7.3.1 所示。

图 7.3.1　一维水平菜单效果

本章配套项目 ui-components 中的 OneDimessionMenu 组件实现了上述菜单效果，其代码如下：

```
<template>
    <div>
      <el-menu :default-active="activeIndex" active-text-color="#FF6666" mode="horizontal">
        <el-menu-item index="1" @click="setActiveComponent('LayoutAndMenu')">
          <el-icon><Menu/></el-icon>   <!--通过<el-icon>组件使用 Vue3 的菜单图标组件 Menu-->
          布局和菜单
        </el-menu-item>
        <el-menu-item index="2" @click="setActiveComponent('TablePaging')">
          <el-icon><Menu/></el-icon>
          表格分页
        </el-menu-item>
        <el-menu-item index="3" @click="setActiveComponent('MessageAndConfirmAndDialog')">
          <el-icon><Menu/></el-icon>
          消息框、确认框和对话框
        </el-menu-item>
        <el-menu-item index="4" @click="setActiveComponent('FormAndValidation')">
          <el-icon><Menu/></el-icon>
          表单验证
        </el-menu-item>
```

```
        <el-menu-item index="5" @click="setActiveComponent('SelectAndDropdown')">
          <el-icon><Menu/></el-icon>
          下拉列表与下拉菜单
        </el-menu-item>
      </el-menu>
      <el-main>
        <component :is="activeComponent"></component>  <!--显示 Vue3 组件 Menu-->
      </el-main>
    </div>
</template>
<script>
import LayoutAndMenu from "@/components/LayoutAndMenu.vue";
import TablePaging from "@/components/TablePaging.vue";
import MessageAndConfirmAndDialog from "@/components/MessageAndConfirmAndDialog.vue";
import FormAndValidation from "@/components/FormAndValidation.vue";
import SelectAndDropdown from "@/components/SelectAndDropdown.vue";
export default {
  components: {    //在当前组件中按需注册其他组件，从而能够在模板中使用它们
    LayoutAndMenu,
    TablePaging,
    MessageAndConfirmAndDialog,
    FormAndValidation,
    SelectAndDropdown
  },
  data(){
    return{
      activeIndex:'1',    //控制菜单项的激活状态
      activeComponent: 'LayoutAndMenu'
    }
  },
  methods: {
    setActiveComponent(componentName) {     //设置活动组件
      this.activeComponent=componentName
    }
  }
}
</script>
```

注意：

（1）在 main.js 中，将根组件 App.vue 临时替换为 OneDimessionMenu.vue，即可测试该菜单组件的浏览效果。

（2）菜单默认为垂直排列。本例通过对<el-menu>组件添加属性 mode="horizontal"来实现菜单项的水平排列。

（3）对<el-menu>组件添加属性:default-active="activeIndex"可实现菜单项的动态绑定，即识别选中的菜单项。

2．多级菜单

多级菜单包含多个层级，由主菜单项和子菜单项组成。子菜单组件嵌套在主菜单项下，可以展开和收起。一个典型的二维垂直菜单效果如图 7.3.2 所示。

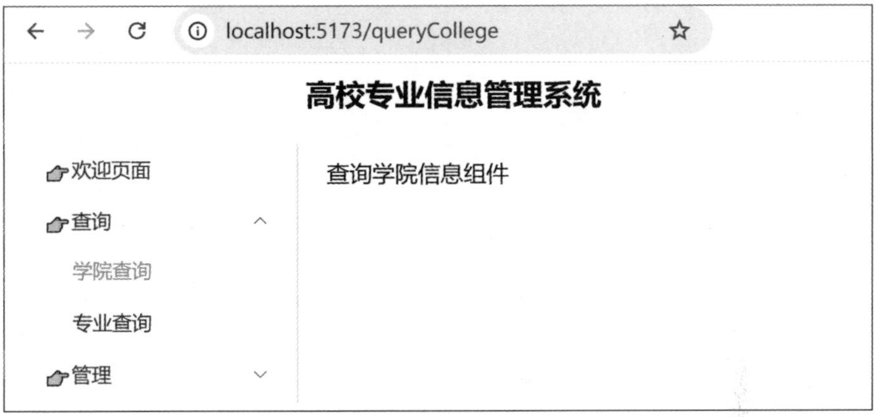

图 7.3.2　二维垂直菜单效果

本章配套项目 ui-components 中的 MultiDimessionMenu 组件实现了上述菜单效果，其代码如下：

```
<template>
  <el-container>
    <el-header>
      <div id="systemName">高校专业信息管理系统</div>
    </el-header>
    <el-container>
      <el-aside style="width: 200px">
        <el-menu :default-active="$route.path"
                 router
                 :unique-opened="true"
                 active-text-color="#FF6666">
          <el-menu-item index="/welcome" key="0" >☞欢迎页面</el-menu-item>
          <el-sub-menu index="query" key="1" >
            <template #title>☞查询</template>
            <el-menu-item index="/queryCollege" key="1-1">学院查询</el-menu-item>
            <el-menu-item index="/queryMajor" key="1-2">专业查询</el-menu-item>
          </el-sub-menu>
          <el-sub-menu index="manage" key="2" >
            <template #title>☞管理</template>
            <el-menu-item index="/collegeManage" key="2-1" >学院管理</el-menu-item>
            <el-menu-item index="/majorManage" key="2-2" >专业管理</el-menu-item>
          </el-sub-menu>
        </el-menu>
      </el-aside>
      <el-main>
```

```
            <router-view></router-view>   <!--显示菜单驱动的 Vue 组件-->
          </el-main>
        </el-container>
      </el-container>
    </template>
    <style scoped>
      #systemName{
        font-size: 1.3em;
        font-weight: bold;
        text-align: center;
      }
    </style>
```

注意：在静态菜单中，<el-menu-item>组件的 key 属性是可选的。如果菜单项是通过动态数据生成的，例如使用 v-for 渲染多个<el-menu-item>组件，则需要为每个菜单项设置唯一的 key，以确保 Vue 能够正确追踪每个菜单项。

在 MultiDimessionMenu 组件中，<el-menu>组件绑定了路由路径，并嵌套了若干<el-sub-menu>子组件。与该组件相关联的路由配置文件 src/router/index.js 的代码如下：

```
import { createRouter, createWebHistory } from 'vue-router'
import Welcome from "@/components/Welcome.vue"
const routes=[    /* 配置路由表：处于不同路径时，菜单项为红色 */
    {
        path:"/",
        redirect:'/welcome'     //重定向
    },
    {
        path:"/welcome",
        component:Welcome     //直接使用已经导入的组件
    },
    {
        path:"/queryCollege",    //懒加载
        component:()=>
            import("@/components/QueryCollege.vue")
    },
    {
        path:"/queryMajor",
        component:()=>
            import("@/components/QueryMajor.vue")
    },
    {
        path:"/collegeManage",
        component:()=>
            import("@/components/CollegeManage.vue")
    },
    {
        path:"/majorManage",
```

```
            component:()=>
                import("@/components/MajorManage.vue")
        }
]
const router = new createRouter({   /* 创建路由对象 router，供 main.js 导入 */
    history:createWebHistory(),   /* HTML5 History 模式，取消地址栏默认的# */
    routes
})
export default router   //导出路由对象
```

注意：

（1）在 main.js 中，将根组件 App.vue 临时替换为 MultiDimessionMenu.vue，即可测试该菜单组件的浏览效果。

（2）通过使用路由组件，实现了地址栏随加载不同组件而同步变化的功能。

（3）对菜单应用属性:unique-opened="true"，可以实现同一时间只有一个子菜单展开。

7.3.3　轮播组件

<el-carousel>是一个用于展示多内容的轮播组件，支持自动轮播和手动控制。

（1）通过 interval 属性设置轮播图切换时间间隔，单位为毫秒。

（2）使用 v-for 指令对<el-carousel-item>组件遍历轮播项数组。

（3）轮播图序号指示器默认显示在轮播图内部（位于图像底部的中间位置）。

本章配套项目 ui-components 中的 Carousel.vue 组件是使用轮播图组件的示例，其完整代码如下：

```
<template>
    <el-carousel :interval="3000">
        <el-carousel-item v-for="item in items" :key="item.id">
            <div class="carousel-item-content">
                <a :href="item.linkUrl" target="_blank"><img :src="item.imageUrl"/></a>
                <h3>{{ item.title }}</h3>
            </div>
        </el-carousel-item>
    </el-carousel>
</template>
<script>
export default {
    data() {
        return {
            items: [
                { id: 1, imageUrl: 'http://www.wustwzx.com/media/image/banner01.jpg', linkUrl:
                        'http://product.dangdang.com/27851965.html', title: 'Slide 1' },
                { id: 2, imageUrl: 'http://www.wustwzx.com/media/image/banner02.jpg', linkUrl:
                        'http://product.dangdang.com/26481801.html', title: 'Slide 2' },
                { id: 3, imageUrl: 'http://www.wustwzx.com/media/image/banner03.jpg', linkUrl:
                        'http://product.dangdang.com/28511908.html', title: 'Slide 3' },
                { id: 4, imageUrl: 'http://www.wustwzx.com/media/image/banner04.jpg', linkUrl:
                        'https://product.dangdang.com/1382606203.html', title: 'Slide 4' },
```

```
                { id: 5, imageUrl: 'http://www.wustwzx.com/media/image/banner05.jpg', linkUrl:
                                        'http://product.dangdang.com/28511196.html', title: 'Slide 5' },
                { id: 6, imageUrl: 'http://www.wustwzx.com/media/image/banner06.jpg', linkUrl:
                                        'https://item.jd.com/10022779571498.html', title: 'Slide 6' }
            ]
        }
    }
}
</script>
<style scoped>
    /*注释下面的全部样式后，轮播图将按实际大小居左显示*/
    .carousel-item-content {
        display: flex;
        align-items: center;
        justify-content: center;
        height: 100%;
        background-color: #f5f5f5;
    }
    .carousel-item-content img {
        width: 100%;
        height: auto;
        object-fit: cover;
    }
    .carousel-item-content h3 {
        position: absolute;
        color: #fff;
        font-size: 24px;
        text-shadow: 2px 2px 8px rgba(0, 0, 0, 0.5);
    }
</style>
```

浏览时，用户可以通过轮播图序号指示器选择是否停留，其效果如图 7.3.3 所示。

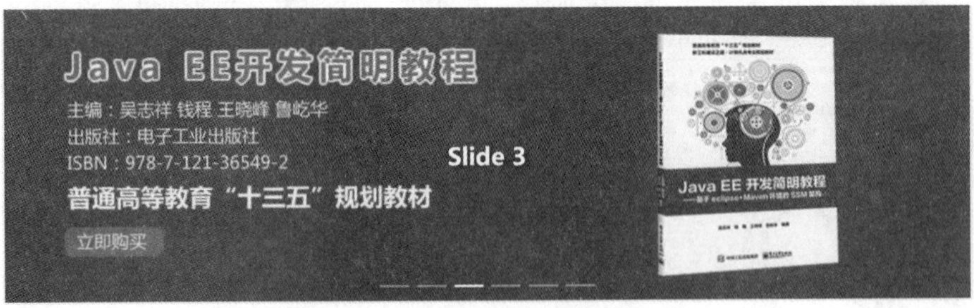

图 7.3.3　轮播图组件浏览效果

7.3.4　下拉列表与下拉菜单

1．下拉列表

<el-select>是 Element Plus 提供的下拉列表（或称选择器）组件。用户单击组件后会出现一个选项列表，单击某个选项后，其名称会显示在组件中。本章配套项目 ui-components 中的

SelectAndDropdown 组件展示了下拉列表在不同状态下的浏览效果，如图 7.3.4 所示。

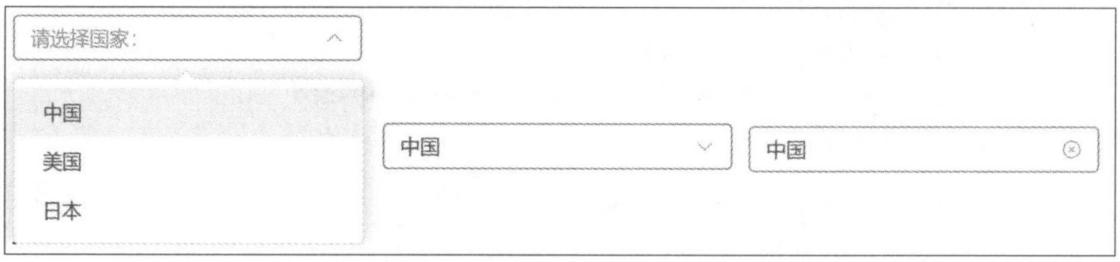

图 7.3.4　下拉列表浏览效果

使用<el-select>组件制作下拉列表涉及以下要素：

- v-model 指令用于实现选择值与数据的双向绑定；
- placeholder 属性用于设置提示文本“请选择…”；
- @change 事件用于监听选项变更并执行回调；
- filterable 属性支持模糊搜索功能，适用于选项特别多的情形；
- clearable 属性用于清除已选择的项，当鼠标指针悬停于下拉列表上时呈现 ⓧ；
- <el-option>子组件定义可供选择的项。

使用下拉列表组件的示例代码如下：

```
<template>
    <div>
        <el-select placeholder="请选择国家：" style="width: 20%;display: block"
                    v-model="selectedCountry"
                    @change="handleSelectCountry"
                    filterable
                    clearable>
            <el-option
                v-for="item in countries"
                :label="item.label"
                :value="item.value"
                :key="item.value">
            </el-option>
        </el-select>
    </div>
</template>
<script>
export default {
    data() {
        return {
            selectedCountry: '',
            countries: [
                { value: 'China', label: '中国' },
                { value: 'USA', label: '美国' },
                { value: 'Japan', label: '日本' }
            ]
        }
    },
```

```
        methods: {
            handleSelectCountry() {
                if(this.selectedCountry!=undefined){
                    this.$message.success(`你的选择是：${this.selectedCountry}`)
                }
            }
        }
    }
</script>
```

2. 下拉菜单

图 7.3.5　两种下拉菜单效果对比

本章配套项目 ui-components 中的 SelectAndDropdown 组件展示了下拉菜单的浏览效果。当鼠标指针悬停于图标上时，会显示提示文本；当鼠标指针悬停于图标右侧的下拉箭头上时，无须单击即可自动显示下拉菜单。两种效果的对比如图 7.3.5 所示。

<el-dropdown>是 Element Plus 提供的下拉菜单组件，通常与<el-dropdown-menu>和<el-dropdown-item>组件配合使用，创建下拉菜单列表。在<el-dropdown>组件内，可以放置任何元素作为下拉菜单的触发器。例如，使用<span class="el-dropdown-link">作为触发下拉菜单的按钮，其包含了一个下拉箭头图标。使用<el-tooltip>组件展示鼠标指针悬停时的提示信息。

使用下拉菜单组件的示例代码如下：

```
<template>
  <div>
    <div>
      <el-tooltip content="个人中心" placement="bottom">
        <img src="@/assets/person.png" style="width: 40px; height: 40px" />
      </el-tooltip>
      <el-dropdown @command="handleCommand">
        <span class="el-dropdown-link">
          <el-icon style="margin-top: 15px">
            <ArrowDown/>  <!--使用全局配置的 Element Plus 图标库中的图标组件-->
          </el-icon>
        </span>
        <template #dropdown>
          <el-dropdown-menu>
            <el-dropdown-item command="login">登录</el-dropdown-item>
            <el-dropdown-item command="setting">设置</el-dropdown-item>
            <el-dropdown-item command="logout">退出登录</el-dropdown-item>
          </el-dropdown-menu>
        </template>
      </el-dropdown>
    </div>
  </div>
```

```
</template>
<script>
import { ElMessage } from 'element-plus'
export default {
  methods: {
    handleCommand(command) {
      ElMessage.success(`click on item ${command}`)
      console.log('Command:', command);
      //根据 command 执行不同的操作
    }
  }
}
</script>
```

7.3.5 消息框、确认框与对话框

消息框、确认框与对话框在 Web 前端开发中使用广泛。这些组件不仅是 UI 组件，更是交互控制工具，通常需要通过 JavaScript 在特定事件或条件下动态创建并展示。普通的 UI 组件（如表单输入框、按钮等）一般直接渲染到页面中，而消息框、确认框和对话框则需要通过脚本控制显示或隐藏。

1. 消息框

this.$message()是 Element Plus 在 main.js 中全局注册的方法，即 Vue.prototype 添加了全局方法 this.$message()，用于系统级通知的被动提醒。其示例代码如下：

```
this.$message.success('删除成功')
//等效写法
this.$message({
    message: '删除成功',
    //有多种选择：success—字体及背景为绿色；error—字体及背景为红色；info—字体及背景为灰色
    type: 'success'
});
```

消息框用于消息提醒，是无模式的，即不会阻塞主线程。消息框出现并短暂停留后自动关闭，其效果如图 7.3.6 所示。

注意：当鼠标指针悬停于消息框上时，消息框不会自动消失。

图 7.3.6　消息框效果

this.$message()方法依赖于 Vue3 实例，必须在 Vue 组件的上下文中调用。在使用 Element Plus 库的 Vue3 项目中，新增了一种实现消息框的方式，即使用 Element Plus 提供的 ElMessage 函数，其示例代码如下：

```
import { ElMessage } from 'element-plus'
//1、函数用法
ElMessage({
```

```
    message: '这是一条成功消息',
    type: 'success'
})
//2、类似对象的用法（增强的函数或具有方法的模块导出）
ElMessage.error('这是一条失败消息')    //还具有 success()和 info()等非阻塞式方法
```

图 7.3.7　确认框和遮罩层效果

注意：使用 ElMessage 不需要依赖 Vue3 组件的上下文，可以在任意模块或工具函数中调用，增强了代码的灵活性。

2．确认框

确认框在脚本中使用$confirm()方法实现，它是有模式的，需要提供一个回调函数来处理用户的确认或取消操作。用户干预后，程序才能继续执行。此外，当确认框出现时，会自动生成半透明的遮罩层，以隔离确认框和背景。遮罩层和确认框在用户干预后才会消失，其效果如图 7.3.7 所示。

在根组件 App.vue 中使用消息框和确认框组件的示例代码如下：

```
<template>
    <div id="app">
        <img alt="Vue logo" src="./assets/logo.png">
    </div>
</template>
<script>
    export default {
        mounted() {
            this.$confirm('该操作将会删除所有数据，是否确认删除？', '删除', {
                confirmButtonText: '确定',
                cancelButtonText: '取消',
                type: 'error'    //有多种取值
            }).then(()=>{
                this.$message.success('删除成功')
            }).catch(() => {
                this.$message.info('取消删除')
            })
        }
    }
</script>
```

注意：

（1）如果去掉 confirmButtonText: '确定'和 cancelButtonText: '取消'，则显示默认的“确定”和“取消”两个按钮。

（2）如果希望仅显示一个“确定”按钮，可设置 showCancelButton: false。

（3）如果提示信息包含多行文本，则不能使用转义字符\n，应使用 HTML 标签
，同时设置 dangerouslyUseHTMLString: true，通知对话框组件解析并启用 HTML 标签。

（4）Element Plus 还提供了对应于 this.$confirm()方法的 ElMessageBox 函数。

3．对话框

对话框（<el-dialog>）与消息框、确认框有所不同。通常情况下，对话框需要在模板中通过<el-dialog>组件定义其内容，并通过 JavaScript 脚本控制其显示或隐藏。对话框用于实现在保留当前页面状态的情况下，向用户展示信息并承载相关操作。

在使用 Element Plus 的 Vue3 组件时，为了控件对话框的显示或隐藏，应使用 v-model 指令将对话框的 visible 属性与 Vue3 组件的 data 属性进行双向绑定。对话框一般包含“确定”和“关闭”两个按钮。当单击“确定”按钮时，将触发相应的方法进行特定的业务逻辑处理；当单击“关闭”按钮时，页面将回到之前的状态。

使用对话框组件的示例代码如下：

```
<template>
  <div>
    <el-button @click="openDialog">
      对话框
    </el-button>
    <el-dialog v-model="showDialog" title="对话框测试">
      对话框通常包含显示数据的表格方式或提交数据的表单
      <template #footer>
        <el-button @click="showDialog=false">关闭</el-button>
        <el-button @click="business" type="primary">确定</el-button>
      </template>
    </el-dialog>
  </div>
</template>
<script>
export default {
  data() {
    return {
      showDialog: false
    }
  },
  methods: {
    openDialog() {
      this.showDialog=true
    },
    business(){
      this.$message.success("执行特定的业务逻辑，3 秒后将关闭对话框...")
      setTimeout(() => {
        this.showDialog = false //延迟关闭对话框
      }, 3000) //延迟 3 秒
    }
  }
}
</script>
```

在该组件中，使用 v-model 指令将对话框组件的 visible 属性绑定到 Vue3 组件的 data 中的 showDialog 属性上，从而实现对话框的显示与隐藏控制。

注意：

（1）确认框和对话框的提示弹窗都有遮罩效果。弹出时遮罩层会覆盖整个屏幕并带有一定的透明度，通过设置样式 background: rgba(0, 0, 0, 0.5) 可实现遮罩效果。

（2）确认框提供一种轻量化、快速的确认/取消功能，并通过 then() 和 catch() 方法实现基于 Promise 的回调。

（3）对话框适用于内容复杂的交互场景，支持自定义内容，如表格展示、表单提交或数据编辑等，使用插槽和事件可实现更复杂的交互逻辑。

7.3.6 表格组件与数据的分页显示

1. 表格组件

表格组件采用<el-table>组件及其嵌套的若干<el-table-column>子组件创建，用于展示多条数据，可对数据进行排序、筛选等操作。

<el-table>组件的常用属性如下。

- 必选绑定属性 data：用于绑定 Vue 的 data 属性，表格数据为数组形式。
- 可选属性 stripe：用于创建斑马纹样式表格。
- 可选属性 border：用于设置表格边框。
- 可选绑定属性 row-class-name：用于为表格行应用某种类样式。
- 可选属性 width：用于定义表格宽度。

在实际项目中，表格数据的初始值设置为空数组[]，通过发送异步请求后动态生成。因此，在<style scoped>标签中定义表格行的类样式时，需要使用深度选择器来穿透 scoped 样式的限制；否则，通过 row-class-name 属性指定的样式将无效。

< el-table-column >子组件的常用属性如下。

- 必选属性 prop：用于指定 data 属性中对象的键名，以显示对象中的字段数据。
- 必选属性 label：用于定义列标题。
- 可选属性 width：用于定义列宽。
- 可选属性 sortable：用于设置可按字段值排序。
- 可选绑定属性 sort-method：用于指定排序规则。

其中，sort-method 属性需要与 sortable 属性配合使用，即使用 sortable 属性是使用 sort-method 属性的前提。

使用表格组件的示例效果如图 7.3.8 所示。

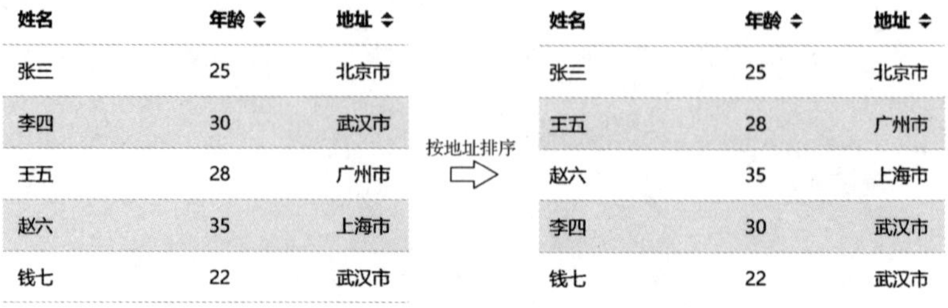

图 7.3.8　使用表格组件并对字段排序前后效果对照

图 7.3.8 中的左侧表格按数组元素的顺序排列；右侧表格可以通过单击排序按钮，实现按地址值的拼音升序或降序排列，也可以取消排序。对应的 Vue 组件代码如下：

```
<template>
  <div>
    <el-table
        :data="tableData"
        stripe
        style="width: 100%"
        :row-class-name="setRowClassStyle">
      <el-table-column prop="name" label="姓名" width="150"></el-table-column>
      <el-table-column
          prop="age"
          label="年龄"
          width="100"
          sortable
      ></el-table-column>
      <el-table-column
          prop="address"
          label="地址"
          sortable
          :sort-method="sortByPinyin">
      </el-table-column>
    </el-table>
  </div>
</template>
<script>
export default {
  data() {
    return {
      tableData: [  //表格数据
        { name: "张三", age: 25, address: "北京市" },
        { name: "李四", age: 30, address: "武汉市" },
        { name: "王五", age: 28, address: "广州市" },
        { name: "赵六", age: 35, address: "上海市" },
        { name: "钱七", age: 22, address: "武汉市" }
      ]
    }
  },
  methods: {
    sortByPinyin(a,b){    //自定义排序逻辑，使用拼音顺序
      return a.address.localeCompare(b.address, 'zh-CN')
    },
    setRowClassStyle({row}){  //自定义行样式逻辑
      return row.age>30? 'row-red': ''   /*对年龄超过 30 的记录应用类样式*/
    }
  }
```

```
}
</script>
<style scoped>
  :deep(.el-table .row-red){   /* 样式穿透 */
     color: red
  }
</style>
```

注意：

（1）表格组件封装了遍历集合对象的循环语句。

（2）表格组件未提供原生表格标题对应的标签。

（3）使用样式穿透时，“.el-table”中的“.”不可省略；可使用“table”替代。

2．分页组件

Element Plus 提供的分页组件<el-pagination>需要定义若干属性和事件，其中部分属性需要绑定 Vue 组件的 data 属性。

- 绑定属性 current-page：表示当前页码。
- 绑定属性 page-sizes：指定分页大小的选项数组。
- 绑定属性 page-size：当前分页大小。
- 绑定属性 total：总记录数。
- 可选属性 layout：分页导航布局。
- @current-change 事件：在页码改变时触发。
- @size-change 事件：在分页大小改变时触发。

使用分页组件的示例效果（含控制台输出）如图 7.3.9 所示。

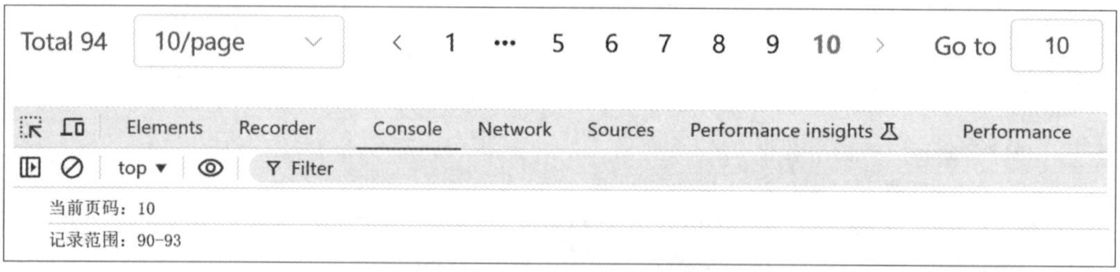

图 7.3.9　分页组件导航效果

分页导航栏依次显示总记录（条目）数、页容量和导航按钮等。当总记录数和页容量确定后，总页数也随之确定。用户可以通过下拉列表更改页容量，也可以通过导航按钮或页码输入框实现页码跳转。对应的 Vue 组件代码如下：

```
<template>
  <el-pagination
       :current-page="currentPage"
       :page-sizes="[10,20,50]"
       :page-size="pageSize"
       :total="total"
       @current-change="handlePageChange"
```

```
    @size-change="handleSizeChange"
    layout="total,sizes,prev,pager,next,jumper">
  </el-pagination>
</template>
<script>
export default {
  data() {
    return {
      currentPage: 1,  //当前页码
      pageSize:10,  //每页显示记录数
      total: 0    //总记录数（动态）
    }
  },
  mounted() {
    this.fetchData();
  },
  methods: {
    fetchData() {   //模拟从后端获取数据（记录数组）
      this.total = 94
    },
    handlePageChange(page){   //响应页码变化
      this.currentPage=page
      console.log(`当前页码：${page}`)   //模板字符串
      const start=(page-1)*this.pageSize  //记录数组的编号从 0 开始
      const end=Math.min(page*this.pageSize-1,this.total-1)
      console.log(`记录范围：${(start)}-${end}`)
    },
    handleSizeChange(pageSize){  //响应每页条数变化
      this.pageSize=pageSize
      this.currentPage = 1; //切换每页条数时，可重置到第一页
    }
  }
}
</script>
```

注意：

（1）若未指定 layout 属性，则分页导航栏不会显示总记录数和页容量下拉列表，仅显示基础的"上一页""下一页"按钮、页码按钮和页码输入框。

（2）分页组件的设计本质上基于原生超链接和表单提交机制。与手动实现超链接与表单提交相比，分页组件通过封装提供了一致、高效的用户体验。

（3）本示例中的分页导航数据在前端。实际上，也可以请求服务器端获取分页数据。前端分页适合小数据量的场景，而服务器端分页更适合处理大数据量。

7.3.7 输入组件、按钮组件、表单组件及其表单元素验证

1. 输入组件

当需要用户输入或编辑数据时，可以使用输入组件<el-input>，其主要属性如下。

- type：指定输入框类型，可取值为 text（文本输入框）和 password（密码输入框）。
- width：指定输入框的宽度。
- v-model：绑定表单字段。
- placeholder：设置字段输入的提示信息。
- suffix-icon：在输入框内添加一个右对齐图标，可取值为 search、delete 等。

注意： 尽管可以同时设置 placeholder 和 value（默认值），但它们在视觉上是互斥的，只会显示其中一个。当设置 value 后，placeholder 将不会显示。

2. 按钮组件

按钮组件<el-button>通过配置不同的属性可以触发多种用户操作，如提交表单、执行命令、导航等。其主要属性及事件如下。

- type 属性：设置按钮类型，可取值为 default、primary、success、warning、danger 和 info。
- size 属性：设置按钮大小，可取值为 default、large 和 small。
- icon 属性：在按钮文本前添加图标，可取值为 search、delete 等。
- @click 事件：绑定一个方法，定义按钮在被单击时的行为。

使用按钮组件的示例代码如下：

```
<template>
  <div>
    <!-- 默认按钮 -->
    <el-button type="default">默认</el-button>
    <!-- 不同类型的按钮 -->
    <el-button type="primary">主要</el-button>
    <el-button type="success">成功</el-button>
    <el-button type="warning">警告</el-button>
    <el-button type="danger">危险</el-button>
    <el-button type="info">信息</el-button>
    <!-- 不同大小的按钮 -->
    <el-button type="primary" size="large">大按钮</el-button>
    <el-button type="primary" size="default">默认大小</el-button>
    <el-button type="primary" size="small">小按钮</el-button>
    <!-- 带图标的按钮 -->
    <el-button type="primary" icon="search">查询</el-button>
    <el-button type="primary" icon="plus">增加</el-button>
    <el-button type="primary" icon="edit">修改</el-button>
    <el-button type="danger" icon="delete">删除</el-button>
    <el-button type="success" icon="circleCheck">提交</el-button>
    <!-- 绑定单击事件 -->
```

```
    <el-button type="primary" @click="handleClick">单击我</el-button>
  </div>
</template>
```

常用带图标的按钮效果如图 7.3.10 所示。

图 7.3.10　常用带图标的按钮效果

3. 表单组件及其验证规则

表单组件<el-form>本质上是一个用于收集、校验和提交数据的容器，由多个表单项<el-form-item>子组件组成。输入组件（如<el-input>、<el-select>等）需要嵌套在<el-form-item>子组件中使用。<el-form>组件的主要属性和方法如下。

- 属性 model：表示表单的数据模型对象。
- 可选属性 rules：定义模型字段的验证规则。
- 通用属性 ref：用于在脚本中引用表单对象，实现方法调用或属性访问。
- validate(callback)方法：用于触发模型字段的有效性校验。

在使用 Element Plus 的 Vue3 项目中，表单组件通常位于对话框组件内，尤其是在需要用户输入或编辑数据的场景中。通过将表单放置在对话框内，可以确保用户在提交表单之前完成所有必填项的输入，使整个操作在一个集中的界面中完成。

本章配套项目 ui-components 中的 FormAndValidation 组件实现了用户登录功能。该组件包含数据绑定、验证规则和事件处理。例如，当输入的密码长度不足时，系统会触发错误提示，效果如图 7.3.11 所示。

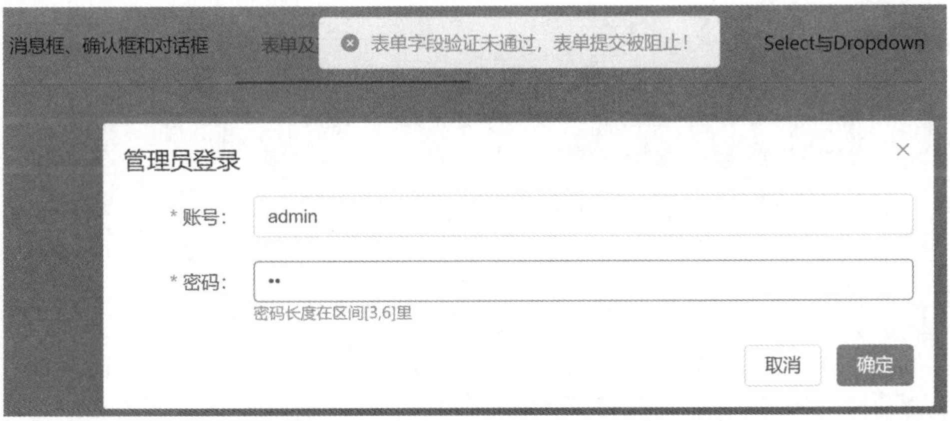

图 7.3.11　用户登录功能示例效果

对应的 Vue 组件代码如下：

```
<template>
  <div>
    <el-button @click="this.showLoginDialog=true">表单及其验证规则示例</el-button>
    <el-dialog v-model="showLoginDialog" title="管理员登录">
```

```
      <el-form :model="adminForm" ref="adminFormRef" :rules="adminFormRules">
        <el-form-item label-width="100px" label="账号：" prop="name">
          <el-input v-model="adminForm.name" placeholder="管理员账号 admin"/>
        </el-form-item>
        <el-form-item label-width="100px" label="密码：" prop="pwd">
          <el-input v-model="adminForm.pwd" placeholder="管理员密码 root" type="password"/>
        </el-form-item>
      </el-form>
      <template #footer>
        <el-button @click="showLoginDialog=false">取消</el-button>
        <el-button @click="adminLogin" type="primary">确定</el-button>
      </template>
    </el-dialog>
  </div>
</template>
<script>
import { ElMessage } from 'element-plus'
export default {
  data() {
    return {
      showLoginDialog:false,  //登录对话框默认不显示
      adminForm: {  //定义登录的表单字段
        name:'',
        pwd:''
      },
      adminFormRules: {
        name: [  //一条验证规则分别包含字段有效性规则、错误提示信息和触发时机三部分
          {required: true, message: '管理员账号必须填写', trigger: 'blur' }
        ],
        pwd: [
          {required: true, message: '密码必须填写', trigger: 'blur' },
          {min:3,max:6,message:'密码长度在区间[3,6]内',trigger:'blur'}
        ]
      }
    }
  },
  methods: {
    adminLogin(){  //管理员登录前进行表单字段验证
      this.$refs.adminFormRef.validate(valid=> {
        if(valid){  //如果验证通过，执行登录逻辑
          this.showLoginDialog=false
          ElMessage.success("已通过表单字段验证，后面再执行登录逻辑。")
        } else {   //如果验证失败，表单组件会根据定义的规则显示错误信息并阻止表单提交
          ElMessage.error('表单字段验证未通过，表单提交被阻止！')
          return false
        }
      })
```

```
        }
      }
    }
</script>
```

注意：

（1）表单组件<el-form>单向绑定表单的 model 属性，这是因为 model 属性值 adminForm 是作为 Vue 组件中 data 属性的一个对象存在的；表单内部组件（如<el-input>等）则通过双向绑定的方式绑定到 model 的具体字段（如 adminForm.username 或 adminForm.password）。

（2）对表单使用单向绑定语法:rules，实现表单字段有效性规则的验证，验证代码出现在表单处理方法中。只有当验证通过后，才会执行请求后端的业务逻辑；否则，会阻止提交表单数据至后端服务器。

（3）本示例的表单验证是在 Vue 组件中实现的，称为前端验证。实际上，表单验证也可以在后端程序中完成，此时称为后端验证。使用前端验证能够有效减轻后端服务器的负担。

7.3.8　选项卡组件

选项卡（或称标签页）组件<el-tabs>用于实现在内容上有关联但属于不同类别的数据集合的分隔展示，通常需要嵌套若干面板组件<el-tab-pane>和一个表单组件<el-form>。

使用选项卡组件的示例代码如下：

```
<template>
    <div id="login">
        <el-tabs class="login_container" v-model="activeName" stretch>
            <el-tab-pane name="student" label="学生登录"/>
            <el-tab-pane name="teacher" label="教师登录"/>
            <el-tab-pane name="admin" label="学工登录"/>
            <el-form :model="loginForm" :rules="loginFormRules" label-width=auto>
                <el-form-item prop="username">
                    <el-input type="text" v-model="loginForm.account" placeholder="请输入账号"/>
                </el-form-item>
                <el-form-item prop="password">
                    <el-input type="password" v-model="loginForm.password"
                                                        placeholder="请输入密码"/>
                </el-form-item>
            </el-form>
            <el-button type="primary"   @click="login" id="login-btn">登录</el-button>
        </el-tabs>
    </div>
</template>
<script>
    export default {
        data() {
            return {
                activeName:'student',   //默认选项
                loginForm: {
```

```
                    account:'',
                    password:''
                },
                loginFormRules:{
                    //此处写字段验证规则
                }
            }
        },
        methods:{
            login(){
                //此处写登录的前端代码
            }
        }
    }
</script>
<style scoped>
    #login{
        width: 30%;
        margin: 20px auto;
    }
    #login-btn{
        width: 100%;
    }
</style>
```

选项卡组件浏览效果如图 7.3.12 所示。

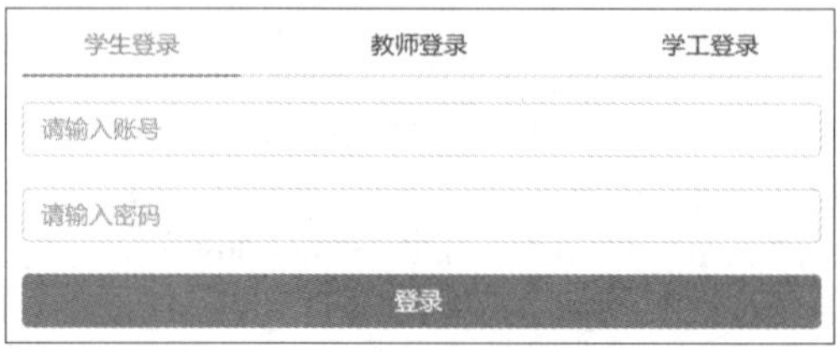

图 7.3.12　选项卡组件浏览效果

7.4　文件上传与下载

7.4.1　文件上传

文件上传是网站开发中的常用功能。Element Plus 提供了功能强大的文件上传组件<el-upload>，可以轻松实现文件上传功能，并支持多种文件上传方式，如拖拽上传、单击选择上传、限制文件类型、限制上传数量等。

文件上传组件<el-upload>的主要属性如下。

- 绑定属性 action：指定后端处理程序。
- 属性 accept：指定允许上传的文件类型。

- 属性 drag：允许拖拽上传。
- 属性 multiple：允许同时上传多个文件。
- 绑定属性 file-list：上传的文件列表。
- 绑定属性 on-success：设置文件上传成功时的钩子函数。
- 绑定属性 on-error：设置文件上传失败时的钩子函数。
- 绑定属性 on-preview：设置预览已上传文件列表中的文件时的钩子函数。
- 绑定属性 on-remove：设置从文件列表中移除文件时的钩子函数。

本章配套项目 ui-components 中的 FileUploadAndDownload 组件实现了文件上传及管理功能（包括查看、删除和下载），如图 7.4.1 所示。

图 7.4.1　文件上传及其管理

该组件的代码如下：

```
<template>
    <div class="container">
        <el-table :data="tableData" style="width: 100%">
            <el-table-column prop="name" label="文件名"></el-table-column>
            <el-table-column prop="size" label="文件大小（字节）"></el-table-column>
            <el-table-column prop="last_modified" label="最后更新时间"></el-table-column>
            <el-table-column label="操作">
                <template #default="scope">
                    <el-button @click="viewFile(scope.row.name)" type="primary">查看</el-button>
                    <el-button @click="deleteUploadedFile(scope.row.name)" type="primary">
                                                                                    删除</el-button>
                </template>
            </el-table-column>
        </el-table>
        <el-upload
            :action="fileBaseUrl+'upload.php'"
            accept=""
            drag
            multiple
            :file-list="fileList"
```

```
            :before-upload="beforeUpload"
            :on-success="handleSuccess"
            :on-error="handleError">
            <el-icon class="el-icon--upload"><upload-filled/></el-icon>   <!--文件上传图标组件-->
            <div class="el-upload__text">
                拖拽文件到这里，或单击下面的按钮
            </div>
            <el-button type="primary" class="upload-button">单击开始上传</el-button>
            <template #tip>
                <div class="el-upload__tip">
                    注意：上传的文件大小不超过 100MB
                </div>
            </template>
        </el-upload>
    </div>
</template>
<script>
import { UploadFilled } from '@element-plus/icons-vue'   //导入上传图标
import { ElMessage } from 'element-plus'   //导入 Element Plus 消息组件
import axios from "axios"
export default {
    data(){
        return{
            fileBaseUrl:'http://localhost/WebFront/Unit08/WebBackend-php7/FileManage/',
            fileList:[],      //上传的文件数组
            tableData:[],  //表格数据
        }
    },
    components: {
        UploadFilled      //若不注册本组件，将导致文件上传图标不显示
    },
    mounted(){
        this.getUploadedFile()
    },
    methods: {
        beforeUpload(file){
            const allowedSize = file.size/1024/1024<=100
            if(!allowedSize){
                ElMessage.error('上传文件大小不能超过 100MB!')
            }
            return allowedSize
        },
        handleSuccess(response,file){
            if(response.status==='success'){
                file.url=response.url
                file.name=response.name
                ElMessage.success(`文件 ${file.name} 上传成功`)
```

```
                    this.getUploadedFile()    //刷新上传文件列表
                }else{
                    ElMessage.error(`文件 ${file.name} 上传失败: ${response.message}`)
                }
            },
            handleError(){
                ElMessage.error("Web 服务器无响应。请检查后端...")
            },
            //以下是处理已上传文件的相关方法
            getUploadedFile(){  //获取已经上传的文件列表
                axios.get(this.fileBaseUrl+'getUploadedFile.php').then(response => {
                    this.tableData=response.data
                })
            },
            viewFile(name) {
                console.log(this.fileBaseUrl+'upload/'+name)
                window.open(this.fileBaseUrl+'upload/'+name)
            },
            deleteUploadedFile(name) {
                axios.post(this.fileBaseUrl+'deleteUploadedFile.php',{
                    filename:name
                }).then((res=>{
                        this.getUploadedFile()
                    })
                )
            }
        }
    }
</script>
<style scoped>
    .upload-button {
        margin: 20px 0;
    }
</style>
```

实现文件上传功能的 PHP 后端程序 upload.php 主要执行以下操作：设置允许浏览器跨域请求；通过 PHP 全局变量$_FILES['file']获取上传文件信息；使用 move_uploaded_file()函数将临时文件移动到目标路径；上传成功后，返回 URL 路径。其完整代码如下：

```
<?php
    header("Access-Control-Allow-Origin: *");   //设置允许所有跨域请求
    $uploadDir=__DIR__.'/upload/';
    if(!is_dir($uploadDir)) {
        mkdir($uploadDir, 0777, true); //确保上传目录存在，并设置权限
    }
    //var_dump($_FILES['file']);   //调试
    if($_FILES['file']['error']===UPLOAD_ERR_OK){   //PHP 常量 UPLOAD_ERR_OK=0
        $dateTime=date('YmdHis');
```

```
        $fileName=$dateTime.'_'.$_FILES['file']['name'];    //前缀日期、时间和下画线
        $filePath=$uploadDir.$fileName;
        //将上传的临时文件移动到指定的路径，并使用生成的文件名重命名
        if(move_uploaded_file($_FILES['file']['tmp_name'], $filePath)){
            $fileUrl='http://'.$_SERVER['HTTP_HOST'].
                                    '/WebFront/Unit08/WebBackend-php7/FileManage/upload/'.$fileName;
            $response=['status'=>'success','name'=>$fileName,'url'=>$fileUrl];
        }
    }else{
        $response=['status'=>'error','message'=>'Failed to upload file'];
    }
    echo json_encode($response);
```

注意：查看文件时，若为图像文件或.xlsx 等文件，则启动对应的程序直接打开；若为.rar 等压缩文件，则自动下载该文件。

7.4.2 文件下载

文件下载也是网站开发中的常用功能。虽然通过 HTML 超链接可以实现下载功能，但它具有暴露系统资源地址和无法进行权限控制等缺陷。

Element Plus 虽然没有内置文件下载组件，但可以借助 JavaScript 和后端程序来实现文件下载功能，这种方式不仅可以避免暴露系统资源地址，而且可以进行安全的权限控制。

（1）使用 axios 发送请求时，需要设置响应类型为 blob（binary large object）。

（2）blob 对象用于处理不可直接用 JavaScript 操作的二进制数据，如文档、图像、音频、视频等。

（3）window.URL 是 JavaScript 提供的一个全局对象，包含与 URL 相关的实用工具，用于创建、解析、管理和操作 URL 地址。

FileUploadAndDownload 组件实现文件下载功能的代码如下：

```
downloadFile(fileName){  //以欲下载的文件名作为方法参数
    const url=`${this.fileBaseUrl}download.php?name=${fileName}`   //构建下载文件的 URL
    axios.get(url,{
        responseType: 'blob'
    }).then(response => {
        const blob = new Blob([response.data])   //创建用于存储文件的 blob 对象
        const url = window.URL.createObjectURL(blob)     //为 blob 对象生成一个可下载的 URL
        const link = document.createElement('a')   //创建一个用于触发下载的<a>标签
        link.href = url       //设置链接地址
        link.setAttribute('download',fileName)   //设置下载文件名
        document.body.appendChild(link)     //将<a>标签暂时添加到文档中
        link.click()  //模拟用户单击链接，启动文件下载
        document.body.removeChild(link)    //下载后移除 DOM 中的 <a> 标签
        window.URL.revokeObjectURL(url)    //释放之前为 blob 对象创建的 URL 资源
    }).catch(error => {
         this.$message.error("下载文件失败，请重试！")
         console.error(error)
```

```
    })
}
```

PHP 后端程序 download.php 主要负责向浏览器声明二进制字节流的文件类型，并以附件形式保存文件，其完整代码如下：

```
<?php
    const SOURCE_DIRECTORY='upload/';   //定义下载文件的源目录
    const TARGET_DIRECTORY='download/';   //定义文件下载的目标目录
    if (!is_dir(TARGET_DIRECTORY)){   //确保下载目录存在
        mkdir(TARGET_DIRECTORY, 0755, true);   //创建目录，设置权限
    }
    $fileName=basename($_GET['name']);   //从 URL 中获取文件名
    $filePath=SOURCE_DIRECTORY.$fileName;   //构建完整的文件路径
    if(!file_exists($filePath)){   //检查文件是否存在
        http_response_code(404);
        echo "File not found.";
        exit;
    }
    try{
        //编码文件名，避免中文乱码问题
        $encodedFileName = rawurlencode($fileName);
        header("Access-Control-Allow-Origin: *");   //可选，仅为描述性信息
        header('Content-Description: File Transfer');
        //设置响应内容的类型为二进制字节流，通过浏览器调试窗口 Network->Response 可以验证
        header('Content-Type: application/octet-stream');   //可选
        //通知浏览器以给定的文件名保存文件
        header('Content-Disposition: attachment; filename="'.$encodedFileName.'"');
        header('Expires: 0');
        header('Cache-Control: must-revalidate');
        header('Pragma: public');
        header('Content-Length: ' . filesize($filePath));
        //清空输出缓冲区
        ob_clean();
        flush();
        if(readfile($filePath)===false){   //读取文件并输出到响应
            throw new Exception("Error reading the file.");
        }
        exit;
    }catch(Exception $e) {
        http_response_code(500);   //返回 500 错误
        echo "Internal Server Error: ".$e->getMessage();
        exit;
    }
```

7.5　富文本编辑器 Quill

Element Plus 并未直接提供富文本编辑器组件。开发者可以在 Vue3 项目中引入其他富文本编辑器库，与 Element Plus 组件配合使用。

目前兼容 Vue3 的常见富文本编辑器有 Quill、WangEditor、CKEditor 和 TinyMCE。其中，Quill 和 WangEditor 是轻量级、易于集成且具备基本功能的开源编辑器；商业版的 CKEditor 和 TinyMCE 支持更复杂的编辑功能，但需要付费授权。

在 Vue3 项目中使用富文本编辑器 Quill 之前，需要先通过命令行界面安装其库依赖，命令如下：

```
npm install @vueup/vue-quill
```

QuillEditor 是一个基于 Quill 的 Vue 组件。使用前需要执行以下导入命令：

```
import { QuillEditor } from "@vueup/vue-quill"      //导入 Vue 组件 QuillEditor
import "@vueup/vue-quill/dist/vue-quill.snow.css"     //导入组件样式
```

本章配套项目 ui-components 中的 RichTextWithQuill 组件实现了富文本文件的 CRUD 操作，如图 7.5.1 所示。

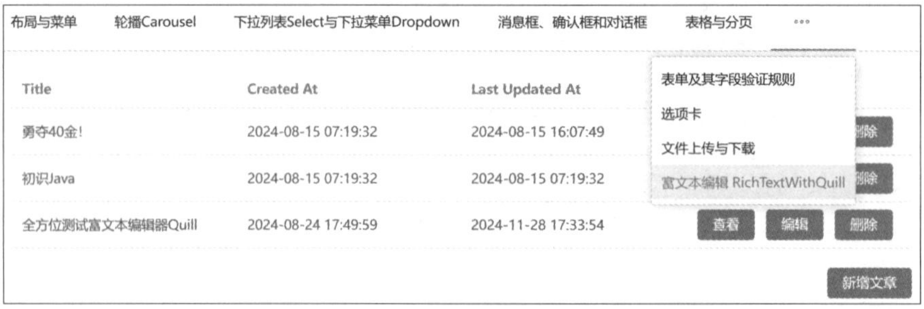

图 7.5.1　富文本文件的 CRUD 操作效果

新建或编辑富文本时，用户可以使用相关工具设置文本大小和颜色，使用超链接工具设置超链接（需填写网址），使用音视频工具插入音频或视频（需提供 URL），使用图像工具将本地的图像文件上传至服务器并在富文本文件中引用，如图 7.5.2 所示。

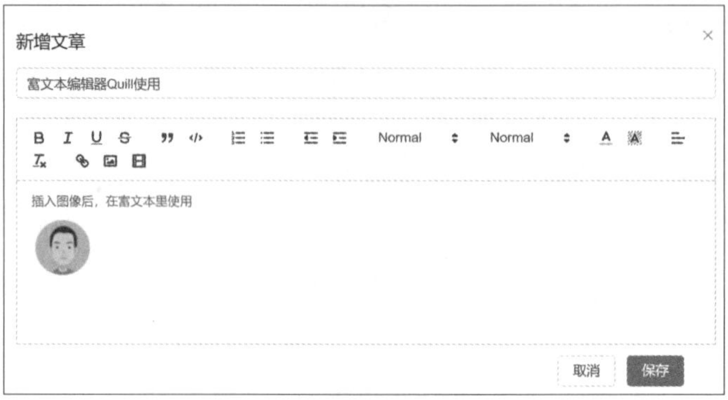

图 7.5.2　富文本编辑界面

注意：

（1）使用超链接工具创建超链接时，需要先输入链接文本并将其选中，再单击按钮，在弹出的对话框中输入网址。若直接单击工具按钮，则不会出现网址输入框。

（2）音视频工具只能插入音频或视频链接。

RichTextWithQuill 组件的代码如下：

```
<template>
  <div>
    <el-table :data="articles" style="width: 100%">    <!-- 文章列表表格 -->
      <el-table-column prop="title" label="Title"></el-table-column>
      <el-table-column prop="created_at" label="Created At"></el-table-column>
      <el-table-column prop="updated_at" label="Last Updated At"></el-table-column>
      <el-table-column label="Actions">
        <template #default="scope">   <!-- 作用域插槽 -->
          <el-button @click="viewArticle(scope.row.id)" type="primary">查看</el-button>
          <el-button @click="editArticle(scope.row.id)" type="primary">编辑</el-button>
          <el-button @click="deleteArticle(scope.row.id, scope.row.title)" type="primary">
                                                                                删除</el-button>
        </template>
      </el-table-column>
    </el-table>
    <div class="create-button">
      <el-button type="primary" @click="openCreateDialog">新增文章</el-button>
    </div>
  </div>
  <!-- 新增/编辑文章对话框 -->
  <el-dialog v-model="addOrEditDialogVisible" :title="dialogTitle" width="800px">
    <!-- 文章标题输入框 -->
    <el-input v-model="articleTitle" placeholder="请输入文章标题" style="margin-bottom: 20px"/>
    <!-- Quill 编辑器 -->
    <quill-editor
        ref="quillEditorRef"
        v-model:content="content"
        contentType="html"
        :options="options"/>
    <!-- 使用 Element Plus 文件上传组件，实现 QuillEditor 的插入图像功能 -->
    <el-upload
        :action="this.phpBaseUrl+'editor.php'"
        :before-upload="handleBeforeUpload"
        :on-success="handleUploadSuccess"
        name="file"
        :show-file-list="false"
        ref="uploadRef"
        id="editor-img-uploader">
    </el-upload>
    <template #footer>
      <div class="dialog-footer">
```

```
          <el-button @click="addOrEditDialogVisible = false">取消</el-button>
          <el-button type="primary" @click="saveArticle">保存</el-button>
        </div>
      </template>
    </el-dialog>
    <!-- 查看文章对话框 -->
    <el-dialog v-model="viewDialogVisible" title="查看文章" width="800px" align-center>
      <h3 style="text-align: center;">{{ viewArticleTitle }}</h3>
      <div v-html="viewArticleContent"></div>
      <template #footer>
        <el-button type="primary" @click="viewDialogVisible = false" plain>关闭</el-button>
      </template>
    </el-dialog>
</template>
<script>
import {QuillEditor} from "@vueup/vue-quill"
import "@vueup/vue-quill/dist/vue-quill.snow.css"
import axios from 'axios'
export default {
  name: "RichTextWithQuill",
  components: {
    QuillEditor    //注册 Vue 组件
  },
  data(){
    return {
      phpBaseUrl: 'http://localhost/WebFront/Unit08/WebBackend-php7/FileManage/',
      phpUrl: 'http://localhost/WebFront/Unit08/WebBackend-php7/FileManage/editor.php',
      articles: [], //文章列表
      currentArticleId: null,   //当前编辑的文章 ID
      articleTitle: '', //文章标题
      content: "",   //富文本编辑器的内容
      viewDialogVisible: false, //查看对话框是否可见
      addOrEditDialogVisible: false, //新增/编辑对话框是否可见
      viewArticleTitle:'', //查看文章标题
      viewArticleContent:'', //查看文章内容
      dialogTitle: '新增文章', //新增对话框标题
      options:{    //用于初始化 QuillEditor 组件的选项配置对象
        theme:"snow",    //白色主题
        bounds:document.body,   //边界
        debug:"warn",
        modules:{    //设置编辑器功能模块的配置对象
          toolbar: [    //设置编辑器工具栏的配置对象
            ["bold","italic","underline","strike"],
            ["blockquote","code-block"],
            [{list: "ordered"},{list: "bullet"}],
            [{indent: "-1"},{indent: "+1"}],
            [{size: ["small",false,"large","huge"]}],
```

```
            [{header: [1,2,3,4,5,6,false]}],
            [{color: []},{background: []}],
            [{align: []}],
            ["clean"],
            ["link","image","video"],
          ],
        },
        placeholder:"请输入内容"
      },
      //下面是文件上传相关配置（允许上传的图像文件类型和文件大小限制）
      type: ["image/jpeg","image/jpg","image/png","image/svg"],   //类型
      fileSize: 20,    //上传图像文件最大为 20MB
    }
  },
  mounted(){
    this.fetchArticles()
  },
  watch:{
    //在打开“新增”或“编辑”对话框时，才需要获取 QuillEditor 的实例对象
    addOrEditDialogVisible(newVal){    //addOrEditDialogVisible 是 Vue 组件的 data 属性
      if(newVal){
        this.$nextTick(()=>{  //确保 QuillEditor 已经完全渲染
          let quill=this.$refs.quillEditorRef.getQuill();  //通过引用获取其实例
          if(quill){
            let toolbar=quill.getModule("toolbar")  //获取工具栏
            toolbar.addHandler("image",(value)=>{  //添加上传图像文件处理器
              if(value){  //当用户单击工具栏上的“上传图像”按钮时，value 为 true
                document.querySelector('#editor-img-uploader input[type="file"]').click()
              }else{
                quill.format("image",false)
              }
            })
          }else{
            console.log("编辑器未被正确初始化！")
          }
        })
      }
    }
  },
  methods: {
    fetchArticles(){  //获取文章列表
      axios.get(this.phpUrl).then(response =>{    //获取资源
        this.articles=response.data
      }).catch(()=>{
        this.$confirm('对应的 PHP 后端程序没有启动，新编辑富文本时将无法保存！
                                                    请先启动 PHP 后端...','警告',{
          confirmButtonText: '确定',
```

```
            showCancelButton: false,
            type: 'error'
          })
        })
      },
      openCreateDialog(){        //打开新增文章对话框
        this.dialogTitle='新增文章'
        this.articleTitle=''
        this.content='<p></p>'
        this.addOrEditDialogVisible=true
      },
      async saveArticle(){     //定义异步请求方法，确保等待它调用的异步请求完成后再刷新
        const articleData={     //请求参数对象
          title: this.articleTitle,   //文章标题
          content: this.content    //文章内容
        }
        let isError=false
        let responseMessage=''
        if(this.dialogTitle === '新增文章'){   //新增文章
          let response = await axios.post(this.phpUrl, articleData)     //异步请求：新增资源
          if (response.data.message === '文章已保存') {
            responseMessage = `成功新增文章【${this.articleTitle}】`
          }else{
            isError = true
            responseMessage = `新增文章失败: ${response.data.error}`
          }
        }else{   //更新文章
          articleData.id = this.currentArticleId;
          let response = await axios.put(this.phpUrl, articleData)   //异步请求：更新资源
          if(response.data.message === '文章已更新') {
            responseMessage = `成功更新文章【${this.articleTitle}】`
          }else{
            isError = true
            responseMessage = `更新文章失败: ${response.data.error}`
          }
        }
        this.addOrEditDialogVisible=false
        this.$message({
          message: responseMessage,
          type: isError?'error':'success'
        })
        this.fetchArticles()   //重新获取文章列表
      },
      viewArticle(id){   //查看文章
        axios.get(this.phpUrl,{
          params: {id: id}
        }).then(response=>{
```

```
        this.viewArticleTitle=response.data.title
        this.viewArticleContent=response.data.content
        this.viewDialogVisible=true
    }).catch(error=>{
        this.$message.error(`后端错误：${error}`)
    })
},
editArticle(id) {    //编辑文章
    this.currentArticleId = id
    axios.get(this.phpUrl, {
        params: { id: id }
    }).then(response =>{
        this.articleTitle = response.data.title
        this.content = response.data.content
        this.dialogTitle = '修改文章'
        this.addOrEditDialogVisible = true
    }).catch(error =>{
        console.error('获取文章失败', error)
    })
},
deleteArticle(id,title){  //删除文章
    this.$confirm(`是否确认删除文章 【${title}】 ?`,'提示',{
        confirmButtonText: '确定',
        cancelButtonText: '取消',
        type: 'warning'
    }).then(()=>{
        axios.delete(this.phpUrl,{    //删除资源
            params: {id: id}
        }).then(res=>{
            console.log(res.data)
            this.$message.success(`文章【${title}】已删除`)
            this.fetchArticles()  //重新获取文章列表
        }).catch(error => {  //处理请求失败的错误
            console.error(`删除失败:${error}`)  //将错误日志打印到控制台
            this.$message.error('删除文章失败，请查看浏览器控制台的出错信息...')
        })
    }).catch(() => {    //如果单击了“取消”按钮
        console.log('删除操作已取消')
    })
},
//下面的两个方法属于 QuillEditor
handleBeforeUpload(file){    //文件上传前的预检（允许上传的文件类型和文件大小限制）
    if(!this.type.includes(file.type)){
        this.$message.error("文件格式错误！只能上传图像文件...")
        return false   //阻止提交
    }
    let isPermittedSize=file.size/1024/1024<this.fileSize
```

```
          if(!isPermittedSize){
            this.$message.error(`上传文件大小不能超过 ${this.fileSize} MB!`)
            return false    //阻止提交
          }
          return true
        },
        handleUploadSuccess(res){    //图像文件上传成功时
          let quill=this.$refs.quillEditorRef.getQuill()
          let length=quill.selection.savedRange.index   //获取当前光标的位置
          let targetPath=this.phpBaseUrl+res   //res 是上传后的文件名（在服务器端使用相对路径）
          quill.insertEmbed(length,"image",targetPath)  //在当前光标位置插入图像 URL
          quill.setSelection(length+1)    //将光标定位到插入的图像后
          console.log(quill.root.innerHTML)    //输出富文本的 HTML 代码
        }
      }
    }
</script>
<style scoped>
  .dialog-footer{   /* 对话框底部按钮右对齐 */
    text-align: right
  }
  .create-button{   /* 新增文章按钮右对齐 */
    margin-top: 20px;
    display: flex;
    justify-content: flex-end
  }
</style>
```

RichTextWithQuill 组件的设计要点如下。

（1）组件模板主要包含用于显示文章列表的表格组件，用于新增或编辑文章、显示文章的对话框，以及 CRUD 按钮。其中，“查看”“编辑”和“删除”按钮位于表格记录行内，“新增”按钮位于表格右下方。

（2）在“新建”或“编辑”对话框中，分别包含<quill-editor>组件及其配套的文件上传组件<el-upload>。

（3）组件的 data 属性除了定义后端地址、对话框状态、文章数组、文章 ID 和文章内容，还用于①初始化 QuillEditor 组件的选项配置对象、图像文件上传限制参数（如文件类型、文件大小）；②实现 content 数据属性与 QuillEditor 组件的属性 content 属性的双向绑定；③实现 options 数据属性与 QuillEditor 组件的 options 属性的单向绑定。

（4）仅在打开“新增”或“编辑”对话框时，才需要获取 QuillEditor 的实例对象。为此，对 RichTextWithQuill 组件应用 watch 选项来监听本组件的 addOrEditDialogVisible 属性。

（5）在监听函数中，使用 this.$nextTick()确保 Quill 编辑器已完全渲染后再实例化编辑器对象。

（6）在实例化编辑器对象后，获取工具栏并添加上传图像文件处理器，以实现将图像文件上传至后端服务器。

（7）在 handleUploadSuccess(res)方法中，在富文本的当前位置插入图像 URL。

（8）saveArticle()方法响应“新增”或“编辑”对话框中的“保存”按钮，负责将当前文件的内容保存至数据库表。

注意：如果注释掉组件中的 watch 选项，则不会进行文件上传，而是试图以 Base64 编码方式将图像存入数据库。如果图像文件较小，可以正常保存；但如果图像文件过大，则可能提示错误“Data too long for column 'content' at row 1”（字段宽度不足以容纳数据）。

RichTextWithQuill 组件对应的 PHP 后端程序 editor.php 的代码如下：

```
<?php
    error_reporting(0);
    header("Access-Control-Allow-Origin: *");
    header("Access-Control-Allow-Methods: POST, GET, OPTIONS, PUT, DELETE");
    header("Access-Control-Allow-Headers: Content-Type");
    header("Content-Type: application/json; charset=UTF-8");
    $servername = "localhost:3306";   //MySQL 数据库服务器
    $username = "root";   //数据名
    $password = "root";   //密码
    $dbname = "exampledb";    //MySQL 数据库名
    $conn = new mysqli($servername, $username, $password, $dbname);   //得到连接对象
    if($conn->connect_error){
        die(json_encode(["error"=>"连接失败: ".$conn->connect_error], JSON_UNESCAPED_UNICODE));
    }
    //1、处理 GET 请求（获取文章或单篇文章）
    if($_SERVER['REQUEST_METHOD'] === 'GET'){
        if(isset($_GET['id'])){
            $id=$_GET['id'];   //获取 id 指定的单篇文章
            $stmt=$conn->prepare("SELECT title, content, file_path, created_at, updated_at
                                                    FROM articles WHERE id = ?");
            $stmt->bind_param("i", $id);    //第一参数 i 表示绑定的参数类型为整型（integer）
            $stmt->execute();
            $result=$stmt->get_result();
            $article=$result->fetch_assoc();
            $stmt->close();
            echo json_encode($article, JSON_UNESCAPED_UNICODE); //响应 JSON 格式的记录
        }else{   //获取所有文章
            $result=$conn->query("SELECT id, title, file_path, created_at, updated_at FROM articles");
            $articles=$result->fetch_all(MYSQLI_ASSOC);   //获取结果集对应的二维关联数组
            echo json_encode($articles, JSON_UNESCAPED_UNICODE);
        }
    }
    //2、处理图像文件上传（在写入数据库之前）
    $uploadDir = "upload_editor/";
    if(!is_dir($uploadDir)){
        mkdir($uploadDir);
    }
    if (isset($_FILES['file'])) {
```

```
        $fileInfo = $_FILES["file"];    //获取上传文件信息数组
        date_default_timezone_set("PRC");
        $targetFilePath = $uploadDir . date('YmdHis_') . $fileInfo["name"];
        move_uploaded_file($fileInfo["tmp_name"], $targetFilePath);
        echo $targetFilePath;
    }
    //3、处理图像文件上传之后的 POST 请求
    if($_SERVER['REQUEST_METHOD'] === 'POST' && !isset($_FILES['file'])){
        //从客户端的 HTTP 请求中获取原始 JSON 数据，解码成一个 PHP 关联数组
        $input = json_decode(file_get_contents("php://input"), true);
        if(isset($input['title']) && isset($input['content'])){
            $title = $input['title'];
            $content = $input['content'];
            $file_path = isset($input['file_path']) ? $input['file_path'] : null;
            $stmt = $conn->prepare("INSERT INTO articles(title, content, file_path, created_at,
                                                    updated_at) VALUES(?, ?, ?, NOW(), NOW())");
            $stmt->bind_param("sss", $title, $content, $file_path);
            if($stmt->execute()){
                echo json_encode(["message" => "文章已保存"], JSON_UNESCAPED_UNICODE);
            } else {
                echo json_encode(["error" => "保存失败: " . $stmt->error],
                                                                JSON_UNESCAPED_UNICODE);
            }
            $stmt->close();
        } else {
            echo json_encode(["error" => "缺少必要的参数"], JSON_UNESCAPED_UNICODE);
        }
    }
    //4、处理 PUT 请求（更新文章）
    if($_SERVER['REQUEST_METHOD'] === 'PUT'){
        $input = json_decode(file_get_contents("php://input"), true);
        if(isset($input['id']) && isset($input['title']) && isset($input['content'])){
            $id = $input['id'];
            $title = $input['title'];
            $content = $input['content'];
            $file_path = isset($input['file_path']) ? $input['file_path'] : null;
            $stmt = $conn->prepare("UPDATE articles SET title = ?, content = ?, file_path = ?,
                                                        updated_at = NOW() WHERE id = ?");
            $stmt->bind_param("sssi", $title, $content, $file_path, $id);   //"sssi"表示各参数类型
            if($stmt->execute()){
                echo json_encode(["message" => "文章已更新"], JSON_UNESCAPED_UNICODE);
            } else {
                echo json_encode(["error" => "更新失败: " . $stmt->error],
                                                                JSON_UNESCAPED_UNICODE);
            }
            $stmt->close();
        } else {
            echo json_encode(["error" => "缺少必要的参数"], JSON_UNESCAPED_UNICODE);
        }
    }
    //5、处理 DELETE 请求（删除文章）
```

```php
    if($_SERVER['REQUEST_METHOD'] === 'DELETE'){
        if(isset($_GET['id'])){
            $id = $_GET['id'];   //获取查询字符串里的参数值
            $stmt = $conn->prepare("DELETE FROM articles WHERE id = ?");
            $stmt->bind_param("i", $id);   //"i" 表示绑定的参数是整型（integer）
            if($stmt->execute()){
                echo json_encode(["message" => "文章已删除"], JSON_UNESCAPED_UNICODE);
            } else {
                echo json_encode(["error" => "删除失败: " . $stmt->error],
                                                    JSON_UNESCAPED_UNICODE);
            }
            $stmt->close();
        } else {
            echo json_encode(["error" => "缺少必要的参数"], JSON_UNESCAPED_UNICODE);
        }
    }
    //6、关闭数据库连接
    $conn->close();
?>
```

程序设计要点如下。

（1）在程序开头禁用 PHP 错误报告，并设置允许跨域请求和响应头信息。

（2）使用 mysqli 创建数据库连接对象，用于执行 SQL 命令，完成对数据库的多种操作。

（3）后端不同的业务逻辑与前端 axios 使用的不同方法（GET、POST、PUT 和 DELETE）相对应，这些不同的方法请求均由后端程序 editor.php 处理。

（4）所有请求和响应均采用 JSON 格式，以确保与前端进行数据交换时的格式一致。

（5）为了从客户端的 HTTP 请求中获取原始 JSON 格式数据并将其解析为 PHP 关联数组，应使用 PHP 函数 json_decode(file_get_contents("php://input"), true)。

（6）为了在 PHP 后端直接使用$_POST[]获取 POST 请求的数据，可在前端 Vue 项目中使用 qs 库的 stringify() 方法将请求数据序列化为表单格式（application/x-www-form-urlencoded）。这是因为在默认情况下，axios 发送的数据为 JSON 格式，而$_POST[]只能解析 application/x-www-form-urlencoded 或 multipart/form-data 格式的数据。使用 qs.stringify()方法可以实现数据格式转换，从而使 PHP 后端程序能够使用$_POST[]获取数据。关于 qs 库的使用方法，详见第 8 章综合项目。

（7）对于 GET 请求的参数，无须使用 qs.stringify()方法，因为 axios 会自动将对象形式的参数序列化为查询字符串，并附加到 URL 参数中。PHP 后端程序可通过$_GET[]直接获取这些参数。

习题 7

实验 7

微课视频

第 8 章 基于 Vue3+PHP7 的项目前后端分离开发

随着现代 Web 应用的复杂度不断增加，前后端分离的开发模式逐渐成为主流。这种模式不仅提高了开发效率，还增强了前端和后端技术的独立性，允许开发者专注于各自领域。前端通过 API 与后端进行数据交互，而后端则通过提供标准化的接口来处理数据和业务逻辑。本章将深入探讨前后端分离开发的核心概念和实现技术，并基于 Vue3+PHP7 实现前后端分离开发。本章学习要点如下：

- 掌握 Web 项目前后端分离开发的技术要点，特别是 PHP7 后端允许跨域访问的设置；
- 掌握 PHP7 后端接收前端参数、数据库访问和关联数组的方法；
- 掌握使用 Vue3+PHP7 进行综合项目的设计方法；
- 掌握前后端项目联合调试的方法；
- 掌握 Vue3 项目打包、部署与上线流程。

8.1 Web 项目前后端分离开发技术要点

在 Vue 和 PHP 构建的前后端分离项目中，不再有传统的 PHP 页面概念。在前后端分离的架构中，前端和后端是独立的两个部分。

前端（Vue3）：负责用户界面和用户交互，通常由 JavaScript 框架构建，只需处理用户交互、发送请求和数据展示。

后端（PHP7）：负责业务逻辑和数据处理，通过 API 提供数据处理功能并返回 JSON 格式的数据。

这种架构使得前端和后端可以独立开发、测试及部署，提升了开发效率和灵活性。

8.1.1 前后端分离的核心概念与技术架构

1．前后端分离的核心概念

前后端分离是一种现代 Web 开发架构，它将 Web 应用程序的前端（用户界面与用户交互）和后端（业务逻辑与数据处理）分开开发和部署。前端和后端通过网络接口（通常是 HTTP API）进行通信和数据交互。前后端分离不仅提高了开发效率，还能使前端与后端的技术栈独立发展，聚焦于各自的核心功能。前后端分离的主要特征如下。

➢ 前端独立性：前端完全独立于后端，前端通过 API 与后端进行数据交互，而不关心后端的实现细节。

- 后端独立性：后端只负责数据处理和业务逻辑，通常通过 RESTful API 等标准接口供前端调用。
- 开发和部署分离：前后端分别开发、测试和部署，团队各司其职，分工明确。
- 前端与后端技术独立性：前端技术栈和后端技术栈可以相对独立，前端可使用 Vue.js、React 等现代框架，后端可使用 PHP、Node.js、Java 和 Python 等技术。

2. 前后端分离的优势

前后端分离的优势如下。

- 高效开发与团队协作：前后端分离使得前端和后端可以并行开发，前端开发人员可以专注于界面设计和用户交互，后端开发人员则可以集中精力处理数据和业务逻辑。这种分工方式有效提高了开发效率。
- 灵活的技术栈选择：由于前后端完全解耦，前端和后端可以分别选择最适合的技术栈。
- 便于维护与扩展：前端和后端的代码各自独立，维护和扩展时不会互相影响。可以轻松替换其中一部分技术，不需要大规模重构。
- 更好的用户体验：前后端分离通常会采用单页面应用（SPA）的方式，前端页面可以更快地响应用户交互，减少页面的全刷新，提高用户体验。

3. 前后端分离的技术架构

前后端分离的技术架构通常由以下几个部分构成。

- 前端技术：通常使用现代 JavaScript 框架（如 Vue3、React 或 Angular），负责处理用户界面和交互逻辑，构建 SPA（单页面应用）。在 Vue3 项目中，前端通过 axios 等 HTTP 客户端向后端发送请求并处理响应数据。前端还负责路由管理、组件化开发、UI 渲染等任务。
- 后端技术：使用 PHP 或其他后端语言，负责处理业务逻辑和与数据库的交互。后端通常采用 RESTful API 或 GraphQL 等协议与前端进行数据交互。后端还负责身份验证、权限管理、数据存储等任务。在 PHP 中，常见的后端框架有 Laravel、Symfony 等，这些框架提供了完善的路由、控制器和数据库操作功能。后端通过返回 JSON 格式的响应与前端进行数据交互。
- API 接口：RESTful API。前端与后端通过 RESTful API 进行通信。RESTful API 是一种基于 HTTP 协议的通信方式，使用标准的 HTTP 方法（GET、POST、PUT、DELETE 等）与 URL 路径来描述操作。API 返回的数据通常采用 JSON 格式，前端通过解析这些数据来动态更新页面。
- 数据库：MySQL 或其他数据库，用于后端存储数据。后端通过数据库执行 SQL 查询，返回处理后的数据给前端。常用的数据库有 MySQL、PostgreSQL、MongoDB 等。
- Web 服务器：Nginx/Apache。Web 服务器负责接收来自客户端的 HTTP 请求，并路由到合适的后端接口。前端资源（如 HTML、CSS、JavaScript 文件）通常由 Web 服务器直接提供给浏览器，而后端 API 则通过 API 网关或反向代理访问。

4．前后端分离的实现方式

实现前后端分离的方式有很多，下面是几种常见的方式。

- 传统多页面应用（MPA）：在这种模式下，前端和后端可能存在一定的耦合性，页面通过服务器端渲染生成并发送给客户端。前端与后端通过表单提交等方式进行数据交互。
- 单页面应用（SPA）：单页面应用是一种典型的前后端分离形式，前端在浏览器中加载一次后，后续的页面切换都通过 JavaScript 控制，而不需要刷新整个页面。Vue3、React 等现代前端框架通常用于构建 SPA。后端通过 RESTful API 或 GraphQL 提供数据，前端通过 AJAX 请求动态获取数据并更新页面。
- 前后端分离的部署方式：在前后端分离的架构中，前端和后端通常会部署在不同的服务器或端口上。前端应用通过构建工具（如 Vue CLI、Webpack）打包成静态文件，然后通过 Nginx 或 Apache 等 Web 服务器提供给浏览器访问。后端 API 通常运行在独立的服务器上，通过 HTTP 或 HTTPS 提供服务。

8.1.2 RESTful API 设计原则

1．RESTful API 的基本概念

REST（Representational State Transfer）是一种架构风格，广泛应用于 Web 开发中。RESTful API 是基于 HTTP 协议的 Web 应用接口规范，它强调通过标准的 HTTP 方法（如 GET、POST、PUT、DELETE 等）对资源进行操作，并返回标准化的状态码和响应格式。RESTful API 遵循以下主要设计原则。

- 资源唯一标识：每个资源（如用户、订单、商品等）都应具有唯一的标识符，通常通过 URL 来表示。
- 使用标准的 HTTP 方法：每个操作（如获取、更新、删除资源等）应对应一个标准的 HTTP 方法。
- 无状态性：每个请求都应包含足够的信息来完成请求，服务器端不保存客户端状态。
- 返回标准化的状态码：API 响应应使用合适的 HTTP 状态码来表示请求的结果。

2．URL 路径设计规范

RESTful API 中，URL 路径设计非常重要，它应当清晰、简洁，并符合资源的表现方式。设计 URL 时，应遵循以下基本原则。

- 使用资源名词而非动词：资源名词表示实体或集合。每个 URL 应该指向一个资源或资源集合，而非动作。使用复数形式表示资源集合，使用单数形式表示单个资源。
- 使用层次结构表示资源关系：使用“/”分隔各个资源层级，表示资源之间的从属关系。
- 支持分页和过滤：如果资源集合较大，应支持分页、过滤、排序等功能，并使用查询参数来实现。

3. HTTP 方法与状态码的正确使用

在 RESTful API 设计中，HTTP 方法的正确使用非常重要。每个 HTTP 方法应代表对资源的某种操作，而不是通过 URL 路径来表达操作。常见的 HTTP 方法如下。

- GET：用于获取资源，不会对资源产生副作用（GET 请求是安全的）。
- POST：用于创建新资源，通常用于提交表单数据或上传文件。
- PUT：用于更新资源，请求体应包含完整的资源表示（替换整个资源）。
- DELETE：用于删除资源。

在某些情况下，使用 RESTful API 设计是必需的。例如，在第 7 章的富文本编辑器组件 RichTextWithQuill 中，由同一后端程序 editor.php 处理 4 种不同类型的请求，就需要采用 RESTful API 设计。

注意：并不是所有项目都必须使用 RESTful API。例如，可将无参数提交与接收的请求设计为 GET 请求，而将有参数提交与接收的请求设计为 POST 请求。

状态码是 HTTP 响应的核心部分，它向客户端传达请求处理的结果。常用的 HTTP 状态码如下。

- 200 OK：请求成功，通常用于 GET 请求。
- 401 Unauthorized：请求未通过身份验证，用户未授权。
- 403 Forbidden：请求已被理解，但服务器拒绝执行，通常与权限相关。
- 404 Not Found：请求的资源不存在，客户端访问了一个不存在的路径。
- 405 Method Not Allowed：HTTP 方法不被允许，客户端请求的操作方法无效。
- 500 Internal Server Error：服务器内部发生异常，无法完成请求。
- 502 Bad Gateway：服务器作为网关或代理时，从上游服务器收到无效响应。

在 RESTful API 设计中，合理地设计 URL 路径、使用标准的 HTTP 方法和返回准确的状态码，是构建高效、可维护的 Web 服务的关键。设计时应该注意路径的简洁性和描述性，方法的语义化，以及状态码的准确使用，以确保提供清晰且一致的 API 接口，从而提升开发和使用效率。

8.1.3　PHP7 后端设置允许跨域访问与预检请求

在前后端分离开发中，前端和后端通常运行在不同的域名或端口上，导致浏览器的同源策略（Same-Origin Policy）阻止了前端与后端的通信。

同源策略是浏览器的一种安全机制，用于防止某些类型的跨站请求伪造攻击（Cross-Site Request Forgery，CSRF）。同源策略规定，只有当请求的协议（HTTP、HTTPS）、域名和端口号完全一致时，网页才能发送和接收请求。例如，http://example.com/page1 和 http://example.com/page2 是同源的。后端设置 CORS 响应头，允许特定源访问资源。

在项目前后端分离的后端项目中，通常使用 CORS（Cross-Origin Resource Sharing）实现跨域请求。CORS 是一种机制，通过使用额外的 HTTP 响应头来告诉浏览器允许网页从另一个域请求资源。Access-Control-Allow-Origin 是 CORS 的一个关键响应头，用于指定哪些域可以访问资源。在 PHP7 后端程序中，实现跨域请求的代码如下：

```
header("Access-Control-Allow-Origin:*");
```

预检请求（OPTIONS）是 CORS 机制的一部分，用于在正式请求之前询问服务器是否允许跨域访问。如果在请求中添加了非简单请求头（如请求头中携带了凭证），则会触发预检请求。触发预检请求的条件如下：

- 使用了非简单请求头（如 Content-Type: application/json）；
- 使用的 HTTP 方法是 PUT、DELETE 或其他非简单方法；
- 请求头中携带了凭证（如 Authorization 或 Cookies）。

当存在跨域访问和预检请求时，后端要进行相应的处理。通过正确设置后端的 CORS 响应头，前端和后端就可以在不同域名或端口上进行安全的跨域通信。

8.1.4 Vue3 前端与 PHP7 后端的数据格式

前端通过 axios 发送请求时，JavaScript 对象会自动转换为 JSON 格式。当采用 PHP 作为后端编程语言时，可以通过以下几种方式获取请求数据。

（1）使用 qs 库的 stringify()方法序列化请求参数。在 axios 发送 POST 请求时，该方法将作为 JavaScript 对象的请求参数序列化并作为请求体发送。

（2）使用 PHP 函数 json_decode(file_get_contents("php://input"), true)从客户端的 HTTP 请求中获取原始 JSON 数据，并解析成 PHP 关联数组。其中，php://input 是只包含原始请求体、不包含请求头的只读输入流；file_get_contents()是用于从指定文件或流中读取内容的 PHP 函数，file_get_contents("php://input")从原始的请求体读取 JSON 格式的数据。

（3）在 axios 发送 GET 请求时，可以手动拼接查询字符串到 URL 末尾（而不是作为请求体），或者通过 params 属性添加 JavaScript 对象参数（适用于非敏感数据）。

在 PHP 中，关联数组（Associative Array）是一种使用键值对（key-value pairs）存储数据的数组结构。PHP7 后端处理结果通常为关联数组形式，使用 PHP7 函数 json_encode()将处理结果转换为 JSON 格式，以确保前端 Vue3 项目能正常解析。

测试 axios 数据发送与 PHP 后端接收的 Vue3 组件代码如下：

```
<template>
    <div>测试 axios 数据发送与 PHP 后端接收</div>
</template>
<script>
  import qs from 'qs'
  export default {
    mounted(){
      let requestParameter={      //定义 JavaScript 对象作为请求参数，键名不必加双引号
        username:"张三",
        age:20    //也可以是其他类型数据
      }

      //方式 1、使用 axios.post()发送表单数据提交方式的请求
      this.$axios.post("http://localhost/WebFront/Unit08/WebBackend-php7/dataReceiveAndParse1.php",
        qs.stringify(requestParameter))      //将请求对象转换为查询字符串
        .then(res=>{
          console.log(res.data);
```

```
            })
        //方式 2、含有参数传递的 axios.get() 请求
        this.$axios.get("http://localhost:80/WebFront/Unit08/WebBackend-php7/dataReceiveAndParse2.php",
            {
              params: requestParameter
            })
            .then(res=>{
              console.log(res.data)
            })
        //方式 3、使用 axios.post()发送 JSON 数据提交方式的请求
        this.$axios.post("http://localhost:80/WebFront/Unit08/WebBackend-php7/dataReceiveAndParse3.php",
            requestParameter)
            .then(res=>{
              console.log(res.data);
            })
      }
    }
</script>
```

注意：

（1）使用 axios.post()方法发送表单数据时，省略了作为配置请求头参数的第三参数{headers: {'Content-Type':'application/x-www-form-urlencoded'}}。该方法不会触发预检请求（Preflight Request），可以通过浏览器调试窗口的“Network”选项卡验证。

（2）使用 axios.post()方法发送 JSON 数据时，省略了第三参数{headers:{'Content-Type':'application/json'}}。该方法会触发预检请求，可以通过浏览器调试窗口的“Network”选项卡验证。

（3）axios.post()方法通过 Content-Type 请求头指定请求体的数据类型。而 axios.get()方法不存在请求体，请求头中没有 Content-Type 选项。

在后端项目 WebBackend-php7 中，测试 axios.post()方法提交表单数据的 PHP7 程序 dataReceive AndParse1.php 的代码如下：

```
<?php
    error_reporting(0);
    header("Access-Control-Allow-Origin:*");       //允许所有域名进行访问
    $username=$_POST['username'];
    $age=$_POST['age'];
    $result=array("username"=>$username,"age"=>$age);   //关联数组
    /转换成 JSON 格式的结果且 Unicode 字符为原始格式（而不是转义为 Unicode 转义序列）
    echo json_encode($result,JSON_UNESCAPED_UNICODE);
```

测试 axios.get()方法传递查询字符串参数的 PHP7 程序 dataReceiveAndParse2.php 的代码如下：

```
<?php
    error_reporting(0);
    header("Access-Control-Allow-Origin:*");
```

```
    $username=$_GET ['username'];
    $age=$_GET['age'];
    $result=array("username"=>$username,"age"=>$age);
    echo json_encode($result,JSON_UNESCAPED_UNICODE);
```

测试 axios.get()方法提交 JSON 数据的 PHP7 程序 dataReceiveAndParse3.php 的代码如下：

```
<?php
    error_reporting(0);
    header("Access-Control-Allow-Origin:*");
    header("Access-Control-Allow-Headers: Content-Type");   //允许携带 Content-Type 头部
    $input=json_decode(file_get_contents("php://input"), true);     //得到关联数组
    $username=$input['username'];
    $age=$input['age'];
    $result=array("username"=>$username,"age"=>$age);
    echo json_encode($result,JSON_UNESCAPED_UNICODE);
```

注意：与前两个程序相比，第三个程序新增了一条响应前端预检请求的 header()语句。

8.1.5 项目测试

1. Vue3 项目调试

Vue3 项目调试本质上是 JavaScript 脚本调试。在 JavaScript 调试环境中，在需要观察的变量的代码行后插入控制台输出语句 console.log()和 debugger 语句。启动调试前，需要先按 F12 键打开浏览器调试窗口。当执行到 debugger 语句时，程序会自动暂停。

2. 在 IDEA 环境中直接测试接口

打开 PHP 文档后，可以使用以下两种方式运行 PHP 程序。

（1）单击工具栏中的浏览器图标，系统将打开一个 PHP 页面，显示程序运行结果。

（2）单击工具栏中的“运行”按钮，控制台将显示程序运行结果，适用于输出数组或对象。

注意：

（1）确保 IDEA 已经安装 PHP 插件，以便提供 PHP 解释器。

（2）为了测试中间结果，可使用 print_r()语句输出待观察的变量值。

（3）如果程序中涉及 GET/POST 参数接收，可以手动构造模拟数据进行测试。

3. 使用 Postwoman 测试接口

Postwoman 是一款开源的 API 测试工具，无须安装即可使用，并提供了友好的中文用户界面。其主要功能包括发送 HTTP 请求，查看请求头（header）、请求体（request body）和响应体（response）。一个使用 Postwoman 测试表单提交至 PHP 后端、返回值为 JSON 数据的界面如图 8.1.1 所示。

图 8.1.1　使用 Postwoman 测试表单提交

8.2　综合项目：高校专业信息管理系统

8.2.1　需求分析

高校专业信息管理系统的需求分析旨在定义系统的功能和非功能需求，确保系统能满足用户（如学生、教师、管理员等）的需求，提升专业信息管理的效率。

功能需求包括：

（1）登录与认证。游客只有查询数据的权限，管理员功能需要登录认证。

（2）学院、专业、班级和学生的信息查询及管理。

（3）系统管理，如数据备份和系统维护等。

非功能需求包括：

（1）安全性。确保数据在传输过程中不被窃取，严格控制不同类别用户的访问权限。

（2）性能。系统能同时支持大量用户访问，响应时间应在合理范围内。

（3）用户界面美观、方便。

（3）可维护性与可扩展性。

8.2.2　项目数据库设计

数据库是项目开发的重要基础。在开发过程中，数据库设计与后端程序是密切相关的，数据库的每次修改都需要与后端开发紧密配合，以确保系统的一致性和稳定性。

项目数据库（exampledb）主要包含学院表（college）、专业表（major）和管理员表（admin）等。数据库要求具有完整性，表现在以下三个方面。

（1）域完整性。例如，表 admin 的 name 和 pwd 字段值不能为空。

（2）实体完整性。例如，设置表 college 的 name 字段为主键，以确保实体的唯一性。即学院名称各不相同。设置主键的关键字为 PRIMARY KEY。

（3）参照完整性。使用关键字 CONSTRAINT…FOREIGN KEY…REFERENCES 设置表间参考完整性。例如，表 major 的 collegeName 字段与表 college 的 name 字段建立外键约束，并通过关键字 ON DELETE CASCADE ON UPDATE CASCADE 定义级联更新和级联删除。

表 major 的定义不仅满足数据库完整性的三个方面，还通过 Key 定义索引，其 SQL 脚本代码如下：

```
CREATE TABLE `major` (
  `name` varchar(255) CHARACTER SET utf8mb4 COLLATE utf8mb4_0900_ai_ci NOT NULL,
  `collegeName` varchar(255) CHARACTER SET utf8mb4 COLLATE utf8mb4_0900_ai_ci NOT NULL,
  `xuhao` varchar(45) CHARACTER SET utf8mb4 COLLATE utf8mb4_0900_ai_ci NOT NULL,
  PRIMARY KEY (`name`) USING BTREE,
  KEY `collegename` (`collegeName`) USING BTREE,
  CONSTRAINT `fkcollegeName` FOREIGN KEY (`collegeName`) REFERENCES `college` (`name`)
                                        ON DELETE CASCADE ON UPDATE CASCADE
) ENGINE=InnoDB DEFAULT CHARSET=utf8mb4 COLLATE=utf8mb4_0900_ai_ci
                                                          ROW_FORMAT=DYNAMIC;
```

注意：可以使用数据库前端工具软件（如 SQLyog、Workbench 和 Navicat 等）进行数据库的可视化设计。

8.2.3 PHP 后端项目 WebBackend-php7

文件夹 WebFront\Unit08\WebBackend-php7 位于 phpstudy_pro 的 WWW 目录下，包含供前端项目使用的 PHP 文件。

1. 编写数据库访问的公共文件

PHP 是一种灵活的编程语言，既支持面向过程编程（基于函数），也支持面向对象编程（基于类和对象）。虽然 PHP 最初以过程化编程为主，但自 PHP5 起，其增加了对面向对象编程的支持，这使得开发者可以根据具体需求选择适合的编程范式。在 PHP7 后端程序中，多个页面需要访问 MySQL 数据库，因此有必要编写公共的数据库访问文件 config\config.php，用于错误处理、跨域设置和创建数据库连接对象，供不同功能的 PHP 程序调用。该文件的代码如下：

```
<?php
    //禁用 PHP7 产生的警告或错误，以保证后端项目中 JSON 数据返回的纯洁性
    error_reporting(0);
    //允许跨域请求
    header("Access-Control-Allow-Origin:*");
    //定义连接数据库的基本参数
    $servername="localhost:3306";
    $username="root";
    $password="root";
    $dbname="exampledb";
    //使用 PHP7 提供的类 mysqli 的构造函数，创建数据库连接对象
    $conn=new mysqli($servername, $username, $password, $dbname);
```

```
    //检查连接是否成功。当连接数据库失败时，会包含错误消息
    if($conn->connect_error){
        die("连接失败: ".$conn->connect_error);
    }
```

通过数据库连接对象，可以实现对数据库的增加、删除、修改和查询（CRUD）操作。

2．后端接口设计规范

本项目的后端接口主要提供管理员登录、学院与专业信息的 CRUD 功能。无参数接收时，要求前端使用 GET 方法；有参数接收时，要求前端使用 POST 方法。

对应的 PHP 程序文件如下。

- adminLogin.php：用于管理员登录，操作数据表 admin，有参数（nmae 和 pwd）接收。登录成功时，返回 JSON 格式的管理员一维数组；登录失败时，返回 null。
- findAllColleges.php：用于查询所有学院，操作数据表 college，无参数接收，返回 JSON 格式的学院二维数组。
- findCollegesByNameLike.php：用于模糊查询学院，操作数据表 college，有参数（学院名称 name）接收，返回 JSON 格式的学院二维数组。
- addCollege.php：用于增加学院，操作数据表 college，有参数（学院名称 name 和编号 xuhao）接收，返回 JSON 对象。插入成功时，返回{"code",1}；插入失败时，返回{"code",null}。
- updateCollege.php：用于更新学院，操作数据表 college，有参数（学院新名称 newName、编号 xuhao 和学院原名称 oldName）接收，返回 JSON 对象。更新成功时，返回{"code",1}；更新失败时，返回{"code",null}。
- deleteCollege.php：用于删除学院，操作数据表 college，有参数（学院名称 name）接收，返回 JSON 对象。删除成功时，返回{"code",1}；删除失败时，返回{"code",null}。

注意：对于专业表 major，有相应的 CRUD 程序，如 findMajorsByNameLike.php 等，详见本章综合项目 WebBackend-php7。

3．供前端根组件 App.vue 调用的管理员登录程序

后端管理员登录程序 adminLogin.php 使用 PHP 语法结构 include 引入配置文件 config/config.php 以获取连接对象。执行 SQL 查询后，将结果以 JSON 格式返回给前端。完整代码如下：

```
<?php
    global $conn;
    include 'config/config.php';
    $name=$_POST['name'];    //PHP 系统数组变量用于获取表单提交的数据
    $pwd=md5($_POST['pwd']);  //表 admin 中的密码使用了 MD5 加密
    $sql="select * from admin where name=? and pwd=?";
    $stmt=$conn->prepare($sql);    //预处理
    $stmt->bind_param("ss",$name,$pwd);  //第一参数 ss 表示后面的 2 个参数均为 string 类型
    $stmt->execute();  //执行选择查询
    $rs=$stmt->get_result();    //获取结果集
    $result=null;
```

```
    if($rs->num_rows>0){
        $result=$rs->fetch_assoc();  //一维关联数组
    }
    echo json_encode($result);  //以 JSON 格式返回
    $conn->close();
```

注意：

（1）表 admin 中的密码字段使用了 MD5 加密，md5()是 PHP 提供的加密函数。

（2）在 SQL 命令中使用问号“?”表示占位参数，这种参数式查询能够避免 SQL 命令使用复杂的字符串拼接和 SQL 注入的安全性问题。

4．供学院 CRUD 操作的后端程序

查询所有学院信息的后端程序 findAllColleges.php 使用 PHP 语法结构 include 引入配置文件，并以 JSON 格式返回查询结果。完整代码如下：

```
<?php
    global $conn;   //声明为全局变量
    include 'config/config.php';  //包含配置文件
    $sql="select * from college order by xuhao";
    $rs=$conn->query($sql);  //执行选择查询得到结果集
    $result=[];   //定义一个空数组
    if($rs->num_rows>0){  //结果集有记录时
        while($row=$rs->fetch_assoc()){   //从结果集中取出一行关联数组
            $result[]=$row;  //将关联数组$row 追加至数组$result 而形成二维关联数组
        }
    }else{
        $result=null;
    }
    //返回 JSON 格式的数据；第二参数确保中文字符正常显示（不被编码为 Unicode）
    echo json_encode($result,JSON_UNESCAPED_UNICODE);
    $conn->close();  //关闭连接，释放资源
```

注意：$result[]=$row 与 array_push($result, $row)的作用是等效的。

根据学院名称关键字模糊查询学院信息的后端程序 findMajorsByNameLike.php 使用 POST 方法提交学院名称关键字，其代码如下：

```
<?php
    global $conn;
    include 'config/config.php';
    $name=$_POST['name'];  //接收前端使用 POST 方法提交的数据
    //$name="智能";  //测试时取消注释
    $sql="select * from college where name like ? order by xuhao";
    $stmt=$conn->prepare($sql);
    $searchName="%$name%";  //使用%...%实现模糊查询
    $stmt->bind_param("s",$searchName);
    $stmt->execute();
    $rs=$stmt->get_result();
```

```
    $result=[];
    if($rs->num_rows>0){
        while($row=$rs->fetch_assoc()){
            $result[]=$row;
        }
    }else{
        $result=null;
    }
    echo json_encode($result,JSON_UNESCAPED_UNICODE);
    $conn->close();
```

用于增加学院的后端程序 addCollege.php 使用 POST 方法提交学院名称（name）和序号（xuhao）两个参数，其代码如下：

```
<?php
    global $conn;
    include 'config/config.php';
    $name=$_POST['name'];
    $xuhao=$_POST['xuhao'];
    $stmt=$conn->prepare("insert into college(name, xuhao) values(?,?)");
    $stmt->bind_param("ss",$name,$xuhao);  //第一参数中的 s 表示占位参数类型为字符串
    if($stmt->execute()){    //插入成功时
        $result=array("code"=>1);   //与前端约定：返回结果码 code=1 时，表示插入成功
    }else{    //插入失败时
        $result=null;
    }
    echo json_encode($result);
    $conn->close();
```

用于删除学院的后端程序 deleteCollege.php 使用 POST 方法提交作为主键的 name 参数，其代码如下：

```
<?php
    global $conn;
    include 'config/config.php';
    $name=$_POST['name'];
    $stmt=$conn->prepare("delete from college where name=?");
    $stmt->bind_param("s",$name);
    $stmt->execute();
    $result=null;
    if($conn->affected_rows>0){   //删除成功时
        $result=array("code"=>1);   //与前端约定：返回结果码 code=1 时，表示删除成功
    }
    echo json_encode($result);
    $conn->close();
```

用于更新学院的后端程序 updateCollege.php 使用 POST 方法提交学院新名称（newName）、序号（xuhao）和学院原名称（oldName）三个参数，其代码如下：

```
<?php
    global $conn;
    include 'config/config.php';
     //更新作为主键的学院名称
    $newName=$_POST['newName'];
    $xuhao=$_POST['xuhao'];
    $oldName=$_POST['oldName'];
    $stmt=$conn->prepare("update college set name=?,xuhao=? where name=?");
    $stmt->bind_param("sss",$newName,$xuhao,$oldName);
    $stmt->execute();
    $result=null;
    if($conn->affected_rows>0){     //更新成功时
        $result=array("code"=>1);   //与前端约定：返回结果码 code=1 时，表示更新成功
    }else{    //更新失败时
        $result=null;
    }
    echo json_encode($result);
    $conn->close();
```

5．供专业 CRUD 操作的后端程序

查询专业信息的后端程序与学院的类似，但存在一些特殊之处。例如，学院表（college）与专业表（major）是一对多关系。因此，在按专业名称关键字模糊查询时，需要考虑专业所属学院。同时，为了将查询结果按照“先学院序号、后专业序号”的顺序排序，需要进行两个表的连接查询。按专业名称关键字进行模糊查询的后端程序 findMajorsByNameLike.php 的完整代码如下：

```
<?php
    global $conn;
    include 'config/config.php';
    $collegeName=$_POST['collegename'];   //学院名称
    $name=$_POST['name'];     //专业名称关键字
    $sql="SELECT major.name,major.collegeName,CONCAT(college.xuhao,college.name) AS
                                    collegeInfo,major.xuhao FROM major INNER JOIN college
                                             ON (major.collegeName=college.name)
                                where major.collegeName like ? and major.name like ?
                                          ORDER BY college.xuhao,major.xuhao";
    $stmt=$conn->prepare($sql);
    $searchCollegeName="%$collegeName%";   //支持空串
    $searchName="%$name%";    //支持空串
    $stmt->bind_param("ss",$searchCollegeName,$searchName);
    $stmt->execute();  //执行选择查询
    $rs=$stmt->get_result();    //获取结果集
    $result=[];
    if($rs->num_rows>0){
        while($row=$rs->fetch_assoc()){
            $result[]=$row;
        }
```

```
    } else {
        $result=null;
    }
    echo json_encode($result,JSON_UNESCAPED_UNICODE);
    $conn->close();
```

8.2.4 编写 Vue3 项目启动文件 main.js

一个项目通常会多次使用 axios 发送请求，如果每次请求都手动拼接 URL，并不利于后期维护。事实上，不同请求的 URL 有相同的部分，在创建全局 axios 实例时，可通过定义 baseURL 来设置基础路径，以简化 axios 的使用。此外，一个实际的 Vue3 项目还会集成路由组件、UI 组件和 Vuex 组件，它们都应在项目启动文件 main.js 中进行配置。

综合使用 Element Plus（UI 组件）、Vue Router（路由组件）、axios（异步请求库）和 Vuex（状态管理组件）的 Vue3 项目 WebBackend-php7，其项目启动文件 main.js 的完整代码如下：

```
import {createApp} from 'vue'
import router from "./router"    //导入路由组件
import HomePage from './App.vue'  //导入根组件
import store from './store'    //导入 Vuex 组件
const app=createApp(HomePage)     //创建 Vue 实例
import ElementPlus from 'element-plus'    //导入 UI 组件
import 'element-plus/dist/index.css'
import * as ElementPlusIconsVue from '@element-plus/icons-vue'
for(const [key,component] of Object.entries(ElementPlusIconsVue)) {
    app.component(key, component)    //注册 Element Plus 图标组件
}
import axios from "axios"    //导入异步请求库
const axiosInstance=axios.create({
    baseURL:'http://localhost:80/WebFront/Unit08/WebBackend-php7/'  //设置 axios 基址
})
app.config.globalProperties.$axios = axiosInstance    //配置为 Vue 实例的全局属性
app.use(router).use(ElementPlus).use(store).mount("#app")    //流式用法
```

8.2.5 根组件、欢迎组件与主页设计

根组件 App.vue 采用<el-container>组件的嵌套结构，分为两行，第 1 行使用<el-header>定义主页头部；第 2 行采用<el-container>组件的嵌套结构将其分割为两列：左侧使用<el-aside>定义系统菜单，右侧使用嵌入了路由视图<router-view>的<el-main>组件。

项目主页效果如图 8.2.1 所示。

系统涉及两类用户：游客和管理员。初始运行或管理员退出登录时，页面头部显示当前用户为 visitor（游客）、禁用“退出登录”链接、启用“管理登录”按钮。管理员登录后，页面头部显示当前用户为 admin（管理员）、隐藏“管理员登录”按钮、启用“退出登录”链接。“退出登录”链接默认禁用，在管理员登录后才可以使用。

图 8.2.1　项目主页效果

为了实现管理员登录状态的全局使用，并确保登录状态不因页面刷新而丢失，需要对项目创建状态管理组件。状态管理组件 src/store/index.js 使用 window.sessionStorage 进行管理员登录状态管理和会话存储管理，其代码如下：

```
import {createStore} from 'vuex'
const store = createStore({    //创建 Vuex 对象
    state:{      //定义 Vuex 组件管理状态
        userId: sessionStorage.getItem('userId') || 'visitor'    //使用 window 会话存储
    },
    mutations:{  //以下 mutation（变更）是状态管理方法
        login(state, userId) {  //执行动作 triggerLogin()后自动触发
            state.userId = userId
            sessionStorage.setItem('userId',userId)
        },
        logout(state){   //执行动作 triggerLogout()后自动触发
            state.userId = 'visitor'
            sessionStorage.removeItem('userId')
        }
    },
    actions:{    //以下 action（动作）供 Vue3 组件方法使用
        triggerLogin({commit}, userId) {   //登录成功时触发；第一参数自动从 Vuex 对象提取
            commit('login', userId)   // commit 是 Vuex 内置的方法；触发名为 login 的 mutation
        },
        triggerLogout({commit}){    //登录失败时触发
            commit('logout')
        }
    }
})
export default store
```

主页组件通过路由激活其他功能组件。路由组件 src/router/index.js 的代码如下：

```
import { createRouter, createWebHistory } from 'vue-router'
import Welcome from "../components/Welcome.vue"
const routes=[    /* 配置路由表：处于不同路径时，菜单项为红色 */
    {
        path:"/",
        redirect:'/welcome'     //重定向
    },
    {
        path:"/welcome",
        component:Welcome     //直接使用已经引入的组件
    },
    {
        path:"/queryCollege",
        //加载（单击链接时）、使用 Lambda 表达式简化方法的使用。
        component:()=>
            import("../components/QueryCollege.vue")
    },
    {
        path:"/queryMajor",
        component:()=>
            import("../components/QueryMajor.vue")
    },
    {
        path:"/collegeManage",
        component:()=>
            import("../components/CollegeManage.vue")
    },
    {
        path:"/majorManage",
        component:()=>
            import("../components/MajorManage.vue")
    }
]
const router = new createRouter({   /* 创建路由对象 router，供 main.js 导入 */
    history:createWebHistory(),   /* HTML5 History 模式，取消地址栏默认的# */
    routes
})
export default router   //导出路由对象
```

根组件 App.vue 同时使用了状态管理组件和路由组件，其完整代码如下：

```
<template>
    <el-container>
        <el-header style="display: flex;align-items: center;">
                <div id="user">当前用户：{{userId}}
                    <el-button
                            v-show="userId!='admin'"
                            @click="showLoginDialog=true">登录</el-button></div>
```

```
                <div id="systemName">高校专业信息管理系统</div>
                <div id="logout">
                    <el-link type="danger"
                                        @click="adminLogout()"
                                        :disabled="userId!='admin'">登出</el-link></div>
        </el-header>
        <el-container>
            <el-aside style="width: 200px; margin-top: 20px">
                <el-menu :default-active="$route.path"
                                    :unique-opened="true"
                                    router
                                    active-text-color="#FF6666">
                    <el-menu-item key="1" index="/welcome">□欢迎页面</el-menu-item>
                    <el-sub-menu index="query">
                        <template #title>□查询</template>
                        <el-menu-item key="2-1" index="/queryCollege">学院查询
                                                                </el-menu-item>
                        <el-menu-item key="2-2" index="/queryMajor">专业查询
                                                                </el-menu-item>
                    </el-sub-menu>
                    <el-sub-menu index="manage">  <!--使用管理员功能，需要先登录-->
                        <template #title>□管理</template>
                        <el-menu-item key="3-1" index="/collegeManage" icon="el-icon-user">
                                                        学院管理</el-menu-item>
                        <el-menu-item key="3-2" index="/majorManage">专业管理
                                                                </el-menu-item>
                    </el-sub-menu>
                </el-menu>
            </el-aside>
            <el-main>
                <router-view/>
            </el-main>
        </el-container>
    </el-container>
    <el-dialog v-model="showLoginDialog" title="管理员登录">
        <el-form :model="adminForm" ref="adminFormRef" :rules="rules">
            <el-form-item label-width="100px" label="账号：" prop="name">
                <el-input v-model="adminForm.name" placeholder="请输入管理员账号 admin"/>
            </el-form-item>
            <el-form-item label-width="100px" label="密码：" prop="pwd">
                <el-input type="password" v-model="adminForm.pwd" placeholder=
                                                        "请输入管理员密码 root"/>
            </el-form-item>
        </el-form>
        <template #footer>
```

```
                <el-button @click="showLoginDialog=false">取消</el-button>
                <el-button @click="adminLogin" type="primary">确定</el-button>
            </template>
        </el-dialog>
</template>
<script>
    import qs from 'qs'
    import { mapState, mapActions } from 'vuex'
    export default {
            name: 'HomePage',
            data() {   //定义组件内部数据方法
                return {   //定义 Vue 组件属性
                    showLoginDialog:false,   //登录对话框默认不显示
                    adminForm: {   //定义登录窗体字段
                        name:'',
                        pwd:''
                    },
                    rules: {
                        name: [
                            { required: true, message: '请输入管理员账号', trigger: 'blur' }
                        ],
                        pwd: [
                            { required: true, message: '请输入管理员密码', trigger: 'blur' }
                        ]
                    }
                }
            },
            computed:{     //计算属性
                ...mapState(['userId'])     //映射 state 状态属性 userId 为 Vue3 的计算属性
        },
            methods: {
                ...mapActions(['triggerLogin']),
                adminLogin(){  //管理员登录前进行表单字段验证
                    this.$refs.adminFormRef.validate(valid=> {
                        if(valid){  //如果验证通过，执行登录逻辑
                            this.$axios.post('adminLogin.php',qs.stringify({
                                name:this.adminForm.name,
                                pwd:this.adminForm.pwd,
                            })).then(res=>{
                //console.log(res.data)   //测试用
                //debugger     //测试用
                                if(res.data==null){
                                    this.$message.info("登录失败")
                                }else{
                                    this.$message.success("登录成功！")
```

```
                        this.triggerLogin(res.data.name)        //触发状态管理
                        this.showLoginDialog=!this.showLoginDialog    //非此即彼
                                    }
                                }).catch(err=>{
                                    console.log(err)
                                    this.$message.error("Web 服务器错误！ ")
                                })
                            } else {      //表单组件会根据定义的规则显示错误信息并阻止表单提交
                                return false
                            }
                        })
                    },
                    ...mapActions(['triggerLogout']),
                    adminLogout() {
                        this.$confirm('确定要登出吗?', '提示', {
                            confirmButtonText: '确定',
                            cancelButtonText: '取消',
                            type: 'warning'
                        }).then(() => {
                            this.triggerLogout('visitor')     //触发状态管理
                        })
                    }
                }
            }
</script>
<style scoped>
    #user{
        color: green;
        width: 30%;
    }
    #systemName{
        font-size: 2em;
        font-weight: bold;
        text-align: center;
        width: 55%;
    }
    #logout{
        color: #222;
        text-align: right;
        width: 15%;
    }
</style>
```

根组件的设计要点如下：

（1）使用...mapState(['userId'])映射 state 状态属性 userId 为 Vue3 的计算属性，以供模板使用。userId 并不是根组件的 data 属性。

（2）通过“菜单驱动+路由”方式加载和调用各功能组件，加载的组件显示在路由区域。

（3）模板中包含用于管理员登录的对话框组件。

根组件 App.vue 调用的欢迎组件 Welcome.vue 通过使用状态管理组件定义计算属性，以便获取管理员用户的状态，其代码如下：

```
<template>
    <div>
        <p v-if="this.$store.state.userId=='visitor'">尊敬的【游客】用户：<span>
                                                    {{getName}}</span></p>
        <p v-else>尊敬的【管理员】用户：<span>{{getName}}</span></p>
        <p>欢迎使用高校专业信息查询系统</p>
    </div>
</template>
<script>
    export default {
        name: "Welcome",
        computed:{    //计算属性
            getName(){
                return this.$store.state.userId    //使用 Vuex 管理的状态
            }
        }
    }
</script>
<style scoped>
    div{
        font-size: 2em;
        margin-top:100px;
        text-align: center
    }
    span{
        color: #42b983;
    }
    p{
        line-height: 2em;
    }
</style>
```

注意： 虽然可以通过 this.$store.state.userId 定义计算属性，但使用...mapState(['userId'])进行状态映射更为简单。

8.2.6　游客功能设计

1．学院查询组件

学院查询组件 QueryCollege 初始状态以表格组件显示全部学院记录。用户可通过输入学院名称关键字（如“智能”）进行模糊查询，效果如图 8.2.2 所示。

图 8.2.2　学院查询组件的模糊查询效果

QueryCollege.vue 的完整代码如下：

```
<template>
    <div>
        <div>
            <el-input v-model="collegeName" placeholder="请输入学院名称或其关键字"
                                        clearable suffix-icon="search" @change="findAllColleges"/>
            <el-button @click="searchCollege">搜索</el-button>
        </div>
        <el-table v-bind:data="tableData.slice((currentPage-1)*pageSize,currentPage*pageSize)">
            <el-table-column label="序号" prop="xuhao" width="auto"></el-table-column>
            <el-table-column label="学院名称" prop="name" width=auto></el-table-column>
        </el-table>
        <div id="navigation">   <!-- 分页器 -->
            <el-pagination
                @size-change="handleSizeChange"
                @current-change="handleCurrentChange"
                :current-page="currentPage"
                :page-sizes="[1,5,10,15,20]"
                :page-size="pageSize"
                layout="total, sizes, prev, pager, next, jumper"
                :total="tableData.length">
            </el-pagination>
        </div>
    </div>
</template>
<script>
  import qs from 'qs'
    export default{
        data(){
            return{
```

```
                tableData: [],
                collegeName: '',
                currentPage: 1,  //当前页序号
                total: '',    //总记录数
                pageSize: 10  //页容量（每页记录数）
            }
        },
        methods:{
            findAllColleges(){    //获取所有学院数据
                this.$axios.get('findAllColleges.php').then(res=>{    //拼接基地址
                    console.log(res.data)
                            if(res.data != null){  //返回记录
                                this.tableData = res.data
                            }else{
                                this.$message.error(res.data.msg)
                            }
                    }).catch(err=>{
                    console.log(err)
                        this.$message.error("Web 服务器错误！")
                    })
            },
            searchCollege(){  //模糊查询
                this.$axios.post('findCollegesByNameLike.php', qs.stringify({
                    name: this.collegeName
                })).then(res=>{
                        if(res.data==null){  //返回记录
                            return this.$message.error("未筛选到数据!")
                        }else{
                            this.tableData = res.data
                        }
                }).catch(err=>{
                    this.$message.error("Web 请求参数错误或数据库服务器错误！")
                })
            },
            handleSizeChange(val){    //处理分页器页容量改变
                this.currentPage = 1;
                this.pageSize = val;
            },
            handleCurrentChange(val){  //处理分页器的当前页改变
                this.currentPage = val;
            }
        },
        mounted(){
            this.findAllColleges()
        }
    }
</script>
```

```
<style scoped>
  .el-input{   /* Element Plus 元素标签选择器，不可使用 HTML 标签选择器 input */
    width: 250px;
  }
    :deep(.el-table .cell){   /* 样式穿透 */
        text-align: center
    }
  .el-button{
    margin-left:10px
  }
  #navigation{
    margin-top: 10px
  }
</style>
```

注意：JavaScript 提供的 JSON 对象也包含 stringify()方法，但该方法用于将 JavaScript 对象转换为 JSON 格式的字符串。

2. 专业查询组件

专业查询组件 QueryMajor 是一个功能组件。用户在下拉列表中选择学院并单击“搜索”按钮后，页面将显示该学院的所有专业；随后在文本框中输入专业名称关键字，即可对该学院的专业进行模糊查询，其效果如图 8.2.3 所示。

图 8.2.3　专业查询组件的模糊查询效果

注意：本查询功能非常灵活。选择学院与输入专业名称关键字既可单独使用，也可同时使用。

QueryMajor.vue 的完整代码如下：

```
<template>
<template>
  <div>
```

```
        <div id="div1">
          <el-select v-model="collegeValue" clearable placeholder="选择学院">
               <el-option
                    v-for="item in collegeData"
                    :key="item.name"
                    :label="item.name"
                    :value="item.name">
               </el-option>
          </el-select>
          <el-input v-model="majorName" placeholder="请输入专业名称或关键字"
                                                             suffix-icon="search" clearable/>
          <el-button type="primary" icon="circleCheck" @click="searchMajor">搜索</el-button>
        </div>
        <el-table v-bind:data="tableData.slice((currentPage-1)*pageSize,currentPage*pageSize)">
          <el-table-column
            prop="xuhao"
            label="专业序号"
            width="auto">
          </el-table-column>
          <el-table-column
            prop="name"
            label="专业名称"
            width="auto">
          </el-table-column>
          <el-table-column
            prop="collegeName"
            label="所属学院"
            width="auto">
          </el-table-column>
        </el-table>
        <div id="div2">
          <el-pagination
             @size-change="handleSizeChange"
             @current-change="handleCurrentChange"
             :current-page="currentPage"
             :page-sizes="[1,5,10,20]"
             :page-size="pageSize"
             layout="total, sizes, prev, pager, next, jumper"
             :total="tableData.length">
          </el-pagination>
        </div>
    </div>
</template>
<script>
    import qs from 'qs'
    export default {
       data(){
```

```
        return {
          tableData: [],   //表格的专业数据
          collegeData: [],   //学院列表数据
          collegeValue: '', //学院的选中值
          majorName: '',   //搜索框值
          currentPage: 1,   //当前页序号
          total: '',      //总记录数
          pageSize: 10   //页容量（每页记录数）
        }
      },
      methods: {
        findAllCollege(){   //查询所有学院
          this.$axios.get('findAllColleges.php').then(res=>{
            if (res.data!==null){
                this.collegeData=res.data
            }else{
                return this.$message.error(res.data.msg)
            }
          }).catch(err=>{
            this.$message.error("Web 服务器错误！")
          })
        },
        findAllMajors(){   //查询所有专业
          this.$axios.get('findAllMajors.php').then(res=>{
            let responseCode=res.data.code
            if (res.data !=null){
                this.tableData=res.data
            }else{
                this.$message.error(res.data.msg)
            }
          }).catch(err=>{
            this.$message.error("Web 服务器错误！")
          })
        },
        searchMajor(){   //根据学院和专业名称关键字搜索
          this.$axios.post('findMajorsByNameLike.php', qs.stringify({
            collegename: this.collegeValue,
            name: this.majorName
          })).then(res=>{
            if (res.data==null){
                this.$message.info("未筛选到数据!")
            }else{
                this.tableData=res.data
            }
          }).catch(err=>{
            this.$message.error("Web 服务器或请求参数错误！")
          })
```

```
            },
            handleSizeChange(val){
                this.currentPage=1
                this.pageSize=val
            },
            handleCurrentChange(val){
                this.currentPage=val
            }
        },
        mounted(){
            this.findAllCollege()
            this.findAllMajors()
        }
    }
</script>
<style scoped>
    #div1{
        display: flex; align-items: center; margin-top: 20px
    }
    .el-select{
            width: 200px
    }
    .el-input{
        width:300px;
        margin-left:10px;
    }
    .el-button{
        margin-left:10px;
    }

    :deep(.el-table) th {
            text-align: center;
    }
    :deep(.el-table) td {
            text-align: center;
    }
    #div2{
        margin-top:15px
    }
</style>
```

8.2.7　管理员功能设计

1. 学院管理组件

学院管理组件 CollegeManage 实现了管理员的管理（CUD）功能，该功能要求管理员必须已登录方可使用。输入用户名（admin）和密码（root）后即可成功登录。在显示学院信息列表的表格组件中，增加了包含“修改”和“删除”操作的列。在“搜索”按钮右侧设有“新增学院”按钮。管理员登录后新增学院的页面效果如图 8.2.4 所示。

图 8.2.4　学院管理组件的新增学院功能

CollegeManage.vue 的完整代码如下：

```
<template>
  <div>
    <div>
      <el-input v-model="collegeName" placeholder="请输入学院名称或其关键字"
                                suffix-icon="search" clearable @change="findAllColleges"/>
      <el-button icon="circleCheck" @click="searchCollege()">搜索</el-button>
      <el-button type="primary" size="small" icon="plus" @click="handleAdd()"
                                                  style="float:right">新增</el-button>
    </div>
    <el-table v-bind:data="tableData.slice((currentPage-1)*pageSize,currentPage*pageSize)">
      <el-table-column label="序号" prop="xuhao" width="auto"/>
      <el-table-column label="学院名称" prop="name" width="auto" />
      <el-table-column fixed="right" label="操作" width="270px">
        <template #default="scope">
          <el-button
            type="primary"
            size="small"
            icon="edit"
            @click="handleUpdate(scope.row)">修改</el-button>
          <el-button
            size="small"
            type="danger"
            icon="delete"
            @click="handleDelete(scope.row)">删除</el-button>
```

```
          </template>
        </el-table-column>
      </el-table>
      <div id="navigation">
        <el-pagination @size-change="handleSizeChange" @current-change="handleCurrentChange"
            :current-page="currentPage"
            :page-sizes="[1,5,10,15,20]"
            :page-size="pageSize"
            layout="total,sizes,prev,pager,next,jumper"
            :total="tableData.length">
        </el-pagination>
      </div>
      <el-dialog v-model="showAddCollegeDialog" title="新增学院">
        <el-form :model="collegeForm">
          <el-form-item label-width="100px" label="学院名称" required>
              <el-input v-model="collegeForm.name" placeholder="请输入学院名称"/>
          </el-form-item>
          <el-form-item label-width="100px" label="学院序号" required="required">
              <el-input v-model="collegeForm.xuhao" placeholder="请输入学院序号"/>
          </el-form-item>
        </el-form>
        <template #footer>
          <el-button @click="showAddCollegeDialog=false">取消</el-button>
          <el-button @click="addCollege" type="primary">确定</el-button>
        </template>
      </el-dialog>
      <el-dialog v-model="showEditCollegeDialog" title="编辑学院信息">
        <div id="prompt">提示：若修改学院名称，将产生级联更新（专业、班级和学生等表）</div>
        <el-form :model="collegeForm">
          <el-form-item label-width="100px" label="学院名称" required="required">
            <el-input v-model="collegeForm.name"/>
          </el-form-item>
          <el-form-item label-width="100px" label="学院序号" required="required">
            <el-input v-model="collegeForm.xuhao"/>
          </el-form-item>
        </el-form>
        <template #footer>
          <el-button @click="showEditCollegeDialog=false">取 消</el-button>
          <el-button @click="updateCollege" type="primary">更 新</el-button>
        </template>
      </el-dialog>
  </div>
  </template>
  <script>
    import qs from 'qs'
    export default{
      data(){
```

```
        return{
          tableData:[],
          showAddCollegeDialog:false,
          showEditCollegeDialog:false,
          collegeForm:{
              name:'',
              xuhao:''
          },
          oldName:'', //用于修改学院名称
          collegeName:'',
          currentPage:1,
          total:'',
          pageSize:15
        }
      },
      methods:{
        findAllColleges(){
          this.$axios.get('findAllColleges.php').then(res=>{
            if(res.data==null){
                this.$message.error("查询学院失败!")
            }else{
                this.tableData=res.data
            }
          }).catch(err=>{
            this.$message.error("后端服务器错误！")
          })
        },
        searchCollege(){
          this.$axios.post('findCollegesByNameLike.php',qs.stringify({
              name:this.collegeName
          })).then(res=>{
            if(res.data ==null){
                return this.$message.error("未筛选到数据!")
            }else{
                this.tableData=res.data
            }
          }).catch(err=>{
            this.$message.error("Web 服务器或请求参数错误！")
          })
        },
        handleSizeChange(val){
          this.currentPage=1
          this.pageSize=val
        },
        handleCurrentChange(val){
          this.currentPage=val
        },
```

```
handleAdd(){
  this.collegeForm.xuhao=''
  this.collegeForm.name=''
  this.showAddCollegeDialog=true
},
addCollege(){   //供对话框调用
  this.$axios.post('addCollege.php',qs.stringify({
    name:this.collegeForm.name,
    xuhao:this.collegeForm.xuhao
  })).then(res=>{
    if(res.data==null){    //失败
      this.$message.error("新增学院失败!")
    }else{
      this.$message.success("新增学院："+this.collegeForm.name)
      this.findAllColleges()
    }
  }).catch(err=>{
    this.$message.error("Web 服务器或请求参数错误！")
  })
  this.showAddCollegeDialog=false
},
handleUpdate(row){
  this.oldName=row.name
  this.collegeForm.name=this.oldName
  this.collegeForm.xuhao=row.xuhao
  this.showEditCollegeDialog=true
},
updateCollege(){    //供对话框调用
  this.$axios.post('updateCollege.php',qs.stringify({
    oldName:this.oldName,   //名称字段是主键，作为更新记录的条件
    newName:this.collegeForm.name, //字段值更新
    xuhao:this.collegeForm.xuhao   //字段值更新
  })).then(res=>{
    if(res.data==null){
      return this.$message.error("修改学院失败!")
    }else{
      this.$message.success("更新学院成功！")
      this.findAllColleges()
    }
  }).catch(err=>{
    this.$message.error("Web 服务器或请求参数错误！")
  })
  this.showEditCollegeDialog=false
},
handleDelete(row){   //删除学院
  this.$confirm('该操作将会删除学院所有数据以及该学院包含的专业、教师、学生等数据，
                                        确认删除吗？','删除【' + row.name + '】',{
```

```
                confirmButtonText:'确定',
                cancelButtonText:'取消',
                type:'error'
            }).then(()=>{
                this.$axios.post('deleteCollege.php',qs.stringify({
                    name:row.name
                })).then(res=>{
                    if(res.data===null){
                        this.initView()
                        this.$message.error("删除学院失败!")
                    }else{
                        this.$message.success("删除学院:"+row.name)
                    }
                    this.findAllColleges()
                }).catch(err=>{
                    this.$message.error("Web 服务器或请求参数错误！")
                })
            }).catch(()=>{
                this.$message.info('取消删除')
            })
        }
    },
    mounted(){  //本组件是管理员的管理（CUD）功能，要求已经登录
        let userId=window.sessionStorage.getItem("userId")
        if(userId==null){
            return this.$message.warning('请先登录...')
        }else{
            this.$axios.get("findAllColleges.php").then(res=>{
                if(res.data===null){
                    return this.$message.warning("查询学院失败!")
                }
                this.tableData=res.data;
            }).catch(err=>{
                this.$message.error('后端服务器错误！')
            })
        }
    }
}
</script>
<style scoped>
    .el-input{
        width:250px
    }
    .el-button{
        margin-left:10px
    }
    :deep(.el-table .cell){
```

```
        text-align:center;
    }
    #navigation{
        margin-top:15px
    }
    .el-dialog #prompt{    /* 编辑学院对话框里的提示样式 */
        text-align:center; line-height:4em; color:chocolate
    }
</style>
```

注意：使用学院管理功能时，仅在 mounted()中进行了前端身份验证，未在 axios.post()请求的 headers 选项中自定义认证信息。为了提高系统的安全性，建议在 headers 选项中自定义认证信息，并在 PHP 后端使用专门的 JWT（JSON Web Token）库进行身份验证。通过这种方式，前端可提升用户体验，后端可保障系统安全，两者结合可形成更完善的验证机制。

2．专业管理组件

专业管理组件 MajorManage 也实现了管理员的管理（CUD）功能，同样要求管理员登录后使用。在显示学院和专业信息列表的表格组件中增加了包含“修改”和“删除”操作的列。管理员登录后进行专业修改的页面效果如图 8.2.5 所示。

图 8.2.5　专业管理组件的修改专业功能

MajorManage.vue 的完整代码如下：

```
<template>
    <div>
        <div>
            <el-select v-model="collegeValue" clearable placeholder="选择学院">
                <el-option
                    v-for="item in collegeData"
                    :key="item.name"
                    :label="item.name"
```

```
            :value="item.name">
          </el-option>
        </el-select>
        <el-input v-model="majorName" placeholder="请输入专业名称或其关键字"
                                                    suffix-icon="search" clearable/>
        <el-button type="primary" @click="searchMajor()" icon="circleCheck">搜索</el-button>
        <el-button style="float:right"
          type="primary"
          size="small"
          icon="plus"
          @click="handleAdd()">新增</el-button>
      </div>
      <el-table
        ref="MajorTableRef"
        v-bind:data="tableData.slice((currentPage-1)*pageSize,currentPage*pageSize)"
        style="width: 100%">
        <el-table-column
          prop="xuhao"
          label="专业序号"
          width="auto"></el-table-column>
        <el-table-column
          prop="name"
          label="专业名称"
          width="auto"></el-table-column>
        <el-table-column
          prop="collegeInfo"
          label="所属学院"
          width=auto></el-table-column>
        <el-table-column fixed="right" label="专业操作" width="270px">
          <template #default="scope">
            <el-button
              type="primary"
              size="small"
              icon="edit"
              @click="handleUpdate(scope.row)">修改</el-button>
            <el-button
              size="small"
              type="danger"
              icon="delete"
              @click="handleDelete(scope.row)">删除</el-button>
          </template>
        </el-table-column>
      </el-table>
      <div class="block" style="margin-top:15px">
          <el-pagination
              @size-change="handleSizeChange"
              @current-change="handleCurrentChange"
```

```
            :current-page="currentPage"
            :page-sizes="[1,5,10,15,20,50,100]"
            :page-size="pageSize"
            layout="total, sizes, prev, pager, next, jumper"
            :total="tableData.length">
        </el-pagination>
    </div>
    <el-dialog v-model="showAddMajorDialog" title="新增专业">
      <el-form :model="majorForm">
        <el-form-item label="专业名称" label-width="100px" required="required">
          <el-input v-model="majorForm.name"></el-input>
        </el-form-item>
        <el-form-item label="专业序号" label-width="100px" required="required">
          <el-input v-model="majorForm.xuhao"></el-input>
        </el-form-item>
        <el-form-item label="所属学院" label-width="100px" required="required">
          <el-select v-model="majorForm.collegeName" style="float: left" clearable
                                                  placeholder="选择指定学院查询">
            <el-option
              v-for="item1 in collegeData"
              :key="item1.name"
              :label="item1.name"
              :value="item1.name">
            </el-option>
          </el-select>
        </el-form-item>
      </el-form>
      <template #footer>
        <el-button @click="showAddMajorDialog=false">取消</el-button>
        <el-button @click="addMajor" type="primary">确定</el-button>
      </template>
    </el-dialog>
    <el-dialog v-model="showEditMajorDialog" title="编辑专业信息">
      <el-form v-bind:model="majorForm">
        <div id="prompt">提示：若修改专业名称，将产生级联更新（班级和学生等表）</div>
        <el-form-item label="专业名称" label-width="100px" required>
          <el-input v-model="majorForm.name"></el-input>
        </el-form-item>
        <el-form-item label="专业序号" label-width="100px" required>
          <el-input v-model="majorForm.xuhao"></el-input>
        </el-form-item>
        <el-form-item label="所属学院" label-width="100px" required="required">
          <el-select v-model="majorForm.collegeName" style="float: left"
                                        clearable placeholder="选择指定学院查询">
            <el-option
              v-for="item1 in collegeData"
              :key="item1.name"
```

```
                    :label="item1.name"
                    :value="item1.name">
                </el-option>
              </el-select>
            </el-form-item>
          </el-form>
          <template #footer>
            <el-button @click="showEditMajorDialog=false">取 消</el-button>
            <el-button @click="updateMajor" type="primary">更 新</el-button>
          </template>
        </el-dialog>
      </div>
    </template>
    <script>
      import qs from 'qs'
      export default{
        name: "QueryMajor",
        data(){
          return {
            tableData: [],  //表格的专业数据
            collegeValue: '', //学院的选中值
            collegeData: [],  //学院列表数据
            majorName: '',  //搜索框值
            currentPage: 1,  //当前页序号
            total: '',   //总记录数
            pageSize: 10,  //页容量（每页记录数）
            showAddMajorDialog:false,
            showEditMajorDialog:false,
            majorForm: {
              name: '',  //专业名称
              collegeName: '',  //专业所属学院
              xuhao:''  //专业序号
            },
            oldMajorName: '',  //更新时使用的主键值
          }
        },
        methods:{
          preCheckToken(){  //本组件实现管理员的管理（CUD）功能，要求管理员已登录
            let userId=window.sessionStorage.getItem("userId")
            if(userId==null){
              return this.$message.warning('请先登录...')
            }else{
              this.$axios.get("findAllMajors.php"
              ).then(res =>{
                if (res.data == null) {
                    return this.$message.warning("无记录!")
                }
```

```
            this.tableData = res.data;
        }).catch(err =>{
            console.log(err)
            this.$message.error('Web 服务器错误！ ')
        })
    }
},
findAllMajors(){   //查询所有专业
    this.$axios.get('findAllMajors.php').then(res =>{
        if(res.data !=null){
            this.tableData=res.data
        }else{
            this.$message.error(res.data.msg)
        }
    }).catch(err =>{
        console.log(err)
        this.$message.error("Web 服务器或请求地址错误！ ")
    })
},
findAllCollege(){   //查询所有学院, findAllColleges
    this.$axios.get('findAllColleges.php').then(res => {
        if(res.data !=null){
            this.collegeData = res.data
        }else{
            this.$message.error("查询学院失败!")
        }
    }).catch(err =>{
        console.log(err)
        this.$message.error("Web 服务器或请求地址错误！ ")
    })
},
searchMajor(){   //搜索专业
    this.$axios.post('findMajorsByNameLike.php', qs.stringify({
        name: this.majorName,
        collegename: this.collegeValue
    })).then(res =>{
        if(res.data ==null){
            return this.$message.error("未筛选到数据!")
        }else{
            this.tableData = res.data
        }
    }).catch(err =>{
        console.log(err)
        this.$message.error("Web 服务器、请求地址或参数错误！ ")
    })
},
handleSizeChange(val){
```

```
    this.currentPage=1;
    this.pageSize=val;
  },
  handleCurrentChange(val){
    this.currentPage=val;
  },
  handleAdd(){  //新增
    this.showAddMajorDialog = true
  },
  addMajor(){  //新增专业
    this.$axios.post('addMajor.php', qs.stringify({
      name: this.majorForm.name,
      collegeName: this.majorForm.collegeName,
      xuhao: this.majorForm.xuhao
    })).then(res =>{
      if(res.data ==null){
        this.$message.error("插入失败!")
      }else{
        this.$message.success("新增专业："+this.majorForm.collegename
                                                            +"->"+this.majorForm.name)
      }
      this.findAllMajors()
      this.showAddMajorDialog=false
    }).catch(err =>{
      console.log(err)
      this.$message.error("Web 服务器、请求地址或参数错误！")
    })
  },
  handleUpdate(row){
    this.oldMajorName = row.name     //专业名称是主键字段，作为更新的依据
    this.majorForm.name = this.oldMajorName   //作为默认值
    this.majorForm.collegeName = row.collegeName
    this.majorForm.xuhao = row.xuhao
    this.showEditMajorDialog = true
  },
  updateMajor(){  //修改专业
    console.log(this.oldMajorName)
    this.$axios.post('updateMajor.php', qs.stringify({
      oldMajorName: this.oldMajorName,
      name: this.majorForm.name,
      collegeName: this.majorForm.collegeName,
      xuhao: this.majorForm.xuhao
    })).then(res=>{
      if(res.data===null){
        this.$message.error("专业更新失败!")
      }else{
        this.$message.success('修改专业:'+this.oldMajorName)
```

```
            }
            this.findAllMajors()
        }).catch(err =>{
            console.log(err)
            this.$message.error("Web 服务器、请求地址或参数错误！")
        })
        this.showEditMajorDialog=false
    },
    handleDelete(row){
        this.$confirm('该操作将会删除该专业所有数据以及该专业包含的教师、学生等数据！
                                                    确认删除吗？', '删除【' + row.name + '】', {
            confirmButtonText: '确定',
            cancelButtonText: '取消',
            type: 'warning'
        }).then(()=>{   //删除专业, deleteMajor
            this.$axios.post('deleteMajor.php', qs.stringify({
                name: row.name
            })).then(res => {
                if(res.data===null){
                    this.$message.error("专业删除失败!")
                }else{
                    this.$message.success("删除专业:"+row.name)
                }
                this.findAllMajors()
                }).catch(err=>{
                    console.log(err)
                    this.$message.error("Web 服务器、请求地址或参数错误！")
                })
        }).catch(()=>{
            this.$message.info('取消删除')
        })
    }
  },
  mounted(){
    this.preCheckToken()
    this.findAllCollege()
  }
}
</script>
<style scoped>
  .el-select{
    width:200px
  }
  .el-input{
    width:250px;
    margin-left:10px;
  }
```

```
    .el-button{
        margin-left:10px
    }
    :deep(.el-table .cell){    /* 穿透子组件样式 */
        text-align:center
    }
    .el-dialog #prompt{
        text-align:center;line-height:4em;color:chocolate
    }
</style>
```

注意：作为一个完整的高校专业信息管理系统，还应包含班级管理、学生管理组件。限于篇幅，请读者自行设计。

8.3 Vue3 项目打包与部署上线

8.3.1 Vue3 项目打包

实际项目的运行会脱离 IDE 开发环境，因此需要完成项目打包和部署上线两项工作。Vite 既是项目构建工具，也是用于生产环境的打包工具。

打包项目不仅限于简单地合并文件，还应按规则和依赖关系打包资源，并对按需加载的模块进行代码分割，以便在需要时能够异步加载。打包将对多种类型的文件（如 JavaScript、和 CSS 等）进行统一管理，并将一些不能直接运行的拓展语言转换为浏览器支持的格式。

在 Windows 操作系统中，打包前需要修改项目的配置文件 vite.config.js，在 defineConfig 方法的参数对象中添加一行 base 选项，并将其值设置为当前路径，如图 8.3.1 所示。

图 8.3.1　打包前修改配置文件 vite.config.js

在项目的命令行界面中执行如下命令：

```
npm run build
```

在基于 Node.js 的 Vue 项目中，上述命令会对代码进行编译、优化并生成静态文件，方便项目在生产环境中运行。执行上述命令后，项目的根目录下会自动生成 dist 文件夹，其中包含已打包完成的 HTML、JavaScript 和 CSS 文件。其中，index.html 是项目的主页文件，分别通过<script>和<link>标签引入 JavaScript 脚本文件和 CSS 样式文件。

注意：

（1）如果未在 vite.config.js 文件中增加 base:'./'配置，项目运行时将出现“资源未找到”错误，这是因为源项目使用了@符号表示 src 目录和绝对路径，而打包后的 index.html 文件在引入 JavaScript 文件时没有使用相对路径。

（2）项目打包生成的 dist/index.html 文件是对 index.html 文件的更新。

（3）在 IDEA 中打开 package.json 文件后，单击 script 中 dev 选项前的运行按钮（▷），也能进行项目打包。这种方式比在命令行界面执行打包命令更加快捷。

8.3.2　部署打包后的 Vue3 项目到 Nginx 服务器

运行打包后的 Vue3 项目有多种方式。其中一种简单的方式是将 dist 文件夹复制到任意 Web 服务器的根目录下；另一种常用的方式是使用免安装的 Web 服务器软件 Nginx。

注意：使用浏览器直接打开 dist 目录中的 index.html 主页文件，可能会因跨域问题导致页面空白。

1．反向代理服务器 Nginx

Nginx 是目前流行的轻量级、高性能的反向代理 Web 服务器。

在正向代理模式下，客户端知道目标服务器的 IP 地址。客户端向代理服务器发送请求，代理服务器将请求发送给目标服务器，最后将响应返回给客户端。在这个过程中，目标服务器并不知道客户端的真实 IP 地址，因为客户端通过代理服务器发送请求，而代理服务器在转发请求时会添加自己的 IP 地址作为请求的源地址。

正向代理流程示意图如图 8.3.2 所示。

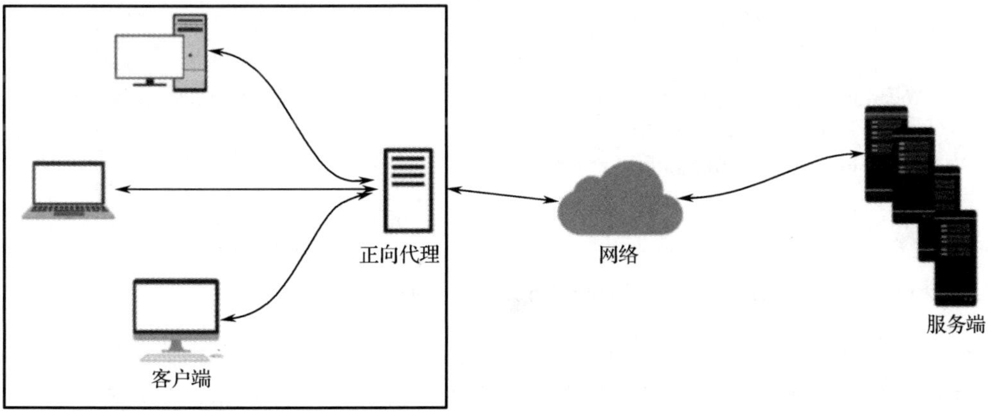

图 8.3.2　正向代理流程示意图

在反向代理模式下，Nginx 作为目标服务器的代理，客户端认为自己在与 Nginx 直接通信，而不知道后端的实际服务器（对客户端而言，隐藏了目标服务器的真实 IP 地址）。Nginx 接收到客户端请求后，将请求转发给后端的多个服务器，并最终将响应返回给客户端。

反向代理流程示意图如图 8.3.3 所示。

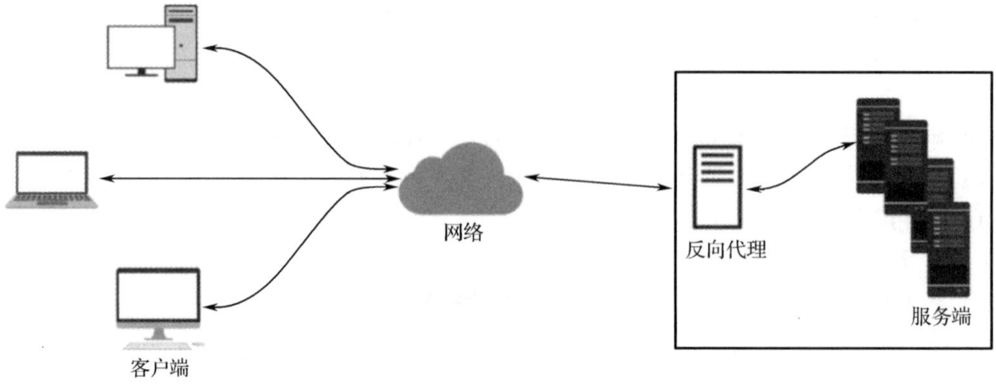

图 8.3.3　反向代理流程示意图

反向代理常应用于负载均衡和高可用性方案。代理服务器可以根据负载均衡算法将请求分发给多个目标服务器，以提高系统的性能。当目标服务器发生故障时，代理服务器可以自动将请求转发给其他可用的目标服务器，以确保系统的持续可用性。

注意：

（1）“反向代理”中的“反向”一词体现了与传统的正向代理相反的工作方式。

（2）使用反向代理时，需要在代理服务器的配置文件中预先定义目标服务器的地址。

（3）Nginx 与后端编程语言无关，其主要功能是处理 HTTP 请求并管理静态资源的访问。

2．部署 Vue3 项目到 Nginx

将前端项目的打包文件夹 dist 复制到 Windows 主机的 C:\WebFront 文件夹后，在 Nginx 的配置文件\conf\nginx.conf 中配置访问端口、站点域名、站点根路径和主页的代码如下：

```
server {
        listen 8085;
        server_name localhost;
        location / {
            root C:\WebFront\dist;
            index index.html index.htm;
        }
}
```

在命令行界面执行如下命令，测试配置是否正确：

```
nginx –t
```

注意：目标文件夹 dist 的路径不能含有中文或空格。否则，Nginx 不能正常启动。

Nginx 配置测试通过后，在命令行界面执行如下命令，将启动 Nginx：

```
start nginx
```

打开浏览器，在地址栏输入 http://localhost:8085，即可访问对应的 Vue3 项目。

关闭命令窗口，并不能停止停止 Nginx 服务。若要停止 Nginx 服务，需要执行如下命令：

```
nginx -s stop
```

注意：

（1）部署前端项目至服务器主机时，端口通常设置为 80，以便访问服务器时省略端口号，80 端口是 HTTP 协议的默认端口，而 443 端口是 HTTPS 协议的默认端口。

（2）双击 nginx.exe 文件也能启动 Nginx，但没有运行窗口。

习题 8

实验 8

参 考 文 献

[1] 吴志祥. 网页设计理论与实践[M]. 北京：科学出版社，2011.
[2] 吴志祥，等. PHP 动态网页设计与网站架设[M]. 武汉：华中科技大学出版社，2015.
[3] 吴志祥，等. Web 前端开发技术[M]. 武汉：华中科技大学出版社，2019.
[4] 黑马程序员. 响应式 Web 开发项目教程：HTML5+CSS3+Bootstrap[M]. 北京：人民邮电出版社，2018.